A INOVAÇÃO
DO IMPROVISO

Preencha a **ficha de cadastro** no final deste livro
e receba gratuitamente informações
sobre os lançamentos e as promoções da Elsevier.

Consulte também nosso catálogo
completo, últimos lançamentos
e serviços exclusivos no site
www.elsevier.com.br

Tradução
Leonardo Abramowicz

A INOVAÇÃO DO IMPROVISO

PORQUE MENOS É MAIS NA CONSTRUÇÃO DE RIQUEZAS E RESULTADOS

NAVI RADJOU   JAIDEEP PRABHU   SIMONE AHUJA

Do original: *Jugaad Innovation*
Tradução autorizada do idioma inglês da edição publicada por Jossey-Bass
Copyright © 2012, by Navi Radjou, Jaideep Prabhu

© 2012, Elsevier Editora Ltda.

Todos os direitos reservados e protegidos pela Lei nº 9.610, de 19/02/1998.
Nenhuma parte deste livro, sem autorização prévia por escrito da editora, poderá ser reproduzida ou
transmitida sejam quais forem os meios empregados: eletrônicos, mecânicos, fotográficos, gravação
ou quaisquer outros.

Copidesque: Soeli Araujo
Revisão: Edna Cavalcanti e Roberta Borges
Editoração Eletrônica: Estúdio Castellani

Elsevier Editora Ltda.
Conhecimento sem Fronteiras
Rua Sete de Setembro, 111 – 16º andar
20050-006 – Centro – Rio de Janeiro – RJ – Brasil

Rua Quintana, 753 – 8º andar
04569-011 – Brooklin – São Paulo – SP – Brasil

Serviço de Atendimento ao Cliente
0800-0265340
sac@elsevier.com.br

ISBN 978-85-352-6172-1
Edição original: ISBN: 978-1-118-24974-1

Nota: Muito zelo e técnica foram empregados na edição desta obra. No entanto, podem ocorrer erros
de digitação, impressão ou dúvida conceitual. Em qualquer das hipóteses, solicitamos a comunicação
ao nosso Serviço de Atendimento ao Cliente, para que possamos esclarecer ou encaminhar a questão.
   Nem a editora nem o autor assumem qualquer responsabilidade por eventuais danos ou perdas a
pessoas ou bens, originados do uso desta publicação.

CIP-Brasil. Catalogação-na-fonte
Sindicato Nacional dos Editores de Livros, RJ

R121i   Radjou, Navi
       A inovação do improviso: por que menos é mais na
    construção de riquezas e resultados/Navi Radjou, Jaideep
    Prabhu, Simone Ahuja; tradução Leonardo Abramowicz. Rio
    de Janeiro: Elsevier, 2012.
       23 cm

       Tradução de: Jugaad innovation
       ISBN 978-85-352-6172-1

       1. Administração de empresas – Inovações tecnológica.
    2 Adaptabilidade (Psicologia). I. Prabhu, Jaideep C. II. Ahuja,
    Simone. III. Título.

12-4906.   CDD: 658.4063
                                  CDU: 658.011.4

*Para nossos pais, que nos ensinaram a ser simples e flexíveis,
e nos incentivaram a seguir nossos corações.*

Agradecimentos

Dizem que é preciso uma aldeia inteira para educar uma criança. O mesmo se aplica a escrever um livro. Não poderíamos ter produzido este livro específico sem o apoio prático e intelectual de várias pessoas. Em primeiro lugar, queremos agradecer à nossa agente, Bridget Wagner, da Zachary Shuster Harmsworth. No fim de abril de 2011, Bridget nos perguntou se estaríamos interessados em escrever um livro sobre a jugaad, assunto que vínhamos pesquisando e escrevendo havia anos. Ela acabara de retornar aos Estados Unidos após uma temporada de dois anos trabalhando na Índia. Ao testemunhar a inovação jugaad, ela teve uma forte sensação de que havia chegado a hora de explorar essa ideia e decidiu nos ajudar a apresentá-la ao Ocidente. Bridget trabalhou incansavelmente conosco e, em pouco mais de cinco semanas e uma dezena ou mais de iterações, tínhamos uma proposta vencedora.

Também gostaríamos de agradecer a Genoveva Llosa, nossa editora na Jossey-Bass. Genoveva tem sido nada menos que uma parceira intelectual nesta jornada. Ela imediatamente compreendeu o conceito de jugaad e foi fonte constante de ideias criativas e contribuições editoriais essenciais durante o processo de desenvolvimento deste livro. Gostaríamos ainda de agradecer ao grupo da Jossey-Bass, John Maas, Mary Garrett e Kristi Hein, por gerenciar com mestria todo o processo de edição.

Temos muita sorte por ter Carolyn Monaco, da Monaco Associates, como gerente de marketing. Sua grande experiência em publicações na área de negócios, valorização da importância da jugaad em um contexto global e ideias perspicazes de marketing foram fundamentais para o êxito do lançamento deste livro.

Devemos agradecer a Kal Patel, sócio da VantagePoint Capital Partners e ex-presidente para a região da Ásia da Best Buy, por consistentemente compartilhar ideias brilhantes e insights perspicazes sobre criatividade e inovação e, generosamente, apoiar o seriado *Indique – Big Ideas from Emerging India*, que nos levou a estudar a jugaad de forma mais aprofundada; ao Dr. R. A. Mashelkar, ex-diretor-geral do CSIR (Council of Scientific & Industrial Research), por compartilhar seu profundo conhecimento após muitos anos de dedicação ao estudo da inovação; ao Dr. Prasad Kaipa, coach de CEO e pesquisador sênior da Indian School of Business, pelas modernas ideias sobre como os indivíduos de quaisquer profissões e estilos de vida podem despertar o gênio criativo que existe em cada um; a Eddie Bowman e Sarah Bogue, da Ernst & Young, por nos apresentar Gustavo Grobocopatel (Los Grobo); a Fernando Fabre, da Endeavor, por nos apresentar aos modelos de negócios inovadores de Enrique Gómez Junco (Optima) e de Heloísa Helena Assis (Beleza Natural). Também somos gratos pelas ideias, comentários e estudos de casos que foram generosamente fornecidos por Radha Basu, Dr. Rajiv Doshi, professor Carol Dweck, Ian Hosking, Reena Jana, Lakshmi Karan, Pradeep Kashyap, Joydeep Nag, Professor James Patell, V. Raja, Sonal Shah e Ramesh Vangal.

Não poderíamos ter escrito este livro sem a ativa contribuição de todos os inovadores jugaad que mencionamos e que, generosamente, compartilharam suas histórias pessoais e profissionais. Seu espírito jugaad continua a nos inspirar.

Finalmente, somos profundamente gratos aos familiares e amigos que se interessaram pelo que estávamos fazendo e que nos ofereceram todo o apoio moral, que nos ajudou a manter nossa sanidade e a produzir o livro que você agora tem em mãos.

Os autores

Navi Radjou é um líder de pensamento independente e consultor de estratégia sediado no Vale do Silício e palestrante internacionalmente conhecido sobre inovação nos negócios e liderança. Também é pesquisador na Judge Business School, University of Cambridge, e acadêmico do Fórum Econômico Mundial.

Mais recentemente, Navi atuou como diretor executivo do Centre for India & Global Business, na Judge Business School. Antes disso, foi por muito tempo vice-presidente analista da Forrester Research, em Boston e San Francisco, assessorando executivos seniores em todo o mundo sobre estratégias inovadoras de crescimento.

Regularmente é citado no *New York Times, Wall Street Journal, Bloomberg Businessweek, Economist* e *Financial Times*. Escreve uma coluna no HBR.org e é bastante requisitado. Ministrou palestras no Fórum Econômico Mundial, Council on Foreign Relations, Conference Board Harvard University, Asia Society e muitas outras instituições de renome. Escritor prolífico, cunhou e popularizou vários conceitos de negócios, como "redes de inovação global", "inovação policêntrica" e "indovation". Também é um dos autores de *Smart to Wise*, livro sobre a próxima geração de liderança (Jossey-Bass, no prelo).

Nascido na Índia, naturalizado francês, Navi obteve mestrado em sistemas de informação na Ecole Centrale Paris e se formou pela Yale School of Management. Vive atualmente em Palo Alto, Califórnia. Siga-o no Twitter: @NaviRadjou.

Dr. Jaideep Prabhu é professor Jawaharlal Nehru de negócios e empresas indianas e diretor do Centre for India & Global Business, na Judge Business School, University of Cambridge. Ocupou cargos na Imperial College London, Tilburg University (Holanda) e UCLA. Jaideep tem bacharelado em tecnologia pela ITT Delhi e PhD pela University of Southern California.

Os interesses de pesquisa de Jaideep concentram-se em marketing, inovação, estratégia e negócios internacionais. Sua pesquisa atual é sobre a globalização da inovação e o papel das economias emergentes neste processo. Tem especial interesse sobre como as multinacionais e as empresas nacionais estão utilizando os mercados emergentes como laboratório para produzir inovações acessíveis e sustentáveis para aplicação global.

Jaideep vem sendo publicado e faz parte do conselho editorial de importantes revistas acadêmicas, como *Journal of Marketing* e *International Journal of Research in Marketing*. Tem orientado e prestado consultoria para executivos do ABN Amro, Bertelsmann, BP, BT, GE, IBM, ING Bank, KPMG, Nokia, Philips, Roche, Shell, Vodafone e Xerox, entre outros. Jaideep tem aparecido no *BBC News24* e *Bloomberg Businessweek*, e seu trabalho foi apresentado na *Bloomberg Businessweek, Economist, Financial Times, Le Monde, MIT Sloan Management Review, New York Times* e *Times*. É colunista do HBR.org.

Dra. Simone Ahuja é fundadora da Blood Orange, empresa de consultoria em marketing e estratégia com especialização especial em mercados emergentes e inovação, e com estrutura para produção de conteúdo. Com sede em Minneapolis e equipes em Mumbai, a Blood Orange utiliza um processo ágil e de baixo custo para produção de conteúdo construído sobre princípios aprendidos em extenso trabalho na Índia, dentre os quais a jugaad. Simone recentemente desenvolveu, produziu e dirigiu o seriado "Indique – Big Ideas from Emerging India", para o qual estudou como a inovação na Índia impulsiona o desenvolvimento socioeconômico. Junto com sua própria experiência no aproveitamento de habilidades complementares de equipes transnacionais, esses encontros com CEOs de corporações multinacionais (e com empreendedores das bases) anunciando inovações em pequena escala de baixo para cima, deram-lhe uma visão holística *in loco* sobre a mentalidade de inovação e os métodos específicos empregados na Índia.

Ahuja tem atuado como assessora do Centre for India & Global Business, na Judge Business School, University of Cambridge, e como pesquisadora associada para a Asia Society, na cidade de Nova York. É consultora e faz apresentações para delegações comerciais, instituições acadêmicas e empresas listadas na *Fortune 100*, como PepsiCo, Procter & Gamble, Honeywell, General Mills, ECOLAB, Colgate-Palmolive e Best Buy. Ahuja contribui regularmente para um blog da *Harvard Business Review* no HBR.org.

Para saber mais sobre os autores e suas pesquisas e áreas de consultoria, visite: JugaadInnovation.com.

Prefácio à edição brasileira

O objetivo deste livro é mostrar para as empresas de todo o mundo como elas podem gerar inovação e crescimento em um ambiente global de negócios cada vez mais complexo. Em especial, queremos ajudar os líderes das empresas ocidentais a entenderem que não podem mais se basear na velha fórmula que sustentou a inovação e o crescimento durante décadas: uma mistura de estratégias de cima para baixo, projetos onerosos de P&D e processos de negócios rígidos e altamente estruturados. Na verdade, os líderes ocidentais precisam olhar para lugares como Brasil, África, Índia e China, em busca de uma abordagem frugal e flexível para a inovação.

Quando iniciamos nossa pesquisa, em 2008, previmos que os BRICs (Brasil, Rússia, Índia e China) seriam ideais para procurarmos uma nova abordagem de inovação. Entre eles, escolhemos a Índia em primeiro lugar porque, depois da China, é a economia que mais cresce no mundo. Além disso, muitos preveem (inclusive a Goldman Sachs e a Ernst & Young) que, em breve, a Índia não só ultrapassará economicamente a China como continuará a crescer mais rápido que os outros países dos BRICs por várias décadas. E o mais importante é o fato de que a Índia apresenta o máximo de complexidade possível. O país enfrenta escassez generalizada em grande escala: desde água, alimentos e energia - mais de 500 milhões de indianos não possuem fornecimento regular de eletricidade - até o acesso à educação e à saúde. Sua caótica democracia é caracterizada por uma burocracia kafkiana e espantosa diversidade; sua população de 1,2 bilhão de habitantes está se expandindo a uma taxa de 1,3% ao ano. Apesar de todo o caos e complexidade, a economia indiana cresce fortemente em um momento econômico difícil. Se os indianos conseguiram crescer "apesar da complexidade", deve haver algo que vale a pena aprender com eles.

Em nossas muitas viagens para a Índia, encontramos dezenas de empreendedores de origem humilde e visitamos mais de 100 empresas, de grande e pequeno portes. O que vimos nos surpreendeu. O país está explodindo com inovações engenhosamente simples, porém eficazes. Após mais de três anos de ampla pesquisa de campo, buscando pelo santo graal da inovação por todo o país, chegamos a uma conclusão: todos os inovadores frugais que encontramos compartilham uma única mentalidade: a mentalidade *jugaad*.

O que é *jugaad*? *Jugaad* é uma palavra coloquial em hindu, cujo sentido pode ser explicado como "um conserto inovador; uma solução improvisada, com base na engenhosidade e inteligência". A jugaad é, de forma bastante simples, uma maneira única de pensar e agir em resposta a desafios; trata-se da arte corajosa de identificar oportunidades nas circunstâncias mais adversas e engenhosamente improvisar soluções utilizando meios simples. Jugaad significa fazer mais com menos. A jugaad é praticada no dia a dia por quase todos os indianos para produzir o máximo com o que possuem. Por exemplo, no meio de um deserto, no noroeste da Índia, um empreendedor social chamado Mansukh Prajapati desenvolveu a Mitticool (*mitti* significa "terra" em hindu); trata-se de uma geladeira de US$40, feita de argila, 100% biodegradável e que não utiliza eletricidade, o que é muito importante, pois 500 milhões de indianos vivem sem energia elétrica. A Mitticool funciona da seguinte maneira: água de uma câmara superior escoa por paredes laterais, esfriando a câmara inferior de alimentos por meio de evaporação. Prajapati não tem PhD ou MBA (na verdade, não concluiu o ensino médio) mas, no entanto, criou uma maneira frugal e sustentável de ajudar os habitantes a manter frescos, por alguns dias, produtos como leite e vegetais, utilizando apenas argila e água.

O espírito empreendedor da jugaad não se limita apenas à Índia, mas é amplamente praticado em outras economias emergentes, como a China e a África, onde empreendedores também buscam o crescimento em circunstâncias difíceis. Os chineses a chamam de *zizhu chuangxin*. Os quenianos se referem a ela como *jua kali*. Os franceses também têm uma expressão própria: *système D*. Ao longo deste livro, apresentaremos empreendedores jugaad de países como Argentina, Brasil, China, Costa Rica, Índia, Quênia, México,

Filipinas e outros, que criaram soluções simples, porém eficazes, para resolver problemas difíceis enfrentados por seus concidadãos.

No Brasil, a palavra conceitualmente mais próxima da jugaad seria o "jeitinho". Essa palavra vem da expressão "dar um jeito".* O jeitinho denota a capacidade dos brasileiros de improvisar e se adaptar diante de uma adversidade; é a forma brasileira de expressar engenhosidade pura. Isabel Leli representa perfeitamente o espírito inovador do jeitinho. Leli, auxiliar de enfermagem da Unidade Neonatal do HUM (Hospital Universitário de Maringá), improvisou uma solução engenhosa para um bebê prematuro parar de chorar: ela converteu um pedaço de pano em uma rede improvisada e a pendurou sobre a incubadora. Imediatamente, o bebê parou de chorar. Animado com a experiência bem-sucedida, o HUM pediu a costureiras para produzir redes semelhantes para aquela unidade, usando tecidos delicados, que não machucassem a pele dos bebês.** Pesquisas mostraram que os bebês deitados em redes tendem a ficar mais calmos; portanto, poupam energia, ganham peso e crescem mais rápido. Essa solução simples se mostrou bem mais eficaz que alternativas caras.

O jeitinho é um antídoto para a complexidade que permeia os ambientes cultural e socioeconômico do Brasil. De fato, da mesma forma que na Índia, a sociedade e a economia brasileira são muito complexas. A vasta população de quase 200 milhões de habitantes no Brasil é, sem dúvida, uma das mais diversificadas do mundo. O Brasil não é mais um mercado emergente: ele já emergiu, pois ostenta o sexto maior PIB do mundo, à frente do Reino Unido. O país abriga 155 mil milionários e orgulhosamente sediará a Copa do Mundo em 2014 e os Jogos Olímpicos em 2016. No entanto, padece de grandes desigualdades: a parcela de 1% da população correspondente aos mais ricos controla 12% da riqueza do país, enquanto os 10% mais pobres controlam apenas 1%.*** Assim, não chega a surpreender que o Brasil tenha se tornado terreno fértil para empreendedores sociais pioneiros em maneiras frugais e flexíveis para o fornecimento de serviços básicos, como educação, saúde, energia e serviços financeiros para milhões de cidadãos de comunidades carentes.

---

* *Fonte*: http://en.wikipedia.org/wiki/Jeitinho

** *Fonte*: http://nequidnimis.wordpress.com/2012/04/13/redes-nas-incubadoras-acalmam-bebes-recem-nascidos/.

*** La Lettre de YouPhil, n. 31. 24 de fevereiro de 2012 (www.youphil.com).

De fato, os empreendedores sociais são os mais diligentes na prática do jeitinho brasileiro.* Muitos são jovens e, portanto, dispostos a assumir mais riscos que a geração anterior, que sofreu com a recessão econômica marcada por taxas de inflação de dois dígitos. Rodrigo Baggio, por exemplo, fundou o CDI (Comitê para Democratização da Informática), que fornece cursos acessíveis de informática para jovens em favelas, ampliando as oportunidades de trabalho. Da mesma forma, o CREN (Centro de Recuperação e Educação Nutricional), fundado por Gisela Solymos, tem desenvolvido métodos inovadores para combater a desnutrição em comunidades de baixa renda. Por seu trabalho pioneiro, ela foi agraciada, em 2011, com o prestigioso Prêmio Empreendedor Social do Ano pelo Fórum Econômico Mundial.

Empreendedores como Baggio e Solymos, que praticam o jeitinho brasileiro, focam a criação de soluções que, além de acessíveis e baratas, são também sustentáveis. A Acadêmicos da Rocinha, por exemplo, escola de samba popular com sede na maior favela do Rio de Janeiro, e o Instituto Synthesis operam em conjunto o "Reciclando na Folia": projeto que visa reciclar todos os materiais utilizados durante o Carnaval do Rio. O projeto envolve 130 jovens da favela que reutilizam os materiais recolhidos para trabalhos artesanais, posteriormente vendidos no mercado. O Reciclando na Folia é um projeto que promove a sustentabilidade ambiental, bem como a socioeconômica, na favela mais pobre do Rio.

Em anos recentes, o jeitinho evoluiu de um "conserto rápido" improvisado com limitado impacto local a grandes soluções que podem impactar várias regiões e, eventualmente, o país inteiro. Conforme observa o Professor Carlos Teixeira, brasileiro membro do corpo docente da Parsons The New School for Design de Nova York: "Inicialmente, o jeitinho era praticado no Brasil como forma de superar problemas cotidianos, era principalmente um método de sobrevivência e costumava ter conotação negativa, pois 'jeitinho' podia, às vezes, significar flexibilização de regras e burla das leis. Mas o jeitinho vem se tornando cada vez mais um conceito sofisticado de negócios. Uma quantidade crescente de empreendedores brasileiros está agora utilizando a mentalidade frugal e flexível do jeitinho para transformar pequenas empresas em grandes negócios rentáveis."** Dentre esses empreendedores criativos, estão Heloísa

---

* É importante observar que a Ashoka, organização com sede nos Estados Unidos, que promove o empreendedorismo social, tem o maior número de associados no... Brasil!

** Professor Carlos Teixeira, entrevista pessoal com Navi Radjou e Simone Ahuja em 23 de abril de 2012.

Prefácio à edição brasileira

Helena Assis, conhecida como Zica, que dirige o Beleza Natural, rede de salões de beleza de muito sucesso especializada em cabelos crespos, que atende mulheres de baixa renda, e Carla Renata Sarni, que fundou o Sorridents, maior rede de clínicas odontológicas do Brasil, que opera em mais de 100 localidades e oferece ampla variedade de serviços odontológicos a preços acessíveis para mais de 1 milhão de clientes em comunidades de baixa renda (Zica e o Beleza Natural são retratados neste livro).* Empreendimentos como o Beleza Natural e o Sorridents, além de fornecerem produtos e serviços a preços acessíveis para comunidades carentes, também criam empregos remunerados para os que estão na base da pirâmide econômica.

Os empreendedores não são os únicos que praticam o jeitinho como forma de inovação no Brasil. Grandes empresas brasileiras também o estão incorporando às suas práticas de negócios para fornecer mais valor com menos custo a mais consumidores, especialmente para o mercado da base da pirâmide. A Caixa Econômica Federal (CEF), por exemplo, uma das maiores instituições financeiras do Brasil, criou a inovadora Agência Chico Mendes, agência flutuante que leva serviços financeiros a comunidades isoladas ao longo de rios na região amazônica. Por essa inovação, a CEF recebeu, em 2012, o prêmio accessBanking do BID (Banco Interamericano de Desenvolvimento), por contribuir para o banco sustentável (curiosamente, o projeto recebeu a maioria dos votos entre eleitores on-line que selecionaram os vencedores finais).** Da mesma forma, a Natura, a empresa número 1 de cosméticos na América Latina, conta com uma engenhosa rede de pequenos fornecedores e de logística, que suas concorrentes ocidentais, Avon, Unilever e Procter & Gamble, ainda não conseguiram replicar. A Natura tem, como fonte de ingredientes naturais e matéria-prima biológica, uma ampla variedade de comunidades locais, incluindo tribos indígenas no Brasil. Por meio de suas práticas sustentáveis de abastecimento, a Natura ajuda a preservar a biodiversidade local e o conhecimento tradicional, enquanto gera fluxo constante de receitas para as comunidades locais. A empresa usa também uma sofisticada rede de distribuição para fornecer até mesmo pequenas quantidades de produtos a lugares distantes, no Brasil e na América do Sul.

No Brasil, o jeitinho não se restringe ao mundo dos negócios. Os artistas brasileiros também são ávidos praticantes. Em 2010, a exposição Gambiólogos

---

* *Fonte*: http://www.majoritymarkets.org/blogs/susano/beyond-base.
** "IDB announces winners of its beyondBanking awards", 15 de março de 2012. [http://www.iadb.org/mobile/news/detail.cfm?Language=English&id=9870]

xviii   *A inovação do improviso*

atraiu a atenção internacional para artistas brasileiros que trabalham com táticas *gambiarra*.* A gambiarra é o equivalente em português ao *kludge* - a arte de construir dispositivos improvisados pela reutilização de materiais. Existe até um grupo de artistas em Belo Horizonte, chamado Gambiologia no Brasil, cujos membros criam um tipo de arte popular eletrônica que reutiliza materiais e artefatos fabricados em série.** Talvez o mais fervoroso defensor e praticante da gambiarra seja Gilberto Gil, ex-ministro da cultura do Brasil e músico, que se autodenomina "hacker" e é grande defensor do movimento "código aberto".***

Seja gambiarra ou jeitinho, o Brasil é pioneiro em uma nova forma de inovação de improviso nas artes, na cultura e nos negócios. Essa nova abordagem é frugal, flexível, sustentável e promove a inclusão. Na medida em que grandes empresas ocidentais, como a IBM e a GE (General Electric) instalam centros de P&D no Brasil, pode ser aconselhável aprenderem a arte do jeitinho e utilizá-la para criar produtos e serviços acessíveis e sustentáveis, não apenas para o mercado brasileiro, mas para o mundo todo.

Neste livro, esperamos lançar luz sobre como os inovadores do jeitinho (ou jugaad) pensam e agem e identificar as lições valiosas que podem transmitir às empresas no Ocidente. Um dia, em breve, da mesma forma que a jugaad, a palavra "jeitinho" pode muito bem passar a fazer parte do léxico global de negócios.

Navi Radjou, Jaideep Prabhu, Simone Ahuja
maio de 2012

---

* *Fonte*: http://themediumandthemayhem.net/2011/01/07/the-gambiologia-collective-and-gambiologos/.

** *Fonte*: http://www.gambiologia.net/blog/gambiologia-presentation/.

*** "open source". Jose Murio, "Gilberto Gil: the open minister" [http://www.opendemocracy.net/article/gilberto-gill-open-minister], 18 de agosto de 2008.

Prefácio

Ideias e criatividade representam a essência de meu negócio; assim, quando surge um livro como *A inovação do improviso*, que reformula a linguagem e a metodologia da inovação, ficamos animados. Conforme destacam os autores, esta é uma época de complexidade crescente e de maior escassez de recursos, de modelos financeiros fragmentados no Ocidente e de confiantes potências econômicas emergentes no Oriente e no Sul. Os autores revelam um novo conjunto de princípios para inovações revolucionárias de mercados emergentes, como Índia, Brasil, China e Quênia, que devemos passar a conhecer e adotar se pretendemos reabilitar o crescimento.

Conheci um dos autores, Jaideep Prabhu, na Judge Business School, da University of Cambridge, onde fui CEO-residente. Um dos prazeres de minha função era conhecer pessoas como Jaideep e ouvir novas ideias sobre como tornar o mundo melhor. Junto com os colaboradores Navi Radjou e Simone Ahuja, Jaideep trouxe à vida o conceito de *jugaad*, com todo o colorido e exuberância típicos da Índia.

Este é um livro radicalmente otimista que se alinha às várias vertentes de minha investigação acadêmica e intuição após 40 anos na área de negócios. Meus mantras são os seguintes: inspire-se em seus próprios objetivos; a mudança decorre das situações-limite; dedique-se às ideias transformadoras do mundo; a emoção leva à ação; a criatividade supera a escassez; em tempos difíceis, você precisa vencer a qualquer custo. Os princípios dos autores são paralelos: siga o seu coração; busque a oportunidade na adversidade; faça mais com menos; dê chance aos excluídos; seja flexível; simplifique; o mundo é complexo demais para agirmos apenas racionalmente. Meus critérios para a inovação são "fracasse rápido, corrija rápido, aprenda rápido". Os deles, "fracasse barato, fracasse rápido, fracasse muitas vezes".

A inovação do improviso permeia várias das iniciativas mais inovadoras dos mercados emergentes, desde empreendedores de lojas pequenas nas Filipinas, com baixa tecnologia, que atendem às necessidades da comunidade local, até grandes conglomerados industriais na Índia e na China, que buscam melhorar a vida de centenas de milhões de pessoas. Os autores investigaram uma série de empresas ocidentais que se espelharam no método jugaad (Procter & Gamble e PepsiCo são duas para as quais trabalhei), mas no geral concluem que "o motor da inovação ocidental tornou-se extremamente rígido, insular e inflado... consome muitos recursos e faz muito estardalhaço, mas não são relevantes". Ai!

Assim, a jugaad é, ao mesmo tempo, um alerta para empresas maduras, com processos de inovação institucional desenvolvidos em demasia, e um guia de como ser criativo com recursos escassos. Em meu país natal, a Nova Zelândia, o equivalente à jugaad é denominado "fio número 8". No início do desenvolvimento agrícola e industrial da Nova Zelândia, os fazendeiros e empresários não podiam esperar meses para receberem as peças ou máquinas novas, que chegavam de barco da Inglaterra; assim, improvisaram uma solução para reposição. Era incrível o que se podia fazer com um simples pedaço de arame.

"A escassez é a mãe das invenções", dizem os autores. A austeridade é o novo sistema operacional de muitas empresas e países. A frugalidade é o sistema dos gestores; reutilizar e recombinar representa um modo de vida para os personagens das páginas de *A inovação do improviso* e uma prática que nós, do Ocidente perdulário, precisamos aprender e com a qual devemos nos acostumar. Em meu negócio (comunicações, marketing e publicidade, ou seja, vendas), o advento da mídia social reduziu drasticamente o tipo de orçamento que costumávamos utilizar. A criatividade é nossa maior salvadora. As grandes ideias não levam o orçamento em consideração; temos pouca prática em trabalhar neste ambiente. A jugaad nos mostra um novo caminho.

A inovação do improviso me arrebatou na discussão sobre "intuir as necessidades latentes dos consumidores". Steve Jobs tinha essa intuição e concebeu produtos que nunca imaginamos, mas muito óbvios quando chegam a nós. Clássico inventor frugal, Jobs definiu a presença como ausência; retirou o teclado, o mouse, a torre do computador; reduziu e eliminou. Meu Livro *Lovemarks: o futuro além das marcas* (M.Books) assumiu a posição de que as empresas, se prontas, poderiam chegar ao coração dos clientes, ser convidadas a entrar, e responder claramente à pergunta fundamental de todo cliente: "Como pretendem melhorar minha vida?". As empresas que se orgulham de ter foco no cliente usam a equação de trás para a frente. Como afirmam os autores: "O coração sabe o que a mente não percebe." Eles defendem "seguir o seu coração" com intuição, empatia e paixão; minha tríade é "mistério, sensualidade e intimidade".

O elemento final de destaque da jugaad é o que chamo de "tenacidade mental". Os autores se referem a "construir o capital psicológico da empresa para aumentar a resiliência confiante". Na Saatchi & Saatchi, temos uma declaração de propósito que nos serve de base: "Nada é impossível." A ela, acrescentei: "Uma equipe, um sonho." Ter pessoas obcecadas com propósito ao seu lado é ótimo; obcecados desgovernados, já não é tão bom. Da mesma forma que inventei, adaptei e plagiei métodos e técnicas para organizar e manter 6 mil pessoas no caminho certo, os autores nos oferecem um convidativo guia de "como fazer". Não se pode ter uma obra sobre engenhosidade sem apresentar recursos, e *A inovação do improviso* é generoso nos planos de ação.

Até este livro, o que mais me aproximava da Índia era o críquete. Fui capitão de times de críquete na escola, seduzido pelos mistérios do *googly* (procure no Google; um tipo de lançamento de bola com efeito, realizado com um giro do braço direito e da perna) e o flagrante poder de conseguir seis corridas com uma única rebatida. Agora, tenho a jugaad, e assim renasce meu relacionamento com a Índia e com a inovação.

Grasmere, Inglaterra
fevereiro de 2012

Kenvin Roberts
CEO Mundial
Saatchi & Saatchi

Sumário

Agradecimentos		vii
Os autores		ix
Prefácio à edição brasileira		xiii
Prefácio		xix
CAPÍTULO 1	Jugaad *Uma estratégia revolucionária de crescimento*	1
CAPÍTULO 2	Princípio 1 *Busque oportunidades na adversidade*	27
CAPÍTULO 3	Princípio 2 *Faça mais com menos*	53
CAPÍTULO 4	Princípio 3 *Seja flexível*	79
CAPÍTULO 5	Princípio 4 *Simplifique*	103
CAPÍTULO 6	Princípio 5 *Dê chance aos excluídos*	125
CAPÍTULO 7	Princípio 6 *Siga o seu coração*	151
CAPÍTULO 8	Integrando a jugaad à empresa	171
CAPÍTULO 9	Construindo nações jugaad	191
Notas		217
Índice		239

CAPÍTULO 1

JUGAAD

Uma estratégia revolucionária de crescimento

C hegamos a Ramakrishna Nagar, um vilarejo no deserto de Gujarat, estado do oeste da Índia, após viajar 400 quilômetros desde Ahmedabad, capital do estado. Nossa equipe – um consultor de administração do Vale do Silício, um professor da Escola de Negócios da University of Cambridge e a fundadora de uma pequena e exclusiva empresa de mídia e consultoria de Minneapolis – fora criada alguns meses antes para um grande projeto de pesquisa e viagem. Nossa missão: descobrir novas abordagens em relação à inovação em mercados emergentes, como a Índia, que pudessem ajudar as empresas ocidentais a enfrentar a complexidade dos atuais tempos difíceis e turbulentos.

Viemos para Gujarat para encontrarmos com o Professor Anil Gupta, no IIM (Indian Institute of Management) em Ahmedabad,[1] que dirige a Honeybee Network, organização sem fins lucrativos que identifica e difunde inovações originadas nas comunidades de toda a Índia. Durante mais de duas décadas, a Honeybee acumulou um banco de dados com mais de 10 mil invenções de empreendedores vindos do povo que criaram soluções engenhosas para problemas socioeconômicos prementes em suas comunidades. O Professor Gupta sugeriu que nos reuníssemos com um desses empreendedores rurais.

Quando saímos de uma rodovia em linha reta, pavimentada de concreto, para uma estrada de terra mais estreita e cada vez mais esburacada, a temperatura subiu para debilitantes 49ºC. Ao sair do jeep com ar-condicionado, pudemos sentir o peso do opressivo calor do deserto.

Mansukh Prajapati nos cumprimentou cordialmente fora da oficina.[2] Oleiro por profissão, Prajapati vinha, há anos, experimentando diversos tipos de argila para produzir uma variedade de bens duráveis, muitos deles expostos no escritório, fora do "laboratório". Estávamos mortos de sede e ficamos gratos quando ele nos perguntou se queríamos água. Nossa água acabara, e não tinha sinal algum de loja ou quiosque nas redondezas onde pudéssemos nos reabastecer. Ele se aproximou de uma torneira, nos deu copos e, sorrindo com orgulho, disse: "Por favor, sirvam-se desta água fria de minha geladeira."

Intrigados, olhamos mais de perto para a caixa de terracota à nossa frente, feita inteiramente de argila, exceto por uma porta de vidro e uma torneira de plástico na parte inferior. Enquanto saboreávamos a refrescante água gelada, olhamos em volta e não encontramos cabos ou baterias; só havia argila. Divertindo-se com nossas expressões, Prajapati explicou como funcionava a geladeira de argila, a Mitticool (*mitti* significa "terra" em hindu): a água de uma câmara superior escoa através das paredes laterais, esfriando a câmara inferior de alimentos através de evaporação. A geladeira não consome eletricidade, é 100% biodegradável e não gera resíduo durante sua vida útil. Uma invenção genial!

Mas esse inventor e sua história pessoal são ainda mais impressionantes. Prajapati não trabalha para a NASA ou para a Whirlpool e não possui PhD em física quântica ou MBA de Stanford. Na verdade, como também já mencionamos, sequer concluiu o ensino médio. Seu laboratório de P&D (Pesquisa e Desenvolvimento), uma sala simples ao ar livre, com argila de vários tamanhos e formatos espalhada pelo chão e um forno escondido no canto, está muito longe de ser um dos vastos *campi* da GE ou da Whirlpool, repleto de centenas de engenheiros ou cientistas.

Em 2001, um terremoto havia devastado a aldeia de Prajapati e todo o entorno. Ao ler uma reportagem sobre a calamidade no jornal local, a legenda de uma foto chamou sua atenção: "A geladeira do pobre homem se quebrou!" A foto mostrava um pote de barro amassado, comumente utilizado pelos aldeões para buscar água e mantê-la fresca. Embora o jornal tivesse chamado o filtro de barro de geladeira, em tom de brincadeira, o artigo desencadeou o primeiro momento "eureca" de Prajapati. *Por que não utilizar argila*, pensou, *para fazer uma geladeira de verdade para os moradores, que se pareça mais com uma geladeira tradicional, seja acessível e não precise de eletricidade?* Mais de 500 milhões de indianos vivem sem rede elétrica confiável, incluindo a maior parte das pessoas no vilarejo de Prajapati.[3] Os benefícios, em termos de saúde e estilo de vida, de se ter uma geladeira no deserto, onde frutas, vegetais e laticínios são disponíveis apenas de forma intermitente, seriam tremendos.

A experiência de Prajapati como oleiro e sua intuição lhe diziam que estava diante de algo importante. Por vários meses, fez alguns testes e, no fim, produziu uma versão viável da Mitticool, que começou a vender aos moradores do próprio vilarejo. A geladeira, com custo aproximado de US$50, foi um sucesso. Prajapati trabalhou incansavelmente na melhoria do projeto e passou a comercializar geladeiras Mitticool por toda a Índia, e depois internacionalmente. Ele não conseguia dar conta da crescente demanda e precisava encontrar uma maneira de aumentar a produção – rápido.

Foi quando teve um segundo momento eureca. Por que não transformar a olaria artesanal em processo industrial? Ele poderia aproveitar seu conhecimento tradicional de olaria para produzir bens em massa que atendessem às necessidades do consumidor moderno. Então, Prajapati desenvolveu um novo e eficiente método de trabalhar com argila. Depois começou a ensinar às mulheres da aldeia as técnicas de cerâmica industrial e, finalmente, as contratou para trabalhar em sua nova fábrica. Logo, acontecia uma "Minirrevolução" Industrial em cerâmica neste remoto vilarejo indiano.

A Mitticool foi o primeiro produto que Prajapati produziu em massa. Logo, produziu outros com argila, como uma frigideira antiaderente, que retém calor mais tempo que as outras e custa meros US$2. A partir de um homem e uma ideia, se desenvolveu toda uma indústria frugal, porém fecunda, que emprega grande quantidade de pessoas da própria comunidade e atende a consumidores na Índia e no exterior. As invenções revolucionárias de Prajapati, que oferecem mais valor com menos custo, lhe renderam elogios de todo o mundo, inclusive do presidente da Índia. A revista *Forbes* recentemente o classificou entre os mais influentes empreendedores rurais indianos, um dos poucos a causar impacto na vida de tantas pessoas.[4]

JUGAAD: A CORAJOSA ARTE DE IMPROVISAR UMA SOLUÇÃO ENGENHOSA

A Mitticool, ideia originada de circunstâncias adversas, mostra como uma mentalidade flexível consegue transformar escassez em oportunidade. Combinando recursos limitados e persistência, Prajapati aproveitou sua empatia e paixão pela comunidade para imaginar uma solução engenhosa que melhorasse a vida não só em Gujarat como onde fosse possível. Além de produzir uma geladeira barata e eficaz, ele também gerou empregos para dezenas de mulheres com baixa escolaridade. Ao fazer isso, Prajapati trouxe a sustentabilidade ambiental e socioeconômica para a comunidade e, ao mesmo tempo, garantiu a sustentabilidade financeira do próprio negócio. Prajapati representa o verdadeiro espírito da jugaad.

Jugaad é uma palavra coloquial em hindu que pode ser traduzida aproximadamente como "um conserto inovador; uma solução improvisada nascida da engenhosidade e da inteligência". Jugaad é, de forma bastante simples, uma maneira única de pensar e agir em resposta a desafios; trata-se da corajosa arte de identificar oportunidades nas circunstâncias mais adversas e engenhosamente improvisar soluções utilizando meios simples. *Jugaad* significa *fazer mais com menos* (veja artigos e vídeos sobre jugaad em JugaadInnovation.com).

A jugaad é praticada por quase todos os indianos no dia a dia para extrair o máximo do que possuem. Dentre as aplicações da jugaad, incluem-se encontrar novos usos para objetos cotidianos (as cozinhas indianas estão repletas de garrafas de Coca-Cola e Pepsi, reutilizadas como recipientes para legumes secos ou condimentos) ou inventar novas ferramentas úteis com objetos do cotidiano, como um caminhão improvisado acoplado a um motor diesel adaptado sobre um carrinho (curiosamente, a origem da palavra jugaad, em Punjabi, descreve literalmente esses veículos improvisados).

A palavra *jugaad* também é aplicada a qualquer uso engenhoso de "jogar conforme as regras do sistema". Por exemplo, milhões de usuários de telefones celulares na Índia se baseiam em "chamadas perdidas" para transmitir mensagens entre si, utilizando um protocolo previamente combinado entre quem liga e quem recebe a ligação, como uma mensagem de texto *grátis e sem texto*. Por exemplo, sua carona pode lhe fazer uma "chamada perdida" de manhã para avisar que acabou de sair de casa e está vindo buscá-lo.[5] Assim, a palavra *jugaad* carrega uma conotação ligeiramente negativa para alguns. Mas em geral o espírito empreendedor da jugaad é praticado por milhões na Índia, com o intuito de improvisar soluções inteligentes (e totalmente legítimas) para problemas cotidianos.

Neste livro, nos aprofundaremos na análise da mentalidade frugal e flexível de milhares de empresas e empreendedores engenhosos que praticam a jugaad para criativamente resolver questões socioeconômicas fundamentais em suas comunidades. Os inovadores jugaad, como Mansukh Prajapati, não consideram restrições graves, como a falta de eletricidade, um desafio debilitador, e sim uma oportunidade de inovar e superar essas próprias restrições.

O espírito empreendedor da jugaad não se limita à Índia, mas é amplamente praticado em outras economias emergentes como as da China e do Brasil, onde empreendedores também buscam o crescimento em circunstâncias difíceis. Os brasileiros possuem sua própria palavra para esta abordagem: *gambiarra*.[6] Os chineses a chamam de *zizhu chuangxin*.[7] Os quenianos se referem a ela como *jua kali*.[8] Os franceses também têm uma expressão própria: *système D*.[9] No transcorrer deste livro apresentaremos empreendedores jugaad de países como Argentina, Brasil, China, Costa Rica, Índia, Quênia, México, Filipinas e outros que criaram soluções simples, mas eficazes, para resolver problemas difíceis enfrentados por seus concidadãos. Esperamos lançar luz sobre como esses inovadores jugaad pensam e agem e identificar as lições valiosas que nós, no Ocidente, podemos aprender com eles.

JUGAAD NO OCIDENTE

Enquanto a jugaad é hoje a forma predominante de inovação nos mercados emergentes, no Ocidente é praticada apenas em casos isolados. Embora o seriado *MacGyver*, dos anos 1980, tivesse popularizado o espírito jugaad americano (também conhecido como "engenhosidade ianque"), pouquíssimas *corporações* ocidentais realmente praticam a jugaad hoje em dia.[10] Porém, a jugaad também já foi, um dia, parte significativa da inovação ocidental. Foi a mentalidade flexível de inovadores no estilo jugaad, como os dos Estados Unidos durante a Revolução Industrial, que catalisou o crescimento nas economias ocidentais.

Em 1831, por exemplo, um fazendeiro autodidata da Virgínia chamado Cyrus McCormick lançou uma ceifeira mecânica de grãos que acabara de inventar e que prometia livrar os agricultores do trabalho físico desgastante e resolver o problema de abastecimento escasso de alimentos, que assolava a comunidade. Quando McCormick nasceu, em 1809, mais de 80% dos americanos dependiam da agricultura para subsistência (em 1970, este número reduziu para apenas 4%).[11] Nos Estados Unidos do início do século XIX, os fazendeiros faziam a colheita de grãos com as mãos, o que exigia muitos trabalhadores para concluir a tarefa. O pai de Cyrus McCormick quis facilitar a vida dos colegas agricultores. Ele passara 28 anos tentando desenvolver uma máquina que pudesse automatizar a colheita de grãos, mas desistiu após várias tentativas frustradas. Com apenas 22 anos, o filho Cyrus tomou posse da invenção do pai e consertou a máquina. No celeiro da família, que servia como oficina improvisada, ele passou muitos meses ajustando o projeto de uma máquina automatizada de colheita de grãos, utilizando recursos limitados e componentes feitos à mão. Finalmente, em 1831, Cyrus apresentou uma funcional e elegante versão da ceifeira mecanizada, capaz de colher mais grãos que cinco homens juntos com os antigos arados.[12]

A ceifeira não foi a primeira invenção de Cyrus McCormick. Apesar da pouca instrução, com 15 anos ele já havia inventado um arado leve, que conseguia cortar e empilhar grãos de forma mais eficaz. Alguns anos depois, desenvolveu dois novos tipos de arado. Os Estados Unidos do século XIX – lutando com escassez de recursos, mas fértil em oportunidades – fervilhava de empreendedores como Cyrus McCormick, cujas invenções inteligentes trouxeram grandes benefícios para a sociedade em geral.[13]

No entanto, a invenção jugaad mais famosa de Cyrus McCormick, a ceifeira mecânica, não foi um sucesso comercial instantâneo. Os colegas fazendeiros, acostumados com métodos manuais de colheita, ficaram inicialmente desconfiados quanto à utilidade da estranha máquina. McCormick lutou durante anos para vendê-las, e só obteve sucesso usando mais pensamento jugaad flexível: pioneiro na prática do marketing boca a boca, fez os primeiros clientes recomendarem a ceifeira para outros em potencial. No fim, as vendas das ceifeiras cresceram, e McCormick levou a produção para uma fábrica em Chicago. As máquinas começaram a vender bem e melhoraram sensivelmente as práticas agrícolas em todo o país. Neste processo, McCormick também acabou lançando as bases para muitas práticas inovadoras de marketing e vendas – como a de avaliar a capacidade de crédito dos clientes e oferecer a garantia do "dinheiro de volta" –, agora comuns em empresas ocidentais em todos os setores. McCormick mostrou que, além de inventor técnico engenhoso, era também um grande inovador em *modelos de negócios*. Apesar da vida cheia de adversidades, com incêndios de fábricas e disputas de patentes, McCormick sempre se recuperou, demonstrando muita resiliência. As invenções jugaad de McCormick permitiram que grande número de trabalhadores americanos mudasse da agricultura para o trabalho nas fábricas, acelerando, assim, a Revolução Industrial.[14]

Entre os primeiros inovadores jugaad americanos, Benjamin Franklin pode ser o mais conhecido. Franklin viveu a escassez e aprendeu na própria pele a virtude da frugalidade, criado em uma grande família puritana, com nove irmãos e sete irmãs.[15] Com apenas 10 anos, Franklin abandonou a escola e começou a trabalhar na loja de velas e sabão do pai para ajudar no sustento da família. Desde cedo, Franklin desenvolveu talento especial na utilização de recursos limitados para conceber soluções engenhosas e frugais para os problemas cotidianos dos contemporâneos. A engenhosidade lendária de Franklin foi motivada por uma empatia genuína para com seus concidadãos. Uma de suas invenções mais práticas foi o fogão Franklin.[16] Durante o século XVIII, as casas nos Estados Unidos eram aquecidas por lareiras ineficientes, que expeliam fumaça enquanto grande parte do calor escapava pela chaminé. Também eram perigosas, pois as faíscas podiam provocar incêndios que rapidamente destruíam as casas de madeira.

A inovação jugaad de Franklin para resolver esse problema foi um novo tipo de fogão, com um gabinete simples, vedado na frente, e uma caixa de ar atrás. O fogão novo e a reconfiguração dos canos da chaminé permitiram um fogo mais eficiente, consumo de 75% menos de madeira e o dobro de calor.[17] O fogão Franklin fornecia "mais com menos". Um dos primeiros defensores da tecnologia de código aberto, Franklin recusou a patente oferecida por seu projeto original, afirmando que a principal motivação para desenvolver o fogão eficiente era o altruísmo, não os lucros. Ele queria que todos os americanos se beneficiassem com a invenção. De fato, Franklin não patenteou *nenhuma* de suas invenções. Como escreveu em sua autobiografia: "Da mesma forma que desfrutamos grandes vantagens com as invenções dos outros, devemos ficar contentes quando os outros desfrutam das nossas, de forma livre e generosa."[18] Como empreendedor jugaad em série, sua abordagem em relação à inovação sempre foi permitir a inclusão das pessoas: suas invenções engenhosas, porém simples – incluindo o para-raios, as lentes bifocais e o hodômetro de carruagem –, melhoraram a vida das pessoas em toda a colônia.

Os fundadores dos Estados Unidos, bem como os fazendeiros criativos, pioneiros na indústria e exploradores científicos do século XIX e início do XX (de Ben Franklin e Cyrus McCormick aos irmãos Wright) foram praticantes históricos da jugaad no Ocidente. Esses empreendedores engenhosos impulsionaram a Revolução Industrial nas nações ocidentais, construindo uma base sólida de liderança econômica que durou décadas. No século XX, porém, especialmente depois da Segunda Guerra Mundial, as nações ocidentais gradualmente perderam o contato com o espírito jugaad enquanto amadureciam como economias pós-industriais e adotavam um modo de vida e de trabalho sistematizado e previsível. A engenhosidade improvisada (a essência da jugaad) deu lugar a uma abordagem mais formalmente estruturada da inovação.

COMO O OCIDENTE PERDEU SUA JUGAAD

No século XX, à medida que as economias dos Estados Unidos e da Europa se expandiam, as empresas ocidentais começaram a institucionalizar sua capacidade de inovação, criando departamentos dedicados a P&D e padronizando os processos de negócio necessários para levar suas ideias ao mercado. Elas se dedicavam à *gestão* da inovação da mesma forma que gerenciavam qualquer outra atividade da empresa. Essa industrialização do processo criativo levou à abordagem *estruturada* da inovação, com as seguintes características fundamentais: grandes orçamentos, processos padronizados de negócios e acesso controlado ao conhecimento.

No entanto, essa abordagem estruturada da inovação, que ajudou as empresas ocidentais a terem enorme sucesso na segunda metade do século XX, tem três limitações claras diante do ritmo acelerado e da volatilidade do século XXI: é muito onerosa e consumidora de recursos, não possui flexibilidade e é elitista e insular.

A abordagem estruturada é muito onerosa e consumidora de recursos. As empresas ocidentais passaram a acreditar que seu sistema de inovação, como qualquer sistema industrial, produziria mais resultados (invenções) se fosse alimentado com mais insumos (recursos). Em função disso, a engrenagem da inovação estruturada é intensiva em capital e exige farto suprimento de recursos financeiros e naturais, em uma época em que ambos estão cada vez mais escassos. A abordagem é concebida para fornecer "mais com mais"; isto é, as empresas cobram substancial ágio dos clientes por produtos cuja concepção exigiu excesso de recursos caros para desenvolvimento e produção. Por exemplo, as mil companhias do mundo que mais investem em inovação (muitas das quais, empresas ocidentais) gastaram o valor colossal de US$550 bilhões (isso mesmo, US$550 bilhões!) em P&D somente em 2010.[19] Mas o que conseguiram em retorno? Não muito, segundo pesquisa conduzida pela Booz & Company, empresa de consultoria na área de administração. Ela constatou que os três setores econômicos do Ocidente que mais gastam em P&D (computação e eletrônica, saúde e setor automotivo) têm dificuldades para gerar um fluxo constante de invenções pioneiras, apesar dos pesados investimentos. Portanto, há uma *fraca correlação* entre a quantia gasta em P&D e o desempenho no desenvolvimento e comercialização de produtos que gerem significativo retorno financeiro. Honestamente falando, *o dinheiro não consegue comprar inovação.*

De forma apropriada, o relatório da Booz & Company traz uma fotografia de um CEO com aparência abatida usando uma camiseta onde se lê: "Gastamos US$2 bilhões em P&D e tudo que conseguimos foi esta péssima camiseta." A frase ilustra bem as frustrações de líderes corporativos ocidentais que, por um lado, enfrentam enormes restrições financeiras e, por outro, pressões imensas dos acionistas para gerar crescimento.[20]

A indústria farmacêutica é um dos setores nos quais a estratégia de P&D "quanto maior, melhor" está nitidamente perdendo força. O gasto em P&D das grandes farmacêuticas inflou de US$15 bilhões em 1995 para US$45 bilhões em 2009.[21] No entanto, a quantidade de novos medicamentos lançados anualmente caiu 44% desde 1997,[22] notícia especialmente ruim para as grandes farmacêuticas, considerando que, entre 2011 e 2016, medicamentos que somam colossais US$139 bilhões deixarão de ser protegidos por patentes.[23] Para complicar ainda mais, nos Estados Unidos, as grandes farmacêuticas estão enfrentando crescente reação dos políticos e do povo, à medida que os custos com a saúde fogem do controle, mesmo com 50 milhões de americanos sem assistência médica.

A área de medicamentos não é uma exceção. O setor automobilístico americano gastou US$16 bilhões em P&D somente em 2007.[24] No entanto, as montadoras ficaram para trás das concorrentes japonesas, coreanas, alemãs e até mesmo chinesas e indianas, na medida em que consumidores frugais no mundo todo pedem carros mais compactos, econômicos e menos prejudiciais ao meio ambiente. A participação das Três Grandes (Chrysler, General Motors e Ford) no mercado americano tem caído constantemente, passando de 70% em 1998 para 44,2% em 2009.[25] Em dezembro de 2008, as montadoras financeiramente comprometidas pediram ajuda ao governo dos Estados Unidos no valor de US$34 bilhões para cobrir as despesas de assistência médica dos funcionários e evitar falências e demissões em massa.[26] Desde dezembro de 2009, o governo americano doou US$82 bilhões para as Três Grandes, incluindo US$62 bilhões para a General Motors e a Chrysler, que entraram com pedido de concordata.[27]

A abordagem estruturada é flexível. Com tanto dinheiro investido em P&D, as empresas ocidentais se tornaram avessas ao risco na abordagem para inovação. Elas têm implantado processos padronizados de negócios, como o Seis Sigma – conjunto integrado de técnicas de gestão, concebido para reduzir os defeitos de produção e aumentar a eficiência operacional por meio de processos padronizados – e a Análise *Stage-Gate*, para gerenciar e controlar projetos de inovação. A expectativa era reduzir significativamente a incerteza (e o risco de fracasso) de todo o processo de inovação e tornar projetos de P&D mais previsíveis, tanto na execução quanto nos resultados. No entanto, esses métodos e processos estruturados de negócios são inadequados para fornecer às empresas a agilidade e a diferenciação necessárias em um mundo veloz e volátil.

Veja, por exemplo, o Seis Sigma, estratégia de gestão bastante conhecida, adotada de forma pioneira pela Motorola em 1986 e dogma das principais empresas que compõem a lista da *Fortune 500*, como a GE e a Boeing. Com a implantação desse conjunto de práticas, concebido para melhorar a qualidade eliminando defeitos, há a expectativa estatística de que 99,99966% dos produtos fabricados não apresentem defeitos. O Seis Sigma funciona maravilhosamente para institucionalizar a "mesmice" e vem a calhar quando se fabrica em massa produtos em um ambiente previsível. Porém, esse processo é como uma camisa de força: ao entrar nele, você fica preso, e quando a situação começa a mudar, você não consegue se mover – quiçá dançar.[28]

Construído em torno de processos estáveis e previsíveis, programas como o Seis Sigma não permitem a rápida mudança de que as empresas precisam quando procuram personalizar em massa produtos e serviços, satisfazer clientes cada vez mais diversificados e sensíveis e acompanhar as alterações tecnológicas. Pior, a cultura ortodoxa do Seis Sigma acaba eliminando o "desvio positivo": as estratégias não usuais, utilizadas por funcionários inovadores, com métodos pouco convencionais e contraintuitivos para resolver complicados problemas dos negócios que não podem ser enfrentados por meio de abordagens tradicionais.[29] No entanto, conforme destaca Malcolm Gladwell em *Fora de Série – Outliers*, comportamentos e ideias que se desviam de forma positiva são os que realmente geram inovações revolucionárias.[30] Isso explica por que George Buckley, CEO da 3M – onde um "fora de série", chamado Art Fry, inventou o agora indispensável Post-it®, por puro acaso –, reverteu várias iniciativas Seis Sigma na 3M, em uma aposta para restabelecer a inovação na empresa. Buckley destaca: "A invenção é, por natureza, um processo desordenado. Você não pode inserir um processo Seis Sigma e dizer: 'Bem, agora estou ficando para trás com relação a invenções; portanto, vou me programar para três boas ideias na quarta-feira e duas na sexta'. Não é assim que a criatividade funciona."[31]

A abordagem estruturada é elitista e insular. Durante o século XX, as empresas ocidentais construíram grandes laboratórios de P&D que empregavam

Jugaad

centenas de cientistas e engenheiros, com base na crença de que "o conhecimento é poder" e que controlar o acesso a ele seria a chave para o sucesso. Assim, a inovação tornou-se uma atividade de elite, controlada por alguns sumo sacerdotes: engenheiros e cientistas que trabalham em condições de sigilo em laboratórios internos próximos da sede central. Somente esses poucos escolhidos eram convidados a entrar no departamento de P&D e recebiam recursos e permissão para inovar. Qualquer novo conhecimento gerado por eles era guardado a sete chaves. O trabalho com outros funcionários – para não citar pessoas de fora da empresa – era evitado. Pressupunha-se que, para dominar os mercados por meio da inovação, era preciso tecnologia de ponta e a melhor "propriedade intelectual", ambas poderiam ser compradas por uma quantia suficiente. Por mais verdadeiro que pudesse ter sido no início da era industrial, hoje esse pressuposto é bem menos válido. Parte da antiga crença é que somente poucos PhDs inteligentes conseguiriam *inventar*. Mas na economia de hoje, voltada para o consumidor, sabemos que o mais importante é *comercializar* a tecnologia, o que requer conhecimento de áreas como design e marketing, habilidades que os engenheiros e cientistas não necessariamente possuem.[32] Conforme explica Bob McDonald, CEO da Procter & Gamble: "Para nós, a inovação não é invenção, é a conversão de uma nova ideia em satisfação para o consumidor e, em última instância, em receitas e lucros. Se uma ideia ou tecnologia não puder ser comercializada com sucesso, não é inovação."[33]

Além disso, em um mundo interconectado, impulsionado pela mídia social, a propriedade intelectual que se pode comprar não é a única fonte de novas ideias. Tão importante quanto, se não mais, é encontrar, compartilhar e integrar o conhecimento difundido globalmente entre todos os níveis hierárquicos dos funcionários. Considere a estatística: no momento em que estamos escrevendo, cada usuário do Facebook cria, em média, 90 itens de conteúdo por mês, contribuindo para um total de mais de 30 bilhões de itens de conteúdo compartilhados, que variam de fotos de família a links para posts, em todo o Facebook.[34] O poder da inovação migrou da classe profissional para as massas. A criatividade foi democratizada, graças às ferramentas de mídia social, como o Facebook. Segundo o autor e consultor de estratégia Gary Hamel: "Os princípios implícitos na internet, de hierarquia natural, transparência, colaboração e todo o resto, terão de invadir a gestão. A ideia de uma hierarquia que fundamentalmente confira poder a poucos e enfraqueça muitos está quase morta."[35]

No entanto, os sistemas de P&D de cima para baixo são geralmente incapazes de incorporar contribuições de baixo para cima de funcionários e clientes. Os funcionários mais jovens e criativos utilizam as novas tecnologias, como mídias sociais, para brainstormings, criando um ambiente virtual de rumores. As organizações estruturadas muitas vezes têm dificuldade de integrar esses métodos de inovação a seu modelo de negócio. O diretor de informática de uma grande empresa de serviços de engenharia nos contou que "muitos de nossos funcionários mais jovens fazem brainstormings pelo Facebook. Assim, a rede social se tornou o lugar de brainstorming virtual, onde as pessoas se reúnem e geram ideias. Realmente não sei como canalizar de volta essas ideias para nossos sistemas empresariais de P&D".

Resultado final: os processos, sistemas e mentalidades que sustentam a abordagem estruturada da inovação estão agora deixando de funcionar. Embora, nos últimos anos, as empresas tenham conseguido sobreviver e até mesmo prosperar, essa abordagem foi concebida para ajudá-las a competir e vencer em um mundo relativamente estável, mais lento e de fartura previsível; que não existe mais. O atual ambiente empresarial, altamente complexo e turbulento, demanda nova abordagem para inovação e crescimento, que seja frugal, flexível e participativa.

A COMPLEXIDADE LIMITA A CAPACIDADE DE INOVAÇÃO DAS EMPRESAS OCIDENTAIS

Em uma pesquisa global, conduzida pela IBM em 2010, 79% dos 1.500 CEOs entrevistados disseram prever maior complexidade no futuro.[36] O preocupante é que menos da metade deles acreditava que suas empresas estivessem preparadas para responder criativamente a essa crescente complexidade. O principal motivo é que a abordagem estruturada para a inovação das empresas ocidentais é mal equipada para ajudá-los a inovar *mais rápido, melhor e mais barato*, na medida em que tentam lidar com os cinco principais componentes da complexidade: escassez, diversidade, interconectividade, velocidade e globalização vertiginosa.

Escassez. Mesmo quando as economias ocidentais se esforçam para sair da recessão global, o acesso ao capital financeiro permanece restrito a pequenas e médias empresas, que respondem por dois terços da geração de empregos nos Estados Unidos, enquanto os consumidores se esforçam para obter empréstimos de bancos avessos ao risco.[37] A classe média consumidora americana, por exemplo, responsável por dois terços dos gastos nacionais e que constitui o alicerce da economia nos Estados Unidos, está sentindo o aperto. Entre 2000 e 2010, a renda ajustada pela inflação das famílias da classe média americana caiu 7%. No fim de 2011, a espantosa quantidade de 46,2 milhões de americanos (ou 15% da população) viviam na pobreza, e quase 50 milhões não tinham seguro-saúde.[38] Não chega a surpreender, portanto, que, em 2011, somente 65% dos americanos acreditassem que seus filhos conseguiriam realizar o Sonho Americano; menos que os 69% em 2008.[39]

Em tempos assim, é ilusório esperar que os governos ocidentais resgatem os cidadãos, já que também estão sentindo o aperto: a dívida pública dos Estados Unidos, por exemplo, aumentou em média mais de US$500 bilhões a cada ano, desde 2003. Assim, no início de agosto de 2011, o endividamento total dos Estados Unidos chegou a impressionantes US$14,34 trilhões.[40] No Reino Unido, os empréstimos do setor público dispararam para £175 bilhões (US$253 bilhões) ou 12,4% do PIB em 2009, representando o maior nível de endividamento entre as nações desenvolvidas.[41] Os governos ocidentais fortemente endividados não têm escolha, a não ser cortar os serviços públicos, o que só prejudica ainda mais os consumidores ocidentais, já bastante pressionados.

Enquanto isso, os recursos naturais, como petróleo e minerais, ficam mais escassos e, consequentemente, mais caros. Embora as pessoas se aflijam com a escalada do preço do petróleo, outro recurso precioso, a água, também está cada vez mais escasso. Um em cada três condados dos Estados Unidos enfrentam o risco de escassez de água nas próximas décadas, e 14 estados, incluindo a Califórnia e o Texas, enfrentam extrema ameaça quanto ao fornecimento sustentável de água.[42]

Além disso, o panorama das gerações Y e Z marca significativa mudança, tanto na força de trabalho quanto na base de consumidores. Esses jovens consumidores frugais e ecologicamente conscientes se sentem mais confortáveis trabalhando com a escassez e parecem instintivamente seguir a jugaad no dia a dia. Eles naturalmente valorizam a necessidade de fazer mais com menos, já que vivenciaram os piores tempos econômicos desde a Grande Depressão. A fundação MacArthur Research Network on Transitions to Adulthood and Public Policy conduziu 500 entrevistas com jovens de pouco mais de 20 anos sobre sua preocupação com custos de estilo de vida e concluiu que sua "frugalidade pode durar a vida toda".[43]

Essas três tendências – consumidores e governos financeiramente limitados, diminuição de recursos naturais e maior quantidade de consumidores

14 *A inovação do improviso*

frugais das gerações Y e Z querendo produtos com baixo impacto ambiental – vêm incluindo a escassez na agenda das empresas ocidentais, forçando-as a encontrar maneiras frugais para crescer com menos. As matérias-primas necessárias para fabricar novos produtos custarão mais no futuro, e as restrições financeiras dos consumidores os levarão a procurar produtos de baixo custo que, ainda assim, não sejam nocivos ao meio ambiente.

Diversidade. A força de trabalho da maioria das empresas ocidentais é agora mais diversificada que nunca. As gerações Y e Z, com seus valores e expectativas característicos, estão atualmente se juntando à geração X e aos baby boomers no mercado de trabalho. O COO (Chief Operational Officer) de uma grande empresa de tecnologia com sede no Vale do Silício nos contou: "Pela primeira vez, tenho de gerenciar funcionários de quatro gerações distintas, o que é mais difícil, porque agora precisamos acomodar diferentes valores e expectativas de nossa força de trabalho de várias gerações."

Enquanto isso, os mercados tradicionalmente homogêneos estão mais fragmentados, na medida em que consumidores de grupos minoritários buscam soluções customizadas às suas necessidades específicas. Os hispânicos, por exemplo, já respondem por mais de um terço da população da Califórnia, e espera-se que se tornem maioria no estado até 2042.[44] Em função disso, os líderes empresariais precisam aprender a conciliar os vários valores e expectativas de sua força de trabalho diversificada com os das comunidades de consumidores que atendem. Infelizmente, a abordagem estruturada da inovação (rígida, insular, elitista e promovedora da *uniformidade*) tem limitada capacidade de lidar com um mundo de diversidades.

Interconectividade. Computação em nuvem, tecnologias móveis e mídias sociais têm criado novas maneiras de as empresas se conectarem e se envolverem profundamente com clientes atuais e futuros e com parceiros. De fato, os Estados Unidos estão se transformando no que Daniel Pink chama de "nação dos autônomos", em que um número crescente de trabalhadores escapa das "fortalezas empresariais" ao aproveitar as redes sociais profissionais, como o LinkedIn, para oferecer suas habilidades como funcionário autônomo.[45] A tecnologia tem propiciado crescente necessidade de liberdade criativa entre funcionários e cidadãos ao forçar os CEOs a abrirem seus modelos de negócio e estruturas organizacionais para tirar o máximo proveito da sociedade e da força de trabalho interconectadas. Já a rigidez da abordagem estruturada limita o uso de maneiras mais flexíveis de inovação, que envolvam grupos *externos*, como consumidores e parceiros. E o isolamento da abordagem estruturada limita o envolvimento em inovação (mesmo *dentro* da empresa) de funcionários que não estejam estritamente encarregados de P&D.

Velocidade. A velocidade de mudança está aumentando em várias frentes: tecnologia, mercado e concorrência. Em especial, os ciclos de vida dos produtos ficam mais curtos e pressionam as empresas a lançar novos produtos mais rapidamente que nunca e a manter satisfeitos os consumidores, cada vez mais exigentes. O iPad2, por exemplo, foi lançado antes mesmo de uma concorrência concreta para o iPad1. Além disso, na era do Twitter e do Facebook, as reputações das empresas (e governos) podem ser destruídas na velocidade da luz, conforme evidenciado pelo WikiLeaks. Esse ritmo acelerado e a consequente ambiguidade sobre o que o futuro nos reserva forçam os CEOs a delegar a tomada de decisão aos funcionários na linha de frente, para responderem rapidamente às oportunidades e dificuldades inesperadas em seu ambiente. No entanto, o isolamento e a rigidez da abordagem estruturada da inovação limitam a extensão dos CEOs para usar abordagens mais descentralizadas, que contem com funcionários habilitados a lidar com as mudanças de forma rápida e eficaz.

Globalização vertiginosa. A rápida ascensão de mercados emergentes, como a Índia e a China, amplia o impacto da escassez, diversidade, interconectividade e mudança acelerada. Espera-se, por exemplo, que a classe média chinesa, já com a força de 300 milhões de pessoas, dobre de tamanho ao longo da próxima década. Mais consumidores em todo o mundo significa maior pressão sobre os recursos existentes e, portanto, diminuição dos recursos disponíveis para as empresas ocidentais. Espera-se também que a Índia e a China juntas contribuam com mais de 50% do aumento da demanda global de energia entre 2010 e 2035.[46] Em 2035, a China consumirá quase 70% mais energia que os Estados Unidos. Enquanto isso, em 2020, um a cada quatro trabalhadores no mundo será indiano. A Accenture, empresa americana de consultoria na área de administração, já emprega mais de 60 mil funcionários na Índia, sua maior força de trabalho no mundo. Mão de obra mais global significa, ao mesmo tempo, maior concorrência para empresas que operam principalmente em mercados ocidentais e força de trabalho mais diversificada nas multinacionais ocidentais, que se expandem para os mercados emergentes. Maior concorrência de empresas dos mercados emergentes pressionará mais as empresas ocidentais a inovar, sobretudo para os consumidores dos mercados emergentes, provavelmente mais frugais. Maior diversidade na força de trabalho conduzirá as empresas ocidentais à maior flexibilidade de estruturas e processos organizacionais para acomodar diferentes valores, culturas e expectativas. A abordagem estruturada da inovação não é adequada para lidar com essas pressões da globalização. Sua natureza onerosa, até mesmo perdulária, limita sua capacidade de lidar com a crescente escassez, enquanto sua rigidez e isolamento limitam sua capacidade de lidar com a diversidade e a velocidade, por um lado, e explorar plenamente o potencial da interconectividade, por outro.

A profunda escassez, as grandes alterações demográficas, as rápidas mudanças tecnológicas e a globalização acelerada estão criando o ambiente empresarial mais complexo desde a Revolução Industrial. Assim, os velhos modelos de inovação estão se tornando inúteis. Conforme já mencionamos, menos de 50% dos 1.500 CEOs globais entrevistados na pesquisa da IBM acredita que suas empresas estejam preparadas para responder de forma criativa e eficaz à complexidade crescente.

A engrenagem da inovação ocidental tornou-se extremamente rígida, insular e inflada para se manter eficaz. Consome grande quantidade de recursos, é extravagante, mas (para muitas empresas) gera resultados irrelevantes. Se essa situação de desajuste continuar por muito mais tempo, há o risco de inviabilizar o Ocidente, mesmo que consiga superar os tempos econômicos difíceis e busque o crescimento.

Está claro que o Ocidente precisa construir uma nova engrenagem de inovação, mais rápida, barata e melhor. Para tanto, as empresas ocidentais devem encontrar novas fontes de inspiração. Os mercados emergentes são um ótimo começo.

PROCURANDO O SANTO GRAAL DA INOVAÇÃO

Quando começamos a pesquisa, em 2008, previmos que os BRICs (Brasil, Rússia, Índia e China) poderiam ser uma boa fonte de novas abordagens para a inovação.[47] Chegamos a essa conclusão em nossas respectivas profissões (meio acadêmico, consultoria e mídia), e o interesse nos reuniu na busca que culminou neste livro.

No início de 2008, Simone iniciou ampla pesquisa histórica e trabalho antropológico para uma série de documentários sobre inovação na Índia. Durante o trabalho, ela conheceu Navi, na época, analista da Forrester Research, e pediu a ele que atuasse como consultor de inovação para a série de filmes. Navi já era um prolífico escritor (e consultor) na área de inovação, tanto nos mercados ocidentais quanto nos emergentes. No final de 2008, Navi decidiu concentrar toda atenção nos mercados emergentes e se associou a Jaideep, da Judge Business School, University of Cambridge, para fundar o Centre for India & Global Business. Jaideep, após passar a maior parte da carreira acadêmica estudando inovação no Ocidente, também começou a voltar a atenção para o papel cada vez mais importante dos mercados emergentes no ecossistema da inovação mundial.

Quando iniciamos a pesquisa, as economias emergentes haviam crescido, na década anterior, de um sexto para um quarto da economia mundial. Mesmo em 2008, no auge da recessão global, a Índia e a China cresceram 7% e 9%, respectivamente. A Goldman Sachs, entre outros, havia previsto que essas nações continuariam a crescer entre 3% e 5% ao ano até 2050, dominando a economia mundial pelos próximos 40 anos.[48]

A vastidão das economias dos BRICs, tanto geográfica quanto demograficamente, sua diversidade e escassez generalizada de recursos se somam numa situação desafiadora, que preocupa até mesmo os líderes empresariais mais experientes. Entretanto, o próprio fato de as nações que compõem os BRICs virem enfrentando, por tanto tempo, a complexidade e a instabilidade parece lhes dar vantagem e uma espécie de imunidade em circunstâncias voláteis e adversas. O que há no sistema imunológico dessas economias emergentes que as torna tão resistentes? E o que os líderes empresariais desses países poderiam ensinar aos colegas no Ocidente?

Para encontrar as respostas, estudamos a *mentalidade* e os *princípios* dos inovadores que promovem o crescimento nos BRICs. Se os líderes ocidentais pudessem adquirir mentalidade e princípios semelhantes, possivelmente poderiam desenvolver a mesma imunidade à complexidade e rapidamente identificar novas oportunidades de negócios nas próprias economias mais maduras.

Entre os BRICs, escolhemos a Índia em primeiro lugar porque, após a China, é a economia que mais cresce no mundo. Além disso, muitos (inclusive a Goldman Sachs e a Ernst & Young) preveem que a Índia não só ultrapassará economicamente a China em breve como ainda continuará a crescer mais rápido que os outros BRICs por várias décadas.[49] E o mais importante é que a Índia representa o máximo de complexidade possível. O país enfrenta escassez generalizada em grande escala: desde água, alimentos e energia – mais de 500 milhões de indianos não possuem fornecimento regular de eletricidade – até

18 *A inovação do improviso*

o acesso à educação e à saúde. Sua democracia caótica é caracterizada por uma burocracia kafkiana e uma espantosa diversidade; sua população de 1,2 bilhão de habitantes está se expandindo a uma taxa de 1,3% ao ano.[50] Apesar de todo o caos e complexidade, a economia indiana cresce fortemente em um momento econômico difícil. Se os indianos conseguiram crescer "apesar da complexidade", deve haver algo que vale a pena aprender com eles.

Em nossas muitas viagens para a Índia encontramos dezenas de empreendedores de origem humilde e visitamos mais de 100 empresas, de grande e pequeno portes. O que vimos nos surpreendeu. O país está explodindo com inovações engenhosamente simples, porém eficazes. Após mais de três anos de ampla pesquisa de campo, buscando pelo santo graal da inovação por todo o país, chegamos a uma conclusão: todos os inovadores frugais que encontramos compartilham uma única mentalidade: a mentalidade jugaad.

Ao expandir nossa pesquisa para outros países, constatamos que o espírito empreendedor da jugaad, longe de ser puramente indiana, é na verdade universal. Outros mercados emergentes, da América Latina à África e da Europa Oriental à Ásia, possuem sua própria versão de jugaad (em nosso site, JugaadInnovation.com, apresentamos vários inovadores jugaad). Pelo fato de essas economias emergentes compartilharem as mesmas condições adversas que impulsionam a jugaad na Índia, elas também se destacam nesta arte frugal e improvisada de responder à complexidade. Quais seriam então os princípios comuns inerentes à mentalidade jugaad?

OS SEIS PRINCÍPIOS DA JUGAAD –
E SEUS BENEFÍCIOS PARA O OCIDENTE

Descobrimos que a jugaad pode ser divida em seis princípios norteadores que ancoram as seis práticas de inovadores altamente eficazes em ambientes complexos como os das economias emergentes. Os seis princípios são:

- Busque oportunidades na adversidade
- Faça mais com menos
- Seja flexível
- Simplifique
- Dê chance aos excluídos
- Siga o seu coração

Coletivamente, esses seis princípios da jugaad impulsionam resiliência, frugalidade, adaptabilidade, simplicidade, inclusão, empatia e paixão; todas são essenciais para competir e vencer em um mundo complexo. A adoção desses princípios também pode ajudar as empresas ocidentais a inovar e crescer em um ambiente altamente volátil e extremamente competitivo.

Busque oportunidades na adversidade. Os empreendedores jugaad entendem as restrições severas como um convite à inovação. Verdadeiros alquimistas modernos, eles transformam a adversidade em oportunidade para gerar valor a eles mesmos e suas comunidades. Kanak Das, por exemplo, que vive em uma aldeia remota no nordeste da Índia, se cansou de andar de bicicleta em estradas cheias de buracos e solavancos. Em vez de reclamar, ele usou a restrição a seu favor ao reequipar a bicicleta com um dispositivo improvisado, que converte o impacto em energia de aceleração, permitindo que a bicicleta ande mais rápido em estradas esburacadas. Da mesma forma, Enrique Gómez Junco, engenheiro mexicano que se tornou empreendedor jugaad ao fundar a Optima Energia, não se incomodou com o ceticismo que enfrentou ao tentar convencer, pela primeira vez, as empresas avessas ao risco a comprar suas soluções sustentáveis de energia. Em vez de ficar desanimado, essa adversidade o motivou a adaptar seu modelo de negócio para apresentar uma nova proposição de valor atraente, que lhe permitiu transformar as empresas inicialmente céticas em clientes leais, que poderiam comprar soluções para economizar energia sem entrada (você saberá como Junco transformou adversidade em oportunidade de crescimento no Capítulo 2).

A capacidade de reformular a adversidade como fonte de inovação e crescimento é vital para a sobrevivência e prosperidade de qualquer organização. Além disso, descobrimos que alguns desses alquimistas também trabalham para grandes corporações ocidentais, como a 3M. No Capítulo 2, mostramos, por exemplo, como a 3M aproveita grandes oportunidades de crescimento em ambientes de negócios extremamente adversos ao restabelecer e libertar o espírito jugaad dos funcionários.

Faça mais com menos. Os inovadores jugaad são altamente engenhosos diante da escassez. Ao contrário de muitos empreendedores do Vale do Silício, levantar capital é a menor das preocupações. Os praticantes da jugaad trabalham com o que têm em mãos. Fazer mais com menos está em flagrante contraste com a abordagem de P&D "quanto maior, melhor", utilizada no Ocidente;

20 *A inovação do improviso*

abordagem com pouco sucesso em tornar os serviços básicos, como saúde e educação, mais acessíveis. Na verdade, esse frugal princípio pode ajudar as empresas, tanto em economias emergentes quanto nas desenvolvidas, a otimizar o uso de escassos recursos naturais e financeiros enquanto, ao mesmo tempo, oferece um alto valor a uma quantidade maior de clientes.

No Capítulo 3, você conhecerá dois empreendedores jugaad (Gustavo Grobocopatel, da Los Grobo, na Argentina, e Sunil Mittal, da Bharti Airtel, na Índia) que desenvolveram modelos frugais de negócios de forma rentável na prestação de serviços para as massas nas áreas de agricultura e telecomunicações. Da mesma forma, você saberá como a PepsiCo está reinventando seu modelo de negócios como fornecedora acessível e sustentável de alimentos e bebidas nutritivos, em resposta proativa à crescente demanda dos consumidores por alimentos saudáveis e à escassez de recursos naturais como a água.

Seja flexível. A jugaad é a antítese de abordagens estruturadas como o Seis Sigma. A mentalidade flexível dos empreendedores jugaad questiona constantemente o *status quo*, mantém todas as opções em aberto e transforma os produtos, serviços e modelos de negócios existentes. Sem as restrições dos processos estruturados, os inovadores jugaad podem rapidamente responder a mudanças inesperadas em seu ambiente. Os inovadores jugaad não se satisfazem apenas em pensar fora do sistema existente; criam um novo sistema. Seu pensamento não linear muitas vezes produz ideias inovadoras que viram de cabeça para baixo a sabedoria convencional e criam mercados e setores de atividade inteiramente novos. Conforme explicamos no Capítulo 4, é o caso de Ratan Tata, presidente do Tata Group, que previu um grande mercado para carros extremamente acessíveis e acabou lançando com sucesso, em 2009, o Nano de US$2 mil; assim, ele provou estarem errados os céticos que menosprezaram sua visão, reduzindo-a a um sonho impossível. Quando os planos originais não conseguiram gerar vendas, os dirigentes da Tata Motors (a unidade automotiva do Tata Group) tiveram de pensar e reagir rapidamente e improvisar novas estratégias de fabricação, distribuição e marketing para o Nano.

Os inovadores jugaad também *são flexíveis*. No Capítulo 4, descrevemos como Zhang Ruimin, CEO empreendedor da Haier (fabricante chinês em rápido crescimento do setor de eletrodomésticos), nivelou a estrutura organizacional da empresa, capacitando os funcionários da linha de frente a perceberem e reagirem a mudanças na demanda dos clientes para inovarem mais rápido, barato e melhor que os concorrentes. Mais perto de casa, explicamos como a New York Times Company vem demonstrando pensamento flexível para adotar a mídia social e as tecnologias móveis de modo proativo, em vez de ser desestruturada por elas.

Simplifique. A jugaad não se refere à busca de sofisticação ou perfeição por meio de produtos cuidadosamente projetados e concebidos, e sim ao desenvolvimento de uma solução "boa o suficiente" que resolva o problema. A simplicidade criativa é o princípio fundamental da jugaad. As empresas ocidentais envolvidas em uma "corrida armamentista" para superar umas às outras em inovação agregando mais tecnologia e recursos a seus produtos e serviços deveriam fazer da simplicidade um princípio fundamental de *seus* projetos de inovação (assim como fazem os empreendedores de mercados emergentes). A empresa Ushahidi, de software de código aberto, por exemplo, desenvolveu uma solução elegantemente simples (a Plataforma Ushahidi), que se baseia no SMS de celulares (mensagens de texto) para coordenar respostas de baixo para cima a eventos cataclísmicos, como furacões, terremotos ou surtos epidêmicos. A Plataforma Ushahidi, pioneira na África, está sendo amplamente utilizada em todo o mundo, inclusive nos Estados Unidos, como ferramenta simples, mas altamente eficaz, de gestão de crises. No Capítulo 5, você descobrirá como grandes empresas ocidentais, como GM, Philips e Siemens, assim como as da próxima geração, como Google e Facebook, estão utilizando a simplicidade para garantir soluções fáceis e acessíveis a numerosos usuários.

Dê chance aos excluídos. As empresas ocidentais normalmente competem para atender aos clientes mais tradicionais; em comparação, os empreendedores jugaad intencionalmente buscam os clientes excluídos, não atendidos, e procuram trazê-los para o mercado consumidor. Tais empreendedores formulam soluções radicalmente acessíveis para atender às necessidades desses mercados carentes. Seus modelos de negócios voltados para a inclusão social envolvem comunidades não tradicionais e de baixa renda, não como consumidores passivos, mas como ativos criadores de valor em conjunto. O Dr. Liu Jiren, por exemplo, presidente e CEO da Neusoft (maior provedor de serviços e soluções de TI da China), está preocupado com a saúde de 800 milhões de chineses de áreas rurais que, segundo ele, "vão ficar mais velhos e doentes antes de ficarem mais ricos".[51] A preocupação genuína do Dr. Liu pelos segmentos marginalizados da China o levou a desenvolver soluções tecnológicas que promovam a inclusão, como aplicativos de telemedicina, que fornecem cuidados com a saúde a preços acessíveis para milhões de chineses da área rural.

De forma semelhante, Abhi Naha fundou a Zone V, que busca capacitar os 284 milhões de deficientes visuais de todo o mundo, fornecendo celulares especialmente concebidos para atender às suas necessidades. A aspiração de Naha é construir um mundo em que "a insuficiência visual não signifique falta de visão".[52] No Capítulo 6, explicamos por que e como a Procter & Gamble está fundamentalmente mudando seu modelo de negócios para atender aos "consumidores não atendidos ou mal atendidos", segmentos marginalizados que, cada vez mais, incluem consumidores de classe média nos Estados Unidos, cujo poder aquisitivo está sendo reduzido pela falta de aumento de renda na última década.

Siga o seu coração. Os inovadores jugaad não dependem de grupos de discussão ou pesquisas de mercado para decidir o que produzir; nem se preocupam em como os investidores reagirão às suas novas estratégias de produtos. Eles conhecem intimamente clientes e produtos e, em última instância, confiam e seguem seus corações. Especificamente, os empreendedores jugaad usam a intuição, empatia e paixão, qualidades cada vez mais importantes, tanto quanto o pensamento analítico, para se guiar em um ambiente global cada vez mais diversificado, interconectado e imprevisível. Kishore Biyani, por exemplo, fundador da Big Bazaar (uma das maiores e mais bem-sucedidas cadeias de varejo da Índia), não recorreu a consultores para validar sua ideia de abrir lojas de varejo que pareçam e até mesmo cheirem como os caóticos mercados de rua. Ao lançar seu novo formato de loja, ele confiou na intuição (deflagrada pela empatia com os consumidores indianos), mais que em qualquer tipo de análise. Ao perceber intuitivamente as necessidades latentes dos consumidores em uma sociedade de grandes aspirações como a indiana, Biyani formulou um modelo inovador de varejo difícil de ser copiado pelos concorrentes.

Do mesmo modo, Steve Jobs foi o protótipo de inovador jugaad no Ocidente. Ele sempre seguiu a intuição em vez de se basear em pensamento analítico para inovar e crescer. O resultado, conforme explicamos no Capitulo 7, foi uma série de invenções revolucionárias como o iPad, um produto que os consumidores, analistas e meios de comunicação inicialmente estavam convictos de que não teria mercado.

O coração é também o lugar da paixão. Os empreendedores jugaad, como Diane Geng e Sara Lam, fundadoras do RCEF (Rural China Education

Foundation), não são motivados pelo dinheiro nem pensam "Quero fazer uma IPO (Initial Public Offering – Oferta Pública Inicial) e ficar milionário". Na verdade, conforme detalhamos no Capítulo 7, Geng e Lam são motivadas pela profunda paixão por fazer a diferença em suas comunidades, o que as levou a desenvolver uma abordagem radicalmente nova para propiciar educação de qualidade para a juventude da área rural da China. Além disso, um número crescente de empresas ocidentais reconhece agora que a melhor maneira de motivar e reter trabalhadores do conhecimento não é lhes dando bônus, mas a liberdade de realizar projetos pelos quais estejam apaixonados. Ainda no Capítulo 7, descrevemos como a frog, empresa global de consultoria em design e inovação, lançou uma iniciativa chamada Centers of Passion, que permite aos funcionários do departamento de Criação do mundo todo iniciar ou participar de projetos em que encontrem profundo sentimento de significado e propósito, bem além da pura satisfação intelectual ou mesmo emocional.

JUGAAD: UM COMPLEMENTO PARA A INOVAÇÃO ESTRUTURADA

Na medida em que as empresas ocidentais se esforçam por crescimento contínuo, é vantajoso adotar e praticar os seis princípios da jugaad: busque oportunidades na adversidade; faça mais com menos; seja flexível; simplifique; dê chance aos excluídos e siga o seu coração. Por muito tempo, o modelo ocidental de inovação tem sido como uma orquestra: de cima para baixo, rígido e conduzido por funcionários de nível hierárquico superior. Esse modelo funciona bem em um mundo estável de recursos abundantes, mas, considerando o ambiente empresarial complexo e imprevisível que as empresas ocidentais estão prestes a enfrentar nos próximos anos, elas precisam de uma abordagem alternativa, mais parecida com a de uma banda de jazz: de baixo para cima, com improvisos, fluida e colaborativa, enquanto ao mesmo tempo trabalha em uma estrutura de profundo conhecimento. A jugaad representa essa alternativa.

No entanto, é importante observar que a jugaad não é relevante para todas as situações e contextos e, principalmente, não deve *substituir* as abordagens estruturadas já existentes nas empresas ocidentais e sim *complementá*-las. Neste livro, argumentamos que a jugaad é uma ferramenta importante que as empresas ocidentais podem acrescentar às ferramentas existentes para a inovação. Analisamos cada um dos princípios subjacentes da jugaad e mostramos como podem fortalecer uma abordagem estruturada para a inovação e alcançar o crescimento, acrescentando frugalidade e agilidade.

Em especial, discutimos no Capítulo 8 as vantagens e limites da inovação jugaad e os contextos específicos para os quais é bastante eficaz, isto é, ambientes complexos e voláteis. Descrevemos como as empresas ocidentais podem combinar o espírito ágil e flexível da jugaad com a abordagem mais estruturada para a inovação. Para os líderes de empresas ocidentais entrincheirados em uma abordagem estruturada para a inovação, a ideia de adotar a jugaad pode parecer assustadora. Facilitamos esse processo ao ajudá-los à priorizar os princípios jugaad específicos que precisam adotar com mais urgência ao compararmos os benefícios de cada princípio às necessidades e contexto das organizações.

Para ilustrar como as empresas ocidentais podem acelerar sua adoção da jugaad, descrevemos como a GE está tentando integrar uma visão jugaad à sua abordagem estruturada de inovação impregnada pela prática do Seis Sigma. Em suma, mostramos que a jugaad pode se somar às ferramentas de inovação para que as empresas consigam efetivamente crescer e ter sucesso em um mundo de complexidade e escassez.

Em nosso site, JugaadInnovation.com, você encontrará ferramentas adicionais e roteiros para priorizar e acelerar a adoção dos princípios jugaad em sua própria organização.

UMA ONDA DE MOVIMENTO JUGAAD CRESCE NO OCIDENTE

Nos últimos três anos, temos usado nossa experiência profissional, formação acadêmica e conhecimento multimídia para documentar e entender como os inovadores dos mercados emergentes (dos empreendedores vindos do povo, como Mansukh Prajapati, aos CEOs pioneiros, como Ratan Tata) pensam e agem. Temos escrito bastante sobre eles e seus princípios jugaad em nosso blog no site da *Harvard Business Review* e apresentado esses inovadores na série de documentários da PBS, *Indique: Big Ideas from Emerging India*.[53] Por fim, lançamos mão dos princípios da jugaad para ajudar as organizações do mundo a implantá-la, a fim de inovar mais rápido, barato e melhor. A resposta, em todo o mundo, a esses esforços de leitores, empresas, visitantes on-line e clientes tem sido impressionante.

Os líderes ocidentais, habituados com um mundo de relativa abundância e a um ambiente corporativo relativamente previsível, são os que mais têm a aprender com a jugaad. Vimos trabalhado como consultores para empresas ocidentais que começaram a implantar os princípios da jugaad (empresas cuja cultura promove a abertura e a capacidade de adaptação e aproveita a criatividade de funcionários, clientes e parceiros). Essas empresas descobriram que a jugaad lhes deu a agilidade necessária para detectar e responder a mudanças rápidas em seus ambientes altamente voláteis, fornecendo mais valor aos clientes a um custo menor.

Embora tenha passado muito tempo desde a última era da jugaad no Ocidente, durante o século XIX, podemos agora estar completando o ciclo, na medida em que algumas empresas começam a apreciar e a adotar novamente seus princípios. Nos próximos capítulos, ilustraremos como empresas ocidentais com visão de futuro em diversos setores de atividade (como a 3M, Apple, Best Buy, Facebook, GE, Google, IBM, PepsiCo, Procter & Gamble, Renault-Nissan e Walmart) já adotaram os princípios da jugaad, que lhes trouxe grandes vantagens. Essas empresas de vanguarda estão combinando o espírito flexível e frugal da jugaad com abordagens tradicionais mais estruturadas para gerar crescimento com base em inovação.

Porém, as empresas líderes em seus setores não são as únicas a redescobrir o espírito da jugaad no Ocidente. No Capítulo 9, descrevemos como um movimento popular, liderado por cidadãos criativos, empreendedores com visão de futuro, capitalistas de risco e organizações sem fins lucrativos, está ganhando força nas sociedades ocidentais. E cada vez mais, governos e universidades também apoiam o ecossistema jugaad. O White House Office of Social Innovation and Civic Participation (Escritório da Casa Branca de Inovação Social e Participação Cidadã), por exemplo, criado pelo Presidente Obama no início de 2009, permite que empreendedores vindos do povo em todos os Estados Unidos concebam soluções de baixo para cima para resolver questões socioeconômicas prementes nas comunidades locais. De forma semelhante, o programa Entrepreneurial Design for Extreme Affordability (Projeto Empreendedor para Acessibilidade Extrema) da Stanford University está treinando futuros engenheiros e líderes empresariais no desenvolvimento de produtos de alta qualidade a baixo custo (como um aquecedor para bebês, que custa menos de 2% do de uma incubadora tradicional) para serem utilizados tanto nos mercados emergentes quanto nos Estados Unidos. Além de esse novo ecossistema criar um ambiente para os inovadores jugaad prosperarem, também ajuda as empresas ocidentais a adotar a jugaad. Ao se juntar a esse movimento popular *externo*, as empresas podem acelerar a adoção *interna* da jugaad e, por consequência, obter lucros consideráveis.

Na parte final do livro, apresentamos uma visão de como setores inteiros das economias ocidentais (de educação e saúde à energia e da fabricação ao varejo e serviços financeiros) podem ser revitalizados com a adoção da jugaad. No centro desta visão, porém, estão os seis princípios fundamentais da *inovação* jugaad. Focaremos a análise de cada um deles nos capítulos a seguir.

CAPÍTULO 2

Princípio 1
Busque oportunidades na adversidade

*Fez-me bem ser um tanto ressecado pelo calor e encharcado
pela chuva da vida.*
HENRY WADSWORTH LONGEFELLOW

No fim da década de 1980, Tulsi Tanti se mudou para Surat, no estado indiano de Gujarat, para montar uma unidade têxtil. Da mesma forma que outros empreendedores da Índia, Tanti deparou com gargalos de infraestrutura, como o abastecimento de energia elétrica, o maior de todos. Cara e imprevisível, a eletricidade era um grande obstáculo ao crescimento. As margens de lucro do empreendedor giravam apenas em torno de 5%, enquanto a energia elétrica era responsável por impressionantes 40% a 50% do total dos custos operacionais.

Em vez de desistir, Tanti se concentrou em encontrar uma solução. Começou a experimentar vários tipos de caldeiras; analisou diversos tipos de geradores de energia; tentou diferentes *combinações* de caldeiras e geradores. Percebeu, então, que todos eram dependentes, de alguma maneira, de gás combustível ou óleo. Então, pensou: "Por que não encontrar uma solução que não dependa de combustível?", o que o lançou na busca de uma fonte alternativa de energia, ao mesmo tempo confiável e sustentável.

Em 1990, investiu em duas turbinas de vento para abastecer a unidade têxtil de energia. Logo, ficou claro que era a solução ideal. Agora, Tanti tinha uma fonte de energia que literalmente surgia do ar. Após conseguir recuperar o investimento inicial nas turbinas, seus custos operacionais seriam baixos e previsíveis. Haveria "combustível" suficiente e, melhor, sem custo.

Com o tempo, Tanti começou a ver as implicações mais amplas da solução. O vento tinha potencial para abastecer mais que apenas as indústrias têxteis indianas. Ele poderia atender à demanda global de fornecimento estável de energia a preços acessíveis: 44% dos 1,2 bilhão de indianos vivem fora do alcance da rede elétrica, e, no mundo todo, mais de 1,4 bilhão de pessoas não têm acesso à eletricidade.[1] Tanti viu esse enorme desafio como grande oportunidade inexplorada. Assim, se propôs a aproveitá-la criando a Suzlon Energy, em 1995.

"Como empreendedor", diz Tanti, "estou convicto de que no âmago de qualquer desafio existe uma oportunidade. Os empreendedores representam um grupo de pessoas que conseguem transformar os obstáculos em soluções lucrativas".[2] Essa afirmação capta muito bem a essência da mentalidade flexível que gera a inovação jugaad.

Atualmente, a Suzlon é a quinta maior fornecedora de solução de energia eólica do mundo. A empresa emprega mais de 13 mil pessoas e opera em mais de 30 países, em todos os continentes. Em duas décadas, Tanti passou de dependente do abastecimento caro e incerto de energia elétrica para gerador, (pela inovação) de farta oferta de energia para milhões de pessoas no mundo.

Refletindo sobre seu espantoso crescimento, Tanti diz: "Esta jornada, chamada Suzlon, na qual embarquei há 16 anos, foi minha solução para um obstáculo. Comecei aos poucos, e as probabilidades estavam contra mim, mas meus sonhos eram grandes. Quando os sonhos são perseguidos com convicção e afinco, não só se tornam realidade como passam a ser uma força que o orienta e molda sua vida e a das pessoas ao seu redor."

Inovadores jugaad como Tulsi Tanti encaram os árduos desafios que os mercados emergentes representam e os transformam em oportunidades para aprender, inovar e crescer. Esses inovadores reagem até mesmo às circunstâncias mais adversas, demonstrando resiliência, engenhosidade e capacidade de lidar com o risco. Buscar oportunidade na adversidade é, em geral, o primeiro e mais importante dos seis princípios que os inovadores jugaad precisam aplicar. Afinal, eles enfrentam a adversidade desde o início de suas jornadas de inovação; se não conseguirem aplicar esse princípio desde o início, provavelmente não conseguirão descobrir e aplicar os outros cinco.

A mentalidade jugaad resiliente também permite que os executivos ocidentais transformem sistematicamente a adversidade em oportunidade para inovação e crescimento. Neste capítulo, mostramos como organizações ocidentais podem desaprender práticas que funcionavam em um período remoto, em que havia relativa previsibilidade, e encontrar novas maneiras para obter sucesso em um futuro de adversidade e mudança constante. Mas primeiro vamos analisar como e por que os empreendedores jugaad buscam oportunidades na adversidade.

UM AMBIENTE HOSTIL ALIMENTA A RESILIÊNCIA

Os empreendedores e gestores em economias emergentes enfrentam a adversidade a todo momento. Tome a Índia como exemplo. Leva em média 165 dias para abrir um negócio lá, assustador, se comparado aos 9 dias nos Estados Unidos. Conseguir as licenças necessárias para a construção de um simples armazém é um processo complexo, demorado e oneroso, que envolve 34 procedimentos ao longo de 227 dias e custa 1.631% da renda *per capita* do país.[3] Administrar um negócio é ainda mais difícil. Os direitos de propriedade são confusos e difíceis de averiguar, o que dificulta bastante a aquisição de terras, por exemplo. As leis trabalhistas são restritivas e/ou complexas e podem ser um campo minado. Devido à estrutura federal da Índia, existem atualmente 47 leis nacionais e 157 regulamentações estaduais que afetam diretamente o mercado de trabalho.[4] A contratação e a demissão de funcionários apresentam seus próprios desafios. Novos impostos podem ser instituídos e aplicados a qualquer momento.

Além de toda essa burocracia, as convulsões políticas são um fato. Um governo local com uma política que favorece os negócios pode cair da noite para o dia e ser substituído por outro que favoreça a agricultura em detrimento da indústria. Terras concedidas para construção de fábricas podem ser confiscadas e devolvidas aos proprietários originais ou entrar em litígio. Os processos judiciais são caros e se arrastam por anos, muitas vezes sem clara solução à vista.

Mas talvez não haja desafio maior para iniciar um negócio na Índia que a precária infraestrutura. Os empreendedores jugaad na Índia (da mesma forma que em outros mercados emergentes, como China, África e Brasil) não têm acesso a aspectos básicos, considerados intrínsecos no Ocidente. As estradas podem ser ruins, muito congestionadas ou inexistentes (40% das aldeias da Índia não têm acesso a estradas adequadas a qualquer condição meteorológica).[5] Os sistemas de educação e formação possuem qualidade irregular, o que dificulta a contratação de mão de obra qualificada. Os serviços de saúde são escassos, e os funcionários doentes podem passar longos períodos sem comparecer ao trabalho.[6]

Mercados emergentes como a Índia também enfrentam escassez aguda de recursos: naturais, humanos e financeiros. Pode ser difícil levantar capital. Os bancos são geralmente conservadores, e as redes de capital de risco e de investidores-anjo* são pouco desenvolvidas. Consequentemente, os inovadores jugaad não têm recursos para investir em equipamentos intensivos em capital. Além disso, os inovadores jugaad normalmente atendem a um mercado economicamente desfavorecido: 80% dos indianos vivem com menos de US$2 por dia; 26% dos brasileiros vivem abaixo da linha de pobreza; 230 milhões de famílias africanas não possuem conta bancária; e quase 40% dos chineses nas áreas rurais não conseguem pagar um tratamento médico básico (a extensão da escassez nos mercados emergentes é tão terrível que a reação dos inovadores constitui o segundo princípio da jugaad – faça mais com menos –, que discutiremos no Capítulo 3).[7, 8, 9]

Tentar atuar em um ambiente tão difícil pode consumir a energia até do mais resistente empresário. No entanto, os inovadores jugaad não são afetados pela realidade que os cerca. Na verdade, é essa própria dificuldade que lhes dá uma mentalidade especialmente flexível. As extremas circunstâncias externas parecem aumentar sua determinação *interna* para alcançar o sucesso. Da mesma forma que acontece com Tulsi Tanti, em vez de se tornarem vítimas passivas das circunstâncias, os inovadores jugaad assumem o controle dos acontecimentos e os conduz na direção que escolhem. Para esses inovadores, a adversidade está em grande parte na mente das pessoas.

O Dr. Thomas Müller, psicólogo especializado em crise de gestão, observa que, durante uma crise, algumas pessoas tentam voltar à situação anterior. No processo, elas abrem mão dos desafios em prol da segurança. Outros, porém, aguentam a pressão e se perguntam: "Se eu seguir em frente, que oportunidades terei?".[10] Os empreendedores jugaad pertencem à segunda categoria. Diante da adversidade, não recuam, aceitam as dificuldades e aprendem com a experiência.

---

* *Nota do Tradutor*: Atividade que começou nos Estados Unidos (*angel investor* ou *business angel*) e que se caracteriza por uma pessoa física que investe recursos próprios em uma empresa iniciante (*startup*). Não se trata de investidor puramente financeiro, o objetivo é apoiar um empreendimento com impacto positivo em termos de geração de emprego e renda (e, consequentemente, de lucro).

Munidos de resiliência, perseverança e disposição para aprender, os empreendedores jugaad se esforçam para reagir ao mundo cruel que enfrentam e encontram nele oportunidades de crescimento e expansão. Assim, conseguem criar um mundo melhor, não apenas para si mesmos, mas para suas comunidades.

TRANSFORMANDO O COPO MEIO VAZIO EM MEIO CHEIO

Os inovadores jugaad encontram oportunidades na adversidade de três maneiras: transformando os desafios em oportunidades de crescimento, fazendo as restrições trabalhar a seu favor e continuamente se adaptando às mudanças do meio, improvisando soluções para os desafios que enfrentam ao longo do caminho. Nesta seção, examinaremos cada estratégia e analisaremos exemplos específicos.

A primeira e talvez mais importante estratégia dos inovadores jugaad é *reformular; isto é, mudar as lentes através das quais eles percebem a situação que enfrentam*. Os inovadores jugaad percebem e interpretam o mundo de modo diferente dos outros.[11] Sua capacidade de transformação significa que provavelmente veem o copo meio cheio mesmo quando os demais o veem meio vazio. De fato, pode-se pensar nos inovadores jugaad como alquimistas dos tempos modernos, que *mentalmente* transformam adversidades em oportunidades.

Um exemplo desse tipo de alquimista é O.P. Bhatt, ex-presidente do SBI (State Bank of India), maior e mais antigo banco da Índia, com mais de 200 mil funcionários e 20 mil agências por todo o país. Foi eleito presidente em 2006 e, como passou a vida inteira trabalhando em bancos, Bhatt tinha profunda consciência do imenso potencial criativo da grande base de funcionários do SBI e estava ansioso para encontrar maneiras de suscitá-lo. Mas também tinha consciência de todas as limitações. O SBI pertence parcialmente ao governo da Índia, que, por sua vez, é dirigido por burocratas avessos ao risco, que examinam cada decisão de contratação e demissão (na verdade, é praticamente impossível demitir alguém que trabalhe em uma empresa estatal indiana). Conforme assinala o Dr. Prasad Kaipa, coach de CEOs que aconselhava Bhatt: "Desde o início, estava claro para Bhatt que ele não conseguiria reunir as pessoas certas nem se desfazer das erradas. Também era óbvio que ele não tinha os recursos para motivar financeiramente os gerentes a assumir riscos e impulsionar projetos inovadores (o próprio Bhatt recebia menos de US$1 mil por mês)."[12]

32 *A inovação do improviso*

Esses desafios, embora significativos, não perturbaram Bhatt. Na verdade, ele utilizou uma abordagem jugaad para despertar talentos dentro do SBI. Em primeiro lugar, utilizou sua grande capacidade de comunicação para restaurar o sentimento de orgulho dos funcionários em relação ao SBI, um banco com 200 anos de história. Em seguida, por meio de um programa de treinamento interno chamado Parivarthan ("transformação", em sânscrito), procurou incutir um novo sentimento de compromisso na equipe, em todos os departamentos e níveis hierárquicos. Com o tempo, o programa começou a dar frutos: os funcionários se sentiram mais capacitados, demonstraram maior criatividade e elevaram a prestação de serviço aos clientes a um novo patamar. Por todo o país, os funcionários começaram a imaginar soluções ousadas e engenhosas para problemas que sempre enfrentaram, mas que nunca se dispuseram ou conseguiram resolver. Na cidade de Hyderabad, por exemplo, o Senhor Sivakumar, chefe local das operações do SBI, lançou em cinco meses uma central de reclamações dos clientes composta por quatro pessoas, com base em SMS, para lidar com 7 mil queixas; dessa forma, formou uma clientela fiel, receptiva às futuras iniciativas de marketing e promoção do banco.[13]

Ao transformar uma situação aparentemente adversa em oportunidade, Bhatt suscitou o talento criativo dos funcionários, e o retorno foi enorme. Em quatro anos, o SBI aumentou sua participação de mercado, de 16,5% para 19%, dobrando o preço das ações e ampliando a satisfação do cliente; tudo isso dentro de um mercado maduro e altamente competitivo. Nesse período, o SBI também ganhou muitos prêmios internacionais por seu desempenho fantástico.

Conforme mostra a história de Bhatt, os inovadores jugaad não encontram a oportunidade *apesar* da adversidade; para eles, muitas vezes ela é a própria oportunidade. Eles entendem as restrições não como impedimento debilitante, mas como estímulo criativo. De fato, sua essência criativa desperta quando se deparam com um desafio aparentemente intransponível.

A segunda maneira de os inovadores jugaad encontrarem oportunidades nas adversidades é *fazer as restrições trabalharem a seu favor, não contra*. No Capítulo 1, apresentamos Kanak Das, inovador jugaad de Morigaon, aldeia do estado de Assam, no nordeste da Índia. Como muitos indianos, Das vai de bicicleta para o trabalho. E, como em muitas partes da Índia, as estradas são cheias de buracos e solavancos, que além de lhe prejudicar as costas, o atrasava consideravelmente. Das sabia que pouco ou nada poderia ser feito para melhorar a qualidade das estradas. Assim, ele se fez uma pergunta essencialmente jugaad: "E se eu conseguisse encontrar uma maneira de fazer minha bicicleta andar mais rápido nessas estradas esburacadas?" A pergunta o inspirou a adaptar a bicicleta de forma que, toda vez que a roda dianteira sofresse um solavanco, um amortecedor comprimisse e liberasse energia para a roda traseira. Ao converter a energia no amortecedor em força propulsora, a bicicleta podia andar mais rápido sobre estradas irregulares.

"Fazendo os solavancos trabalharem a seu favor" é como o Professor Anil Gupta, do Indian Institute of Management, em Ahmedabad, se refere à solução engenhosa de Das. Gupta é fervoroso defensor das inovações populares da Índia. Ele observa: "Atualmente, existem carros híbridos que geram energia dos freios, mas não dos amortecedores; esse é um conceito completamente novo do qual Kanak Das foi pioneiro."[14] A National Innovation Foundation, onde Gupta trabalha como vice-presidente executivo, ajudou a patentear a invenção de Das. Quem sabe onde isso pode levar? Em um futuro não muito distante, ciclistas de todo o mundo podem se beneficiar com a inovação jugaad de Kanak Das. Estudantes de engenharia do MIT já estão usando a invenção de Das como inspiração para converter a energia gerada pelos amortecedores de automóveis em aceleração.[15]

A terceira maneira como os inovadores jugaad buscam oportunidades nas adversidades é *sendo rápidos para aproveitar as oportunidades*. Kanak Das e O.P. Bhatt não só *pensaram de forma diferente* em relação à adversidade como também *agiram rapidamente* para adaptar seus modelos e estratégias aos desafios. Os inovadores jugaad não se apegam aos velhos modelos de negócios e abandonam os sucessos do passado se as condições exigirem. Essa capacidade de constante adaptação e reinvenção (com foco muito claro no futuro) é fundamental para a sobrevivência dos inovadores jugaad em longo prazo.

Um exemplo dessa adaptabilidade é Enrique Gómez Junco, engenheiro mexicano que se tornou empreendedor jugaad.[16] No fim da década de 1980, foi impulsionado pela visão de desenvolver um negócio de energia sustentável. Em 1988, criou a Celsol, que comercializa painéis de energia solar para empresas mexicanas, especialmente hotéis. Mas foi difícil entrar no negócio: o mercado era altamente regulamentado, subsidiado e dominado por monopólios, além das dificuldades normais de conseguir financiamento. Em vez de desistir, Junco fechou a Celsol e, em 2000, lançou um novo empreendimento: a Optima Energía. O plano inicial era vender tecnologias de energia para proprietários de imóveis e gerentes de instalações, visando ajudá-los a utilizar a eletricidade com mais eficiência e economizar nos custos com energia elétrica.

Essas tecnologias poupadoras de energia também promoveriam benefício ambiental, pois os edifícios comerciais são responsáveis por 7% das emissões humanas de dióxido de carbono no mundo todo. No entanto, ele fracassou novamente. A proposição de valor da Optima não impressionou muito os gestores de instalações comerciais porque exigia alto investimento inicial, que não geraria retornos significativos em curto prazo.

Esse novo revés mudou mais uma vez a perspectiva de Junco. Ele percebeu que, como engenheiro, havia se apaixonado pela tecnologia em si e, no processo, se esquecera dos clientes. Constatou que eles não se preocupavam muito se a tecnologia era boa ou não: eles queriam economizar dinheiro. Imediatamente, soube que precisava mais uma vez mudar sua posição: em vez de fornecedor de *tecnologia* de nicho e de alto risco, passaria a ser provedor de *soluções de negócios*, completas e de baixo risco.

Depois desse insight, Junco reformulou, em 2004, a proposição de valor de sua empresa. Em vez de apenas vender tecnologia, a Optima começou a oferecer solução integrada para gestores de edifícios comerciais avessos ao risco. Especificamente, a Optima passaria a assinar contratos com os clientes com base no desempenho, visando implantar projetos de eficiência de energia com potencial para economizar até 50% dos custos de energia. No entanto, o cliente não teria de investir um centavo. A Optima financiaria diretamente a instalação da tecnologia necessária, em parceria com as principais instituições financeiras, incluindo a Corporação Financeira Internacional do Banco Mundial.[17] O cliente utilizaria então as economias iniciais dos custos de energia geradas pelo projeto para pagar o investimento de capital da Optima por 10 anos. Todas as economias adicionais seriam então divididas entre a Optima e o cliente. A Optima tem tido muito sucesso na venda dessa proposição de valor aos grandes hotéis, por exemplo, principalmente para os resorts, altamente consumidores de energia, ao longo da costa do Golfo do México.

Após reformular duas vezes seu modelo de negócio, Junco finalmente concretizou sua ideia de economizar no custo de energia dos clientes e, ao mesmo tempo, preservar o meio ambiente.[18] Desde sua fundação, a Optima deu consultoria para mais de 120 clientes e implantou soluções completas em mais de 50 estabelecimentos comerciais. A empresa economizou US$100 milhões dos clientes, 16 milhões de metros cúbicos de água, 230 milhões de quilowatts de eletricidade, 41 milhões de litros de gás natural e 14 milhões de litros de óleo diesel. Junco está agora planejando levar sua solução integrada a outros setores, especialmente indústria e serviços públicos (como os de municipalidades), cujo mercado para economia de energia é de estimados US$7 bilhões só no México.[19] No início, a Optima era fornecedora de energia limpa, mas evoluiu para provedora bem-sucedida de serviços financeiros voltados para a área de energia. A adaptabilidade de Junco lhe permitiu superar a adversidade. Por seus incansáveis esforços de promover a construção sustentável e fornecer energia limpa no México, Junco foi selecionado pelo Fórum Econômico Mundial como um dos 100 Líderes Globais do Amanhã; em 2006, recebeu também o Prêmio Wharton Infosys Business Transformation.[20]

Empreendedores jugaad como Junco abordam a inovação (na verdade, a vida em geral) como permanente experimento. A sequência contínua de tentativa e erro é parte importante do processo; os fracassos e sucessos individuais são apenas pequenas pausas em uma jornada mais longa. Assim, a jugaad permite que inovadores como Junco adaptem, evoluam e continuamente reinventem suas ideias ao longo do tempo.

Em suma: os inovadores jugaad são especialistas em transformar desafios em oportunidades, fazer as restrições trabalharem a seu favor e adaptar-se às mudanças, improvisando soluções ao longo do processo. Os inovadores jugaad desenvolvem essas estratégias em resposta às adversidades extremas que enfrentam no ambiente de negócios dos mercados emergentes. Mas qual a relevância dessas estratégias para as empresas ocidentais, considerando a natureza muito diferente do ambiente de negócios em economias desenvolvidas? Analisaremos agora como a adversidade é um fator cada vez mais importante no ambiente de negócios ocidental e suas implicações para os líderes empresariais do Ocidente.

APERTEM OS CINTOS, EMPRESAS OCIDENTAIS: GRANDE ADVERSIDADE PELA FRENTE

Seria fácil presumir que a transformação da adversidade em oportunidade e a adaptação a um ambiente em constante mudança não são relevantes para inovadores, empreendedores e homens de negócios no Ocidente. Afinal, o Ocidente é próspero. As empresas ocidentais e seus líderes não precisam lutar em um ambiente econômico e político constantemente turbulento ou se preocupar com a infraestrutura precária e os recursos escassos. Comparado com os mercados emergentes, o Ocidente é relativamente estável – ou tem sido até agora. Sinais ameaçadores indicam que o Ocidente está prestes a experimentar um longo período de turbulência e dolorosas mudanças nos próximos anos. Vejamos as principais fontes de adversidade que as empresas ocidentais enfrentam agora:

- *Deterioração da situação macroeconômica.* As já anêmicas economias dos Estados Unidos e da Europa podem logo entrar em coma caso a demanda não aumente, apesar dos muitos pacotes de estímulos. O FMI (Fundo Monetário Internacional) previu que a economia americana crescerá apenas 1,8% em 2012 e espera que a europeia penosamente avance 1,1%.[21] Esse fraco crescimento imporá restrições severas sobre o capital aos quais as empresas terão acesso nos próximos anos. Em geral, o clima macroeconômico ruim forçará as empresas ocidentais, de grande e pequeno portes, a encontrar melhores maneiras de utilizar o escasso capital na próxima década.
- *Avalanche de futuras novas regulamentações.* Além da saúde e dos serviços financeiros, outros setores (do automotivo aos alimentos e energia) provavelmente passarão por uma série de novas regulamentações vindas dos legisladores. As montadoras americanas, por exemplo, relutantemente concordaram com o plano da administração Obama de forçar padrões federais rigorosos no consumo de combustível, dobrando as metas de eficiência para 23 quilômetros por litro de gasolina até 2025.[22] Essas regulamentações mais rigorosas imporão mais restrições sobre as empresas, forçando-as, na próxima década, a mudar radicalmente suas práticas atuais e até mesmo os modelos de negócios para atender às novas exigências regulamentais.
- *Mudanças tectônicas na demografia.* As empresas europeias têm de lidar com uma força de trabalho que envelhece rapidamente. A Alemanha, por exemplo, perderá 5 milhões de trabalhadores (ou 12% da força total de trabalho) ao longo dos próximos 15 anos devido à aposentadoria.[23] As empresas americanas terão de lidar com a crescente diversidade de seus trabalhadores e consumidores, de várias gerações e etnias, o que dificultará a seleção e retenção de empregados e o atendimento às necessidades de uma base heterogênea de clientes.
- *Revolução da computação social.* O crescimento explosivo das redes de mídia social, como o Facebook e o Twitter (que permitem interações populares, improvisadas e informais, entre centenas de milhões de usuários em todo o mundo), desafia a ortodoxia empresarial incorporada à comunicação hierárquica, aos métodos lineares de planejamento e às abordagens insulares para a inovação.
- *Acelerada escassez de recursos naturais.* Recursos naturais, como petróleo e água, baratos e abundantes no Ocidente até agora, se tornarão mais escassos

nos próximos anos. Segundo relatório do Ceres, setores como a agricultura, alimentos e bebidas, alta tecnologia e farmacêutico poderão ser gravemente afetados pela escassez de água. O fechamento, por exemplo, de uma fábrica de semicondutores operada pela Intel ou pela Texas Instruments, por problemas relacionados com a água, poderia lhes custar de US$100 a US$200 milhões em receitas perdidas durante um trimestre. Essa perspectiva sombria levou o presidente da Nestlé, Peter Brabeck-Letmathe, a comentar: "Estou convencido de que... a água se tornará escassa muito antes do combustível." Essa crescente escassez forçará as empresas a encontrar métodos sustentáveis de produzir mais energia ou alimentos usando menos desses recursos, cada vez mais caros.[24]

• *Concorrência implacável dos mercados emergentes.* As empresas ocidentais estão enfrentando forte concorrência nos mercados americano e europeu de empresas de baixo custo das economias emergentes. As empresas chinesas de bens de consumo HTC e Haier, por exemplo, estão competindo fortemente com a Nokia e a Whirlpool ao lançar telefones celulares e eletrodomésticos a preços baixos e muito atraentes para consumidores ocidentais preocupados com custos.

Todos esses desafios geram, no ambiente das empresas ocidentais, restrições que poderiam paralisar seus líderes e debilitar seus processos de decisão, mas poderiam também estimulá-los a inovar em busca de crescimento. Para isso, os líderes precisam aprender a enxergar a adversidade que enfrentam sob outro prisma: não como um desafio debilitante (ou "risco", segundo os consultores de administração), e sim como oportunidade única para inovar e crescer, da mesma maneira que fizeram Tulsi Tanti, O.P. Bhatt e tantos outros inovadores jugaad.

Porém, é mais difícil do que parece. Diante de desafios difíceis como os que acabamos de mencionar, as empresas ocidentais tendem a adotar uma das quatro reações: ignorar ou deixar a adversidade passar despercebida, neutralizá-la, abordar os problemas usando antigas estruturas de referência ou pensar de forma muito pequena ou incremental. Porém, todas essas reações são contraproducentes no ambiente atual de negócios. Eis os motivos:

• *Ignorar ou deixar a adversidade passar despercebida até que seja tarde demais.* Os CEOs ocidentais muitas vezes deixam de notar as evidências por complacência, inércia ou excesso de confiança. Gary Hamel, autor de *O futuro da administração* (Campus/Elsevier), observa que muitos executivos ocidentais não prestam suficiente atenção aos primeiros sinais de alerta das grandes mudanças na demografia, tecnologia e regulamentação, perdendo grandes oportunidades de reformular seus modelos de negócios de forma proativa para tirar proveito dessas mudanças.[25] Na verdade, os líderes empresariais geralmente reagem aos problemas somente depois que a situação fica fora de controle e que as empresas estejam em dificuldades. Por exemplo, logo após os ataques terroristas de 11 de setembro de 2001, quando a economia americana mergulhou no vermelho, as montadoras não perceberam a mudança estrutural no comportamento dos consumidores. Os consumidores passaram a procurar não apenas carros mais baratos (que a GM e a Ford ofereciam com toneladas de descontos e financiamento a 0%), mas carros *melhores,* econômicos no consumo de combustível e menos prejudiciais ao meio ambiente. Consequentemente, as montadoras não investiram logo em inovações para fabricar carros eficientes em termos de energia, perdendo para concorrentes alemães e japoneses com visão de futuro.

• *Neutralizar a adversidade em vez de aproveitá-la.* Diante da possibilidade de duras restrições, muitas vezes os CEOs ocidentais tentam neutralizá-las em vez de encontrar uma maneira de utilizá-las em seu proveito. Diante de restrições de regulamentação, por exemplo, muitos CEOs optam por se opor e fazer lobby para revogá-las ou adiá-las. Isso acontece nas grandes companhias farmacêuticas, que enfrentam uma redução no desenvolvimento de medicamentos, o término da proteção de patentes, a concorrência dos fabricantes de genéricos dos mercados emergentes e o interesse do governo dos Estados Unidos em reduzir o custo da saúde. Muitas dessas companhias resolveram fazer lobby para manter intacto seu modelo de negócios, prorrogar as patentes e impedir a concorrência externa em vez de responder de forma inovadora a esses desafios, repensando e mudando seu modelo de negócios.

• *Abordar novos problemas usando antigas estruturas de referência.* Os executivos de sucesso muitas vezes se assemelham a generais em velhos combates. Eles lutam novas batalhas utilizando estratégias vitoriosas no passado, mas ineficazes nas atuais condições. As empresas de bens de consumo, por exemplo, continuam a se basear nas tradicionais estratégias de marketing de massa, como publicidade televisiva, embora seja óbvio que os consumidores querem envolver as marcas em um diálogo de mão dupla, utilizando ferramentas de mídia social como o Facebook e o Twitter.[26]

• *Pensar pequeno diante de grandes desafios.* Segundo Adam Richardson, autor de *Innovation X* e diretor de criação da frog (empresa global de consultoria em design e inovação), muitos executivos procuram não correr riscos quando em condições extremas.[27] Assim, em reação a uma grande concorrência ou rápida mudança tecnológica ou de mercado, são mais propensos a gerar inovações incrementais e produtos "mais do mesmo", em vez de buscar preencher as lacunas do mercado. A Borders, por exemplo, reconheceu cedo o potencial da internet, mas não tirou proveito suficiente dele; suas iniciativas de comércio eletrônico foram mornas, para dizer o mínimo. De fato, quando o site Borders.com foi lançado, em 1998, só permitia que os leitores verificassem a disponibilidade de livros mas não que realmente os comprassem. Por fim, a Amazon estabeleceu sua predominância, e a Borders faliu em 2011.

Por mais tentador que seja desconsiderar a adversidade e considerá-la um problema dos mercados emergentes, há crescente evidência de que a adversidade esteja se deslocando na direção do Ocidente. No entanto, mesmo que reconheçam esse fato, as empresas e os líderes ocidentais podem não conseguir lidar com ele de forma eficaz, pelas razões já discutidas. Se querem evitar as armadilhas dessas quatro reações contraproducentes à adversidade e desejam verdadeiramente transformar os desafios em oportunidades, seria inteligente que aprendessem um pouco sobre a mentalidade flexível de inovadores jugaad, como Tulsi Tanti, O.P. Bhatt, Kanak Das e Enrique Gómez Junco. Vejamos como.

APRENDENDO A CAPITALIZAR A ADVERSIDADE

Os líderes ocidentais podem sistematicamente transformar adversidade em oportunidade para inovar e crescer ao adotar a mentalidade flexível dos inovadores jugaad e suas estratégias de sobrevivência.

Reconheça que o copo está sempre meio cheio. Os líderes ocidentais podem aprender com os inovadores jugaad como transformar a adversidade que está em suas mentes e fazê-la funcionar a seu favor. A chave para reverter as adversidades em seu favor é conseguir transformar os desafios em oportunidades e utilizar as restrições como estímulo para inovar. Mas o medo impede a capacidade de reformulação, isto é, passar a ver que o copo está, na verdade, meio cheio. O medo somente obscurece a perspectiva e inibe as reações. Na verdade, ao enfrentar crises e desafios, os líderes devem cultivar um sentimento

40   *A inovação do improviso*

de tranquilidade e demonstrar o que Justin Menkes, autor de *Better Under Pressure*, chama de "otimismo realista".[28]

Menkes, que trabalha para a empresa Spencer Stuart, de recrutamento de executivos, analisou mais de 200 candidatos para a posição de CEO e entrevistou mais de 60 CEOs ativos e aposentados em sua pesquisa. Ele constatou que um atributo fundamental que permite aos líderes atingir seu potencial (e o das organizações) é o "otimismo realista"; isto é, a capacidade de claramente reconhecer os riscos que ameaçam a sobrevivência e ainda assim permanecer confiante de que a empresa prevalecerá. Em outras palavras, à primeira visão de uma nuvem escura, os CEOs de sucesso não abrem o guarda-chuva, mas lutam para identificar a bonança que virá logo após a tempestade, exatamente como os inovadores jugaad.

Muitos CEOS das empresas que compõem a lista da *Fortune 500*, por exemplo, se sentem ameaçados pelo crescimento explosivo da mídia social (no momento em que escrevemos este livro, mais de 250 milhões de tweets eram enviados por dia, e o Facebook tinha mais de 800 milhões de usuários), especialmente após testemunhar os danos causados pelo WikiLeaks. Eles se preocupam com o fato de que as ferramentas de mídia social, nas mãos erradas, podem ser usadas para espalhar falsos rumores, prejudicar marcas e arruinar reputações pessoais e corporativas em poucas horas. Em comparação, ainda no ano 2000, bem antes da existência do Twitter e do Facebook, a alta administração da Procter & Gamble identificou o tremendo potencial das redes sociais. Eles as adotaram com entusiasmo como nova plataforma de *engajamento social* para construir e manter um diálogo significativo com os consumidores na economia digital do século XXI. No passado, quando desenvolviam novos produtos, as equipes de P&D da Procter & Gamble costumavam se basear em onerosos e demorados grupos de discussão e protótipos físicos para testar novas ideias. Agora, usam as mídias sociais, como o Affinnova, para testar dezenas de ideias para novos produtos, enquanto centenas de clientes votam on-line nos seus preferidos. Graças a essa colaboração em tempo real dos clientes, a Procter & Gamble pode prontamente eliminar ideias não rentáveis e dedicar os recursos de P&D para o desenvolvimento de conceitos de produtos de que os clientes gostam mais.[29] Além disso, a Procter & Gamble utiliza o poder do marketing viral das redes sociais em seu proveito ao converter clientes satisfeitos em "divulgadores boca a boca" das marcas da empresa na internet. A companhia elaborou, por exemplo, o Vocalpoint (uma comunidade on-line composta por mais de 600 mil mães socialmente engajadas, que a empresa pode aproveitar para obter feedback inicial das novas campanhas promocionais antes de lançá-las nacionalmente), que a ajuda a estabelecer corretamente a mensagem de marketing desde o primeiro momento. Os usuários do Vocalpoint também geram um burburinho positivo nas redes sociais para os futuros produtos da Procter & Gamble.[30] Graças a esse enquadramento das mídias sociais e de seu valor para os negócios, a Procter & Gamble aumentou a lealdade dos clientes e estabeleceu novas práticas de engajamento social no setor, bem à frente dos concorrentes. A empresa até mesmo trabalhou suas habilidades em marketing social para desenvolver o Tremor, serviço de software vendido para outras empresas, como Kellogg, Sears e MasterCard, que buscam aproveitar o poder do marketing boca a boca para impulsionar as próprias marcas.[31]

Perceba que condições extremas representam solo fértil para inovações extremas. Seguindo o exemplo dos inovadores jugaad, os líderes empresariais ocidentais deveriam enxergar as condições extremas (tais como as enormes mudanças tecnológicas, as regulamentações draconianas ou as ameaças de concorrência que surgem do nada) como oportunidades para desenvolver inovações radicais que revolucionem o setor e moldem mercados completamente novos. Marc Benioff, presidente e CEO da salesforce.com, é um desses inovadores ocidentais. Em 1999, Benioff fundou a salesforce.com em seu apartamento, em San Francisco, com uma visão ousada: ele queria tornar o software de negócios (que as empresas usam para gerenciar suas interações com os clientes) mais barato e acessível. Ele imaginou utilizar a internet como plataforma para fornecer software de negócios como *serviço*, não como produto, como fora até aquele momento. A ideia era que as empresas fizessem assinaturas de aplicativos hospedados pela salesforce.com, pagando de acordo com o uso, e os acessassem somente de um navegador da internet, em vez de tê-los instalados nos PCs dos funcionários (evitando as onerosas taxas de licenças e custos de manutenção cobrados pelos grandes fornecedores de software como Oracle, Siebel e SAP).

No entanto, exatamente quando a salesforce.com estava prestes a decolar, em 2001, a bolha das pontocom estourou, e o mercado de ações despencou. As grandes corporações viram Benioff como mais um empreendedor pontocom vendendo tônico capilar e se recusaram a embarcar em sua visão do "software como um serviço" (SaaS). Benioff e sua empresa foram ridicularizados por grandes concorrentes, que questionavam a segurança e a possibilidade de crescimento do modelo SaaS. Em abril de 2001, Tom Siebel, CEO e fundador

42 *A inovação do improviso*

da Siebel, grande fornecedor de software de negócios, previu que até 2002 a salesforce.com estaria falida.[32]

No entanto, Benioff persistiu diante de toda a adversidade e enxergou a bonança que viria após a tempestade econômica, que tomou conta das empresas americanas no início dos anos 2000, e percebeu que seus possíveis clientes, preocupados com custos (pequenas e grandes empresas), viviam suas *próprias* dificuldades. Em especial: (1) estavam lutando para extrair mais valor dos investimentos em software sem gastar dinheiro demais; e (2) queriam que suas soluções de software já existentes se adaptassem com rapidez à evolução acelerada das necessidades dos negócios. Infelizmente, as companhias ficaram presas a aplicativos pouco flexíveis e de cara manutenção e tiveram dificuldades para encontrar alternativa.

Percebendo a oportunidade, Benioff se tornou um evangelizador dos méritos do modelo SaaS a possíveis clientes, em vez de divulgar os recursos da salesforce.com. Ele defendia fervorosamente o valor do SaaS, não só para os compradores de tecnologia frugal, como para os altos executivos, que buscavam maior flexibilidade. Explicou para os dirigentes empresariais, por exemplo, que, com o boom dos aparelhos móveis (celulares, tablets etc.), o SaaS permitiria que os funcionários tivessem acesso aos aplicativos de negócios de qualquer lugar, a qualquer hora, o que não poderia ser feito com o modelo de software tradicional e centralizado. Benioff também promoveu incansavelmente o modelo SaaS para a imprensa, analistas e outras figuras influentes na área de tecnologia. No fim, as grandes empresas começaram a se entusiasmar com o Saas e passaram a "comprar" a visão de Benioff (e entrar na salesforce. com). Graças à persistente evangelização de Benioff em relação ao Saas, um movimento rápido e crescente (*groundswell*) começou a se desenvolver no setor de tecnologia. À medida que os desenvolvedores de software percebiam as vantagens do modelo SaaS, passavam a desenvolver mais soluções nessa estrutura, criando um novo ecossistema de software que tornou o modelo autossustentável.[33]

A salesforce.com estava em posição confortável para liderar o movimento SaaS, e assim o fez. A base de associados cresceu 1.500% nos sete anos seguintes, e atualmente atende a mais de 100 mil clientes.[34] Com uma média de crescimento das receitas anuais de 36% nos últimos anos, a salesforce.com espera chegar a US$3 bilhões de receitas durante o ano fiscal de 2013.[35] Benioff estabeleceu para a salesforce.com o "objetivo de US$10 bilhões" que, acredita, "pode obter com o sucesso junto aos clientes".[36]

O movimento SaaS que Benioff iniciou evoluiu desde então e agora é conhecido como "computação em nuvem" (um nome apropriado, considerando que resultou da capacidade de Benioff de ver a bonança após a tempestade). O mercado da computação em nuvem, de US$40 bilhões em 2010, está previsto para atingir US$241 bilhões até 2020.[37] Os grandes fornecedores de software que inicialmente ridicularizaram o modelo de negócio da salesforce.com vêm, desde então, entrando na área da computação em nuvem, e aqueles que não o fizeram desapareceram (a arquirrival da salesforce.com, Siebel, foi comprada pela Oracle em 2005).

Benioff acredita que condições extremas podem gerar inovações revolucionárias: "A salesforce.com é um exemplo vivo de como empreendedores e empresas flexíveis conseguem transcender as dificuldades extremas que enfrentam e transformá-las em oportunidades de sucesso."[38]

Construa capital psicológico para aumentar a resiliência confiante. Os líderes não conseguem construir uma organização flexível sem força de trabalho flexível. Fred Luthans, professor de comportamento organizacional da University of Nebraska-Lincoln, expõe seu ponto de vista: "O verdadeiro valor de uma empresa não está mais nos bens tangíveis ou nos processos tecnológicos, mas nos capitais humano e psicológico subjacentes, nenhum dos quais abertos à imitação. Qualquer pessoa pode comprar tecnologia ou obter dinheiro nos mercados financeiros; mas não podemos comprar motivação, envolvimento, confiança, resiliência, esperança, otimismo."[39]

Não basta os líderes empresariais serem otimistas, flexíveis e adaptáveis; também precisam *capacitar funcionários em todos os níveis hierárquicos* a pensar e agir como inovadores jugaad (aceitando a ambiguidade, tolerando riscos e se dispondo a aprender com os desafios em vez de tentar mantê-los a distância). Franck Riboud é um desses líderes interessados em aumentar o capital psicológico da empresa. Riboud é CEO da Danone, multinacional francesa, uma das maiores fornecedoras mundiais de produtos lácteos e água engarrafada (seus laticínios se chamam Dannon nos Estados Unidos). Riboud acredita que a empresa, de 92 anos, enfrenta dois grandes desafios: (1) consumidores no mundo todo pedem alimentos nutritivos e saudáveis que sejam acessíveis e produzidos de forma sustentável; e (2) as maiores oportunidades de negócios nas próximas décadas virão de mercados emergentes, como México, Indonésia, China, Rússia e Brasil, onde a Danone precisa inovar e adotar novos modelos de negócios para efetivamente aproveitar as oportunidades de crescimento explosivo. Esses

44 *A inovação do improviso*

dois desafios tornam seu ambiente de negócios altamente complexo, criando mais restrições ao mesmo tempo que cria novas oportunidades. Conforme explica Riboud: "Nosso futuro depende da capacidade de explorar e inventar novos modelos de negócios em novos tipos de corporações."[40]

Para navegar neste ambiente complexo, Riboud reconhece que a Danone precisa de mão de obra mais adaptável e com mentalidade flexível. Para ter sucesso em um mundo "multipolar" caracterizado por vários centros de crescimento, Riboud está gradualmente transformando a Danone, cujas atividades de P&D e poder de tomada de decisão se concentram na Europa, em uma *organização policêntrica*, com estrutura descentralizada de tomada de decisão e rede de P&D globalmente distribuída.[41] Essa estrutura policêntrica capacitará gestores da linha de frente em todo o mundo (especialmente nos mercados emergentes em rápido crescimento, como a China e o Brasil) a enfrentar os desafios e oportunidades locais, improvisando soluções poderosas, exatamente como os inovadores jugaad, ao mesmo tempo que compartilham ideias inovadoras e melhores práticas nas redes de conhecimento entre colegas.[42, 43] Ao contrário de outras multinacionais que forçam os funcionários no mundo todo a fazer as coisas *da maneira correta* (com processos rígidos e altamente padronizados), Riboud está motivando sua mão de obra global a *fazer a coisa certa*, adotando os valores de abertura, entusiasmo e humanismo da empresa.[44] Ao descentralizar a tomada de decisão e as operações de P&D, enquanto permite a colaboração e o compartilhamento de conhecimento entre as unidades regionais e a manutenção de elevados padrões de sustentabilidade social e ambiental, a Danone tem conseguido aumentar a flexibilidade organizacional e se expandir com sucesso em economias emergentes, que representam 60% do futuro crescimento da empresa.[45]

Essa, porém, é apenas metade da história. O objetivo real de Riboud ao criar uma estrutura organizacional policêntrica e multipolar é iniciar uma verdadeira *revolução de mentalidade* dentro da equipe de liderança da Danone. À medida que as economias ocidentais entram em uma era de escassez e complexidade, Riboud deseja incitar nos gestores ocidentais uma nova maneira de pensar e agir diante de restrições (uma atitude flexível, predominante em mercados emergentes, como Brasil e China). Em especial, Riboud espera que os gestores mais seniores no Ocidente inovem de maneira frugal e flexível sob graves restrições de recursos, aprendendo com os inovadores jugaad de mercados emergentes, que sabem como transformar a adversidade em oportunidade para inovar. Riboud explica: "Até recentemente, presumíamos que os países mais ricos seriam a principal fonte de inovação. A meu ver, são os países com forte crescimento que devem nos inspirar."[46] A construção de uma pequena fábrica de produtos lácteos em Bangladesh, por exemplo, requer o mesmo capital necessário para comprar uma casa na França, fato que inspirou os líderes ocidentais da Danone a adotar soluções radicalmente novas para reduzir os custos operacionais em grandes fábricas tradicionais sem comprometer a qualidade. Riboud acredita que, ao adotar uma mentalidade flexível, os líderes ocidentais da empresa poderão não só reduzir os custos de fabricação como melhorar significativamente o design, marketing e distribuição de produtos em toda a empresa.

Nos últimos anos, apesar das difíceis condições de mercado, a Danone vem ultrapassando as metas financeiras: com as vendas crescendo quase 7% em 2010, a empresa está entre os melhores desempenhos na indústria de alimentos em todo o mundo. Riboud está convencido de que a Danone encontrou o modelo de negócio correto para ter sucesso na complexa economia global de hoje. Além disso, ele acredita que a cultura única da empresa, que enfatiza o pragmatismo, a adaptabilidade e as decisões locais gera enorme vantagem em circunstâncias adversas. Curiosamente, um dos seis grandes mercados emergentes que a Danone almeja é... os Estados Unidos. Ao contrário de outros CEOs ocidentais, que se queixam da agonizante economia americana, Riboud vê grandes oportunidades para seus produtos nos Estados Unidos, onde o consumo *per capita* de iogurte ainda é baixo em comparação com os mercados europeus.[47]

Enfrente os grandes desafios com mentalidade de crescimento. Segundo Carol Dweck, professor de psicologia da Stanford University, a maioria dos líderes atua com uma das duas mentalidades: fixa ou de crescimento. Os líderes com mentalidade fixa acreditam que suas qualidades, e a dos outros, estão esculpidas em pedra, obrigando-os a manter soluções experimentadas e testadas para os desafios. Já os líderes com mentalidade de crescimento acreditam que suas qualidades básicas podem ser alimentadas e melhoradas por meio de esforços. Os inovadores jugaad são dotados de mentalidade de crescimento: confiantemente, se concentram em construir o futuro em vez de se apegar à segurança do passado.

Acreditamos que à medida que o ambiente de negócios se torna cada vez mais complexo e adverso, é vital que os líderes empresariais cultivem uma *mentalidade de crescimento*, pois quando enfrentam a adversidade com uma mentalidade fixa, suas mentes são obscurecidas pelo medo ou orgulho, e eles tendem a inovar de forma incremental, produzindo resultados limitados. Já a mentalidade de crescimento os ajuda a enfrentar até mesmo os grandes desafios com otimismo e curiosidade, permitindo-lhes gerar inovações revolucionárias que propiciam resultados mais sustentáveis em longo prazo. Os que possuem mentalidade de crescimento, em especial, estão dispostos a abandonar os antigos modelos de negócios e adotar novos para manter o sucesso em longo prazo.

A IBM é uma empresa que vem obtendo sucesso em cultivar a mentalidade de crescimento entre os líderes. Comemorou seu 100º aniversário em junho de 2011. Sobreviveu a duas guerras mundiais, à Grande Depressão, à crise do petróleo dos anos 1970, ao boom e estouro da bolha das pontocom e até à atual recessão econômica global. Ao longo desses 100 anos, os líderes da companhia utilizaram mentalidade de crescimento para, inúmeras vezes e de forma proativa, revolucionar a empresa e reinventar completamente seu modelo de negócios. Assim, a IBM passou da venda de tabuladores a máquinas de escrever, computadores centrais, PCs em rede, softwares e serviços, passando com eficácia por sucessivas ondas de tecnologia.[48] Compare essa situação com a da HP, concorrente da IBM no Vale do Silício, cujos líderes parecem ter esperado demais para reinventar o modelo de negócio da empresa de 70 anos. Com as ações despencando e uma crise de liderança em andamento, a alta administração da HP pensou seriamente em vender o negócio de PCs no fim de 2011, mas acabou decidindo mantê-lo.[49] A liderança da IBM tem sido mais proativa; no início dos anos 2000, reconheceu que, embora a empresa tivesse inventado o PC, o negócio de computadores pessoais estava rapidamente se convertendo em commodities pelo novo modelo de computação com base na internet. Em 2004, o ex-CEO da IBM, Sam Palmisano, tomou a decisão radical de vender o negócio de PC, liberando recursos para que a empresa pudesse ascender na cadeia de valor do setor de tecnologia.[50] Eis a explicação de Palmisano para sua decisão: "Em 1981, o PC era uma inovação. Passados 20 anos, havia perdido grande parte de sua diferenciação. Era hora de seguir em frente, na direção do futuro. Esta empresa (IBM) sempre se lançou em direção ao futuro. Na verdade, o avanço contínuo, inerente à proposição de valor da IBM, é nosso modelo de negócio. A fronteira do que realmente é inovador continua se ampliando... o que nos obriga a não nos tornarmos inertes."[51]

Aproveite o poder das redes para enfrentar as grandes ameaças de mercado.
Em vez de lidar com a adversidade confiando exclusivamente nos recursos

internos, os líderes empresariais podem se beneficiar com o trabalho conjunto com clientes, parceiros e até mesmo concorrentes para criar soluções inovadoras. Veja o caso da Pfizer: O CEO, Ian Read, rompeu com o modelo de P&D das grandes farmacêuticas e tentou pensar e agir como ágil inovador jugaad. Em vez de depender exclusivamente da P&D interna para as inovações, a Pfizer, sob a liderança de Read, está multiplicando alianças de P&D com parceiros externos. Em alguns aspectos, ela não tem escolha, uma vez que enfrenta um duplo golpe: sua linha de desenvolvimento de medicamentos está se extinguindo, ao mesmo tempo que enfrenta crescente pressão nos Estados Unidos e na Europa para conter a disparada dos custos com a saúde. Para lidar com o inevitável, Read cortou 24% dos próprios gastos da Pfizer com P&D, considerado sacrilégio pelos analistas de Wall Street, e está deslocando as economias resultantes para novas parcerias com laboratórios acadêmicos e empresas ágeis na área de biotecnologia no mundo todo.[52] A empresa recentemente fechou, por exemplo, um acordo de licenciamento com a Biocon, companhia indiana de biofarmacêutica, para comercializar os mais recentes produtos para tratamento de diabete nos mercados emergentes e desenvolvidos.[53]

Em suma: as empresas ocidentais e seus líderes podem encontrar oportunidades na adversidade de inúmeras maneiras:

- Reconhecendo que o copo está sempre meio cheio.
- Percebendo que condições extremas representam solo fértil para inovações extremas.
- Construindo capital psicológico para estimular a flexibilidade.
- Enfrentando os grandes desafios com mentalidade de crescimento.
- Aproveitando o poder das redes para enfrentar grandes ameaças de mercado.

Embora muitos líderes individuais e suas empresas venham empregando uma ou mais dessas estratégias, várias dessas estratégias, se não todas, vêm sendo pouco utilizadas de forma consistente ao longo do tempo. Uma exceção é a 3M; sob o comando de vários líderes lendários ao longo de seus 110 anos, a empresa vem aplicando muitas dessas sólidas estratégias para utilizar a adversidade a seu favor e continuamente estimular o crescimento. Passaremos para um estudo de caso detalhado da 3M, visando compreender como a empresa e seus líderes conseguiram buscar e encontrar a oportunidade na adversidade de forma consistente durante um longo período.

COMO O ESPÍRITO JUGAAD DA 3M RESISTIU À RECESSÃO

Fundada em 1902, a 3M passou a simbolizar a engenhosidade americana. Ao longo de um século, seus prolíficos inventores vêm lançando produtos inovadores que se tornaram parte da cultura americana: Scotch® Tape, Protetor para Tecidos & Estofados Scotchgard™, Isolamento Thinsulate™ e etiquetas adesivas Post-it. Inovadores jugaad da 3M, como Art Fry, inventor do Post-it, criaram um grande número de produtos úteis que facilitaram a vida de milhões de consumidores em todo o mundo.[54]

O que torna a 3M tão inovadora pode ser resumido em dois números: 30% e 15%. Ambos os valores são considerados sagrados por gestores e funcionários da 3M. Décadas atrás, reconhecendo que seus produtos de consumo enfrentam rápida obsolescência, a 3M estabeleceu a meta de obter 30% das receitas totais de novos produtos lançados nos cinco anos anteriores. Esse ousado objetivo, conhecido dentro da 3M como NPVI (New Product Vitality Index – Índice de Vitalidade de Novos Produtos), ajudou a criar a cultura "inovar ou morrer", que mantém constante sentimento de urgência entre os projetistas e engenheiros da 3M, que continuamente desenvolvem centenas de novos produtos a cada ano (a 3M possui atualmente um portfólio de 75 mil produtos). Curiosamente, alguns produtos de maior sucesso da 3M até hoje foram inventados pelos engenheiros durante seu "tempo de folga". De fato, voltando bem atrás, em 1948, muito antes de a ideia ser popularizada por empresas do Vale do Silício, como a Google, a 3M lançou o programa 15%, iniciativa radical que permite aos funcionários utilizar 15% do horário de trabalho remunerado para realizar os projetos de seus sonhos, especialmente inovações jugaad incomuns.[55] O objetivo do programa 15% era tornar a cultura da empresa menos rigorosa e mais ágil e tolerante aos riscos, permitindo que os funcionários percebessem e respondessem rapidamente às novas oportunidades de mercado de um modo dinâmico, de baixo para cima. A gestão da 3M tem dado total apoio a muitas inovações independentes, resultantes do programa 15%, atingindo ou não sucesso comercial (como o Post-it).

Após provar sua coragem como excepcional empresa inovadora por quase um século, a 3M passou por uma queda de desempenho no fim dos anos 1990. O ágil fabricante do centro-oeste americano se tornara grande demais, complacente e avesso ao risco, dormindo sobre os louros conquistados em vez de criativamente moldar o futuro. Os preços das ações sofreram duro golpe, e as vendas e lucros começaram a cair. Ao enfrentar este tipo de adversidade, os líderes empresariais podem demonstrar mentalidade fixa, agindo com segurança e buscando uma mudança incremental, ou mentalidade de crescimento, buscando oportunidades na adversidade e utilizando-a em prol da empresa. No caso da 3M, um líder com mentalidade de crescimento aprofundaria o compromisso existente da empresa com o pensamento e inovação jugaad e o utilizaria para moldar uma reação mais extrema à adversidade.

Em 2001, a 3M contratou Jim McNerney como CEO para tentar restabelecer sua condição. McNerney, que anteriormente trabalhara para a GE (fora o principal candidato para substituir Jack Welch), trouxe a disciplina administrativa e racionalizou a inchada estrutura de custos da empresa, implantando as técnicas de gestão do Seis Sigma, o que impulsionou significativamente a lucratividade da empresa: as margens operacionais subiram de 17% em 2001 para 23% em 2005. Os altamente estruturados processos Seis Sigma, que enfatizam a previsibilidade e a mesmice, funcionaram magistralmente nas fábricas da 3M ao tornar os sistemas de produção mais eficientes em termos de custo. Em princípio, parecia que a abordagem estruturada para restabelecer a condição da empresa estava funcionando. Porém, teve o efeito oposto quando McNerney a utilizou nos laboratórios de P&D para padronizar e sistematizar o processo de *inovação* e torná-lo mais rápido e eficiente em termos de custos. O Seis Sigma indiscutivelmente sufocou o livre fluxo da criatividade jugaad da 3M. No processo, o Seis Sigma não conseguiu aproveitar o capital psicológico dos inovadores da empresa, cuja engenhosidade e resiliência à adversidade tinham sido construídas ao longo de várias décadas. Em vez de sonhar grande e desenvolver produtos revolucionários, os engenheiros da 3M se tornaram avessos ao risco e passaram a buscar a segurança ao gerar inovações incrementais que atendiam às metas de desempenho do Seis Sigma. A gestão da empresa começou a desdenhar das ideias revolucionárias dos inovadores jugaad. Em função disso, as receitas de vendas e a reputação como inovadora de vanguarda começaram a enfraquecer. Em 2005, a participação das receitas advindas de novos produtos passou dos tradicionais 30% para apenas 21%. Sua classificação na lista das empresas mais inovadoras do Boston Consulting Group também começou gradualmente a cair, saindo de primeira colocada em 2004 para sétima em 2007.[56] Era como se o espírito jugaad da 3M estivesse se esvaindo.

Diante da adversidade representada pela queda da receita e reputação da marca, George Buckley, que havia substituído McNerney como CEO em 2005, procurou reanimar a cultura jugaad tolerante ao risco da 3M. Em especial, Buckley começou a desfazer as iniciativas Seis Sigma e reinstituiu o programa 15%, dando mais liberdade e flexibilidade aos engenheiros da 3M para buscarem ideias independentes sem medo de represálias. Buckley reconhece: "Talvez um dos erros que cometemos como empresa (um dos perigos do Seis Sigma) é que, quando você valoriza a mesmice mais que a criatividade, acaba abalando o coração e a alma de uma companhia como a 3M."[57]

Buckley teve de agir rapidamente, pois vários produtos 3M se tornavam obsoletos ou viravam, cada vez mais, commodities. Ela enfrentava crescente concorrência de empresas mais ágeis em todos os principais segmentos de produtos. No entanto, a 3M tinha um desafio ainda maior: as preferências dos clientes mudavam cada vez mais rápido. No ambiente digital de hoje, os consumidores valorizam a estética tanto quanto a função dos produtos, conforme demonstrado pelo enorme sucesso da bela concepção do iPhone. Essa nova realidade fez a liderança da 3M perceber que, embora a empresa fosse ótima na *engenharia* dos produtos, teria de ser melhor em *projetá-los* de modo mais atraente.

Percebendo uma oportunidade nessa situação adversa, a 3M decidiu ampliar sua mentalidade jugaad tradicional para incluir não só um excelente desempenho técnico como excelente design. Para conduzir essa transformação, a empresa contratou Mauro Porcini como chefe de design estratégico global. O extravagante e apaixonado italiano, de 37 anos, que se reporta diretamente ao chefe de P&D para Negócios de Bens de Consumo & Escritório da 3M, gerencia uma grande equipe que tenta tornar mais visualmente atraentes tanto os novos produtos quanto os já existentes, sem sacrificar o desempenho técnico.[58]

Encontramo-nos com Mauro em seu novo e elegante escritório na sede da 3M, em Saint Paul, Minnesota. As paredes totalmente brancas, a decoração e o chão todo desenhado que pavimenta o caminho para o escritório de Mauro ofereciam um oásis criativo, em total contraste com os claustrofóbicos cubículos marrons do restante do edifício. Porcini, cuja elegante estética de sua indumentária também se destacava, nos explicou o desafio que a 3M enfrentava no momento e como a esquipe estava ajudando a resolvê-lo:[59]

Os clientes não estão mais apenas "comprando" produtos, mesmo um simples objeto doméstico ou produtos de escritório. Na verdade, buscam uma nova experiência que os satisfaça; querem estabelecer uma ligação com os produtos que compram. Esse desafio apresenta uma oportunidade de a 3M repensar a maneira como desenvolvemos produtos. Estamos aprendendo a prestar mais atenção à estética, em vez de ficarmos obcecados com a excelência funcional. Também estamos mudando nosso envolvimento com os clientes. Quando os ouvimos, respondemos às necessidades; quando criamos empatia com eles, antevemos suas necessidades; mas quando verdadeiramente os amamos, os *surpreendemos* com produtos que sequer poderiam imaginar.

Porcini aponta para a Apple como empresa que ama seus clientes: ao combinar um design superior com excelente engenharia, a Apple continua a surpreender e emocionar os clientes a cada novo produto. "Empresas como a Apple e a Target provaram que o bom design pode ajudar a conquistar não só maior participação de mercado como a lembrança da marca pelo cliente e a 'participação no coração' do cliente. O novo desafio da 3M é encontrar formas de aumentar nossa 'participação no coração' dos clientes, utilizando um design superior para diferenciar nossos produtos em um mercado abarrotado."[60]

A equipe de designers jugaad de Porcini recebeu carta branca para revitalizar os produtos de consumo e de escritório com a marca 3M por meio de um estilo sexy e arrojado. Por exemplo, eles fizeram uma plástica no suporte da Fita Scotch transparente, de 50 anos, criando um aplicador com o formato de um sapato de salto alto. O próprio Porcini redesenhou um projetor multimídia existente, tornando-o mais elegante e "algo que os consumidores querem tocar": o produto foi um sucesso imediato. Alguns produtos premiados que Porcini ajudou a desenvolver na 3M incluem o Projetor de Bolso MPro150, o aplicador de fita Scotch Pop-Up com tiras previamente cortadas, e o Removedor de Pelo de Animais de Estimação Scotch. Os designers de Porcini agora se envolvem ativamente no início de novos projetos de P&D, influenciando os negócios e as decisões técnicas associadas ao desenvolvimento de novos produtos. Porcini ironiza: "A 3M costumava ser conhecida como empresa de 'engenheiros inovadores'. Agora também queremos ser famosos por abrigar 'designers inovadores'."[61]

Esmagada pelo rolo compressor Seis Sigma no início dos anos 2000, a 3M reacendeu seu espírito jugaad ao dar mais liberdade criativa aos funcionários e ao integrar a excelência funcional do lado esquerdo do cérebro à sensibilidade de design do lado direito. Esses esforços foram generosamente recompensados e ajudaram a reconstruir o capital psicológico dos inovadores 3M que, por sua vez, tornou a empresa resiliente diante da adversidade seguinte. Embora as receitas da empresa tivessem caído durante o recessivo ano de

2009, elas se recuperaram desde então, aumentando 15%, para US$26,7 bilhões em 2010 (uma das maiores taxas de crescimento jamais atingidas em seus mais de 100 anos de história). Em 2010, a 3M registrou lucro operacional recorde de US$5,9 bilhões, com margem de 22,2%. Em 2010, voltou a obter 30% das receitas de novos produtos, valor que pode alcançar até mais de 30% em 2012. A 3M lança agora cerca de 1.200 novos produtos por ano. George Buckley observa com satisfação: "Mesmo nos piores momentos econômicos de que temos lembrança, lançamos mais de mil novos produtos."[62] A empresa parece ter encontrado a fórmula de crescimento adequada para a economia pós-industrial, conforme evidenciado por uma pesquisa conduzida em 2011 pela Booz & Company com executivos globais, que classificou a 3M como a terceira empresa mais inovadora do mundo, logo após a Apple e a Google.[63]

CONCLUSÃO

Em um ambiente de negócios cada vez mais complexo que lança todos os tipos de desafios às empresas, demonstrar resiliência em face da adversidade e utilizá-la em proveito próprio é uma nova competência que os líderes empresariais devem urgentemente desenvolver.

Embora seja difícil adotar as muitas estratégias diferentes concebidas para converter a adversidade em oportunidade, como fez a 3M, certamente não é impossível. Conforme provaram a 3M e várias outras empresas ocidentais caracterizadas aqui, uma liderança forte é fundamental para fazer funcionar essas estratégias de resiliência.

No entanto, buscar a oportunidade na adversidade é apenas o primeiro dos muitos princípios jugaad que os líderes ocidentais e suas organizações podem aplicar para ter sucesso em uma economia global imprevisível e em rápida evolução. De todas as formas de adversidade que as economias emergentes e as empresas ocidentais enfrentam, nenhuma é tão grave ou ameaçadora para a sobrevivência e o crescimento como a escassez. A forma como os inovadores jugaad reagem a ela, "fazendo mais com menos", e o que os líderes ocidentais podem aprender com esse princípio frugal é o assunto do próximo capítulo.

CAPÍTULO 3

Princípio 2

Faça mais com menos

Se eu tivesse um dólar para gastar, investiria na solução do maior
problema atual: a economia da escassez.
JEFFREY IMMELT, PRESIDENTE E CEO DA GENERAL ELECTRIC[1]

Gustavo Grobocopatel é a quarta geração de fazendeiros argentinos de origem russo-judaica. Por três gerações, sua família seguiu um modelo agrícola de subsistência de pequena escala na Argentina. O sonho de Grobocopatel era romper esse modelo e fazer algo mais ambicioso. Mas, desde o início, sua visão foi dificultada pela escassez.[2]

Em primeiro lugar, Grobocopatel teve dificuldade de acesso a grandes extensões de terra. Embora a Argentina seja um país vasto, dotado de solo rico e clima favorável, na verdade, é difícil encontrar terras propícias para agricultura. Somente 10% da terra é arável, e grande parte dela é controlada por poucos proprietários, que se recusam a cedê-la.[3]

Em seguida, Grobocopatel enfrentou uma escassez de mão de obra qualificada, necessária para ampliar seu negócio. A agricultura exige muito trabalho, pois necessita de gente para fertilizar, semear, supervisionar e fazer a colheita. Na Argentina, esse tipo de trabalho tem oferta limitada, não está formalmente sindicalizado, encontra-se espalhado por todo o país e a contratação pode ser dispendiosa, especialmente durante o ápice da colheita.[4]

Em terceiro lugar, Grobocopatel não tinha o capital para comprar o equipamento agrícola de que necessitava para atingir uma escala de produção sem o uso de mão de obra. Oportunidades de financiamento para promover novos negócios são muito limitadas para empreendedores na Argentina.[5]

Em vez de desistir diante das dificuldades, Grobocopatel concebeu e implantou um engenhoso modelo de negócio. Ele superou a escassez de terras ao *arrendá-las* em vez de comprá-las. Ele lidou com a escassez de mão de obra *subcontratando* cada atividade do trabalho agrícola com uma rede de fornecedores de serviços especializados, passando a ter acesso a freelancers, que contrata somente quando necessário. Quanto aos recursos financeiros, evitou o custo de manutenção de equipamentos próprios e a falta de capital *alugando* os equipamentos necessários de uma rede de pequenas empresas locais.

Ao inteligentemente aproveitar uma rede de 3.800 fornecedores agrícolas de pequeno e médio portes, a empresa de Grobocopatel, Los Grobo, opera como companhia com "ativos básicos" e, desta maneira, consegue *fazer mais com menos*. Ao superar o ceticismo de seus pares, esse empreendedor jugaad provou o valor de seu modelo "mais com menos". Em 2010, Los Grobo se tornou o segundo maior produtor de grãos da América Latina, com culturas plantadas em mais de 300 mil hectares, comercializando 3 milhões de toneladas de grãos por ano e gerando US$750 milhões de receita, sem possuir terras nem um único trator ou colheitadeira. Depois do sucesso na Argentina, Los Grobo está agora exportando seu modelo de agricultura frugal para o Brasil, Uruguai e Paraguai e ajudando agricultores desses países a produzir mais com menos.

Os mercados emergentes estão repletos de inovadores como Grobocopatel. Diante de escassez por toda parte, os inovadores jugaad têm dominado a arte de fazer mais com menos. Neste capítulo, analisaremos as mentes dos inovadores jugaad e as empresas que dirigem para entender como criam mais valor com menos recursos. Embora muitos fatores impeçam que as empresas ocidentais adotem a abordagem "mais com menos", essa mentalidade é cada vez mais imperativa, à medida que as economias americana e europeia entram em estagnação e enfrentam crescentes restrições de recursos. De fato, as empresas ocidentais que tiveram sucesso em adotar métodos de inovação frugal para criar ofertas a preços acessíveis provavelmente ganharão significativa vantagem competitiva sobre seus pares nos difíceis tempos econômicos que teremos pela frente.

A ESCASSEZ É A MÃE DA INVENÇÃO

Mesmo para um observador descuidado, a característica mais impressionante sobre os inovadores jugaad em mercados emergentes é a mentalidade frugal.

Esses empreendedores e gestores, de diversos países como Argentina, Brasil, China, Índia, Quênia, México ou Filipinas, estão permanentemente buscando novas maneiras de fazer mais com menos e fornecer maior valor aos clientes a menor custo. O que torna essa mentalidade tão fundamental para os inovadores jugaad e por que eles são tão competentes em obter "mais com menos"? Acreditamos que a mentalidade seja uma reação racional à escassez generalizada em seu ambiente. Para os empreendedores jugaad, ser frugal não é luxo, mas a chave para a sobrevivência.

Enquanto os empreendedores do Vale do Silício normalmente atuam em um ambiente rico de recursos, os empreendedores jugaad enfrentam escassez de todos os tipos. Em primeiro lugar, precisam lidar com a falta de capital. A disponibilidade de recursos financeiros em mercados emergentes é limitada. Os bancos são conservadores, e as redes de capital de risco e de investidores-anjo são pouco desenvolvidas. Por exemplo, 80% dos empreendedores sul-africanos relatam dificuldades de acesso a financiamento.[6] Assim, os inovadores jugaad não conseguem investir em equipamento para P&D que exija o uso intensivo de capital, o que, em parte, explica por que um país como a Índia gasta somente 0,8% do PIB em P&D (comparado com 3% em países desenvolvidos) e por que a participação do setor privado nesses gastos é de apenas 20%.[7]

Em segundo lugar, os inovadores jugaad precisam lidar com a escassez de recursos naturais. As matérias-primas nos mercados emergentes, desde água até eletricidade, são caras e difíceis de obter de forma confiável, o que encarece e dificulta a criação e gestão de novos negócios, principalmente no setor industrial.

Em terceiro lugar, os empreendedores enfrentam a escassez de talentos. Mercados emergentes, como Índia, Brasil e China, possuem vastas populações, mas somente um pequeno percentual é constituído de profissionais qualificados que conseguem atender ou implantar as ofertas dos empreendedores desses mercados. Segundo pesquisa conduzida pela ManpowerGroup, 67% das empresas indianas e 57% brasileiras têm dificuldades de encontrar técnicos qualificados, representantes de vendas, engenheiros e profissionais de TI. Em função disso, é difícil vender aparelhos médicos sofisticados em áreas rurais com poucos médicos qualificados; ou vender PCs para escolas de vilarejos cujos professores não possuem conhecimento de informática.[8]

Finalmente, os inovadores jugaad enfrentam a escassez de infraestrutura de qualidade. As estradas ruins e as opções limitadas de transporte em mercados emergentes dificultam a chegada em tempo hábil de bens e serviços em locais distantes. Além disso, o custo se torna um imenso desafio, limitando a possibilidade de alcançar os mercados distantes em economias emergentes.

Além da escassez generalizada, os inovadores jugaad também precisam lidar com uma base de consumidores frugais e exigentes, com baixo poder aquisitivo. Na Índia, por exemplo, 300 milhões de habitantes ganham menos de US$1 por dia. Muitos são muito seletivos em relação às compras; outros sequer compram, o que força os inovadores jugaad a repensarem radicalmente os níveis de preços. As ofertas precisam ser extremamente acessíveis, não apenas um pouco.

Esses consumidores também são bastante conscientes quanto à qualidade. Podem ser pessoas de baixa renda, mas são bastante exigentes. Considerando as elevadas aspirações, esses consumidores rejeitam novas ofertas que não forneçam valor significativamente maior que as já existentes, pressionando os inovadores jugaad a desenvolver ofertas de maior qualidade a preços mais baixos.

Finalmente, a base de consumidores em mercados emergentes é enorme e diversificada. Mercados como China, Brasil e Índia possuem milhões de consumidores heterogêneos. Para fornecer maior valor a uma base grande e diversificada, os inovadores jugaad precisam encontrar maneiras inteligentes de obter economias de escala *e* de escopo em tudo o que fazem.

A escassez generalizada e a natureza exigente da base de consumidores fazem os inovadores jugaad se transformarem em mestres da frugalidade. Vamos analisar algumas maneiras como conseguem fazer mais com menos.

SENDO VERSÁTIL EM UM AMBIENTE DE RECURSOS ESCASSOS

Os inovadores jugaad conseguem obter mais com menos ao aplicar a frugalidade em cada atividade que realizam, a cada passo da cadeia de valor. Eles são frugais na forma como projetam os produtos, os constroem, os entregam e realizam a manutenção pós-venda. Sua frugalidade aparece não só na utilização parcimoniosa de capital e recursos naturais, como na maximização da energia e do tempo limitados: em vez de fazer tudo sozinhos, contam amplamente com parceiros para realizar várias operações, economizando tempo e energia. Seguem algumas abordagens frugais usadas por inovadores jugaad para ganhar mais com menos.

Reutilizar e recombinar. Em vez de criar algo inteiramente novo, os inovadores jugaad tendem a reutilizar ou buscar novas combinações de tecnologias ou recursos existentes, tanto para gerar novas soluções como para comercializá-las. A Zhongxing Medical, por exemplo, fabricante chinesa de equipamentos médicos, pegou emprestada a tecnologia DDX (Digital Direct X-ray) de sua empresa controladora, a Beijing Aerospace, que não estava usando-o eficazmente, e fez uma reengenharia para uso em aplicações diárias, como raios X de tórax. Em função disso, a produção de máquinas de raios X custa apenas US$20 mil, comparado com US$150 mil de modelos equivalentes da GE e da Philips (que usam o DDX apenas para aplicações avançadas). Ao desenvolver aplicações de baixo custo para o mercado de massa a partir de uma tecnologia subutilizada, a Zhongxing conquistou 50% do mercado chinês de máquinas de raios X, forçando a concorrente GE a reduzir os preços em 50%, enquanto a Philips, incapaz de concorrer, retirou-se completamente do segmento.[9]

De forma semelhante, os inovadores jugaad em países africanos estão aproveitando as redes de telefonia celular para elaborar modelos frugais de negócios que tornem serviços bancários e de saúde acessíveis a mais pessoas. No Quênia, por exemplo, só 10% da população tem acesso a serviços bancários. Porém, o acesso a celulares é superior a 50%. Percebendo a oportunidade, a Safaricom, provedor local de serviços de telecomunicações (40% da empresa é de propriedade da britânica Vodafone) lançou em 2007 um serviço chamado M-PESA, sistema com base em SMS que permite às pessoas pagar, poupar e transferir dinheiro pelo celular pagando uma fração do custo dos serviços de transferência de dinheiro, como os da Western Union, *sem* precisar de uma conta bancária. Os usuários do M-PESA podem converter dinheiro em moeda eletrônica, armazenada nos celulares, em qualquer das centenas de postos do M-PESA, inclusive pequenas lojas familiares de vilarejos que atuam como representantes. Ao receber dinheiro do usuário do M-PESA, o representante envia um SMS com a quantia equivalente em dinheiro eletrônico (e-money) para o telefone do usuário, que pode então enviar um SMS com parte ou toda a quantia para um representante M-PESA ou outro usuário M-PESA. Todo o dinheiro eletrônico em circulação é garantido por dinheiro real em uma conta bancária da Safaricom, o que protege o sistema contra fraudes e elimina a necessidade de os usuários terem suas próprias contas bancárias. No momento em que escrevemos este texto, mais de 14 milhões de quenianos, ou 68% da população adulta do país, estão associados ao M-PESA, número muito maior que a quantidade de pessoas que possui contas bancárias.[10] Os trabalhadores migrantes em cidades quenianas usam agora rotineiramente o M-PESA para transferir, de forma segura e barata, os ganhos para as famílias que vivem em vilarejos remotos.[11]

Permanecer apenas com ativos básicos. A segunda estratégia que os inovadores jugaad utilizam para obter mais com menos é aproveitar os bens de capital de terceiros para expandir seu modelo de negócio, precisamente o que Gustavo Grobocopatel fez na Argentina. Mas Grobocopatel não é uma exceção. Muitos empreendedores jugaad em mercados emergentes optam por operar um modelo de negócios com ativos básicos, mobilizando o mínimo possível de ativos fixos nos balanços patrimoniais. Assim, em vez de possuir ativos físicos, eles os alugam ou compartilham. Essa abordagem, além de manter a estrutura de custos enxuta, permite que rapidamente expandam ou reduzam as operações para atender às variações de demanda sem investir em ativos adicionais.

Empresas indianas de telefonia celular, como a Bharti Airtel, por exemplo, utilizaram essa estratégia frugal não só para iniciar operações como para transformar o setor em um dos maiores e mais competitivos do mundo. No início dos anos 2000, quando a revolução da telefonia móvel decolava na Índia, a Airtel carecia de capital e de tecnologia para expandir os negócios. Sem desanimar, o Presidente Sunil Mittal, da Airtel, utilizou a abordagem jugaad para obter mais com menos: corajosamente decidiu terceirizar tudo, exceto atividades fundamentais de marketing e divulgação da marca, para empresas parceiras que tinham capital, tecnologia ou ambos.[12] Hoje a IBM gerencia a infraestrutura de TI da Airtel, enquanto a Ericsson e a NSN (Nokia Systems Network) gerenciam a infraestrutura da rede – esse pode ser apenas um dos primeiros exemplos de empresas indianas que usam o recurso da terceirização para empresas ocidentais, e ambas se beneficiam enormemente com o processo. Atualmente, a Airtel, com mais de 170 milhões de assinantes, é o maior provedor do mundo de serviços de telecomunicações com ativos básicos e a primeira provedora móvel que se atreveu a terceirizar toda a sua rede de infraestrutura; a maioria das operadoras de telecomunicações prefere ter e administrar toda a infraestrutura internamente, dada sua natureza estratégica. Seu modelo frugal de funcionamento permite fornecer maior valor aos clientes a menor custo. Ao transformar os custos fixos de tecnologia em variáveis, a Airtel teve sucesso em obter mais com menos em uma velocidade vertiginosa, chegando a 10 milhões de novos assinantes por mês.

Aproveitar as redes existentes de distribuição. A terceira estratégia "mais com menos" que os inovadores jugaad utilizam procura resolver o problema do "último quilômetro"; isto é, a dificuldade de se chegar a clientes longínquos de maneira econômica. Em vez de investir em redes caras de logística, os empreendedores jugaad aproveitam as redes existentes para entregar produtos e serviços a custos reduzidos a pessoas em mercados de difícil acesso. Em especial, eles contam com pequenos parceiros em comunidades locais, muitas vezes microempresários, para alcançar mais clientes e personalizar as ofertas. Ao usar bases de redes sociais já desenvolvidas e confiáveis em mercados emergentes, os inovadores jugaad conseguem compensar a infraestrutura física precária naqueles locais. Além disso, ao envolver pequenos empreendedores como parceiros no canal de distribuição, os inovadores jugaad controlam a própria sustentabilidade financeira ao mesmo tempo que criam novas oportunidades econômicas nas comunidades locais.

A Colgate-Palmolive®, por exemplo, fabricante de pasta de dente, expandiu sua rede logística para atender vilarejos remotos na Índia por meio da criação de uma rede móvel de jovens. Montados em bicicletas e carregando produtos de higiene bucal, esses vendedores vão de aldeia em aldeia com suas "microlojas sobre rodas", resolvendo assim o problema do último quilômetro. Essa solução custa menos para a Colgate que estabelecer distribuição física nesses vilarejos. Além disso, ela fornece mais valor às comunidades locais, melhorando sua saúde e proporcionando empregos aos jovens locais.[13]

De forma semelhante, a MicroVentures, nas Filipinas (fundada em 2006 por Bam Aquino, sobrinho da ex-Presidente Corazon Aquino), está disponibilizando ampla gama de produtos e serviços para consumidores da *base da pirâmide* socioeconômica.[14] Em vez de estabelecer sua própria rede de distribuição (uma tarefa onerosa e praticamente impossível, dada a fragmentação do mercado consumidor de baixa renda espalhado por centenas de vilarejos), a MicroVentures aproveitou uma rede logística local, constituída por 800 mil lojas *sari-sari* (empresas familiares). Essas pequenas lojas, encontradas em todas as 7 mil ilhas do arquipélago filipino, são operadas por mulheres empreendedoras, que as estabeleceram como extensão de suas próprias casas.[15] A MicroVentures utilizou o modelo de *franquia de conversão*, que consiste em converter lojas independentes em membros de uma rede padronizada e com marca própria, conhecida como Programa Hapinoy.[16] Ao converter e modernizar algumas lojas sari-sari na marca Hapinoy Community Stores, a MicroVentures rapidamente expandiu sua rede de distribuição: 10 mil lojas sari-sari entraram no Programa Hapinoy desde 2007, número que Aquino prevê que possa chegar a 100 mil nos próximos anos. É interessante notar que algumas lojas sari-sari que entraram no Programa Hapinoy também são membros da CARD MRI, maior instituição de microfinanças das Filipinas, com a qual a MicroVentures estabeleceu sinérgica parceria.

As donas de lojas sari-sari desfrutam de muitos benefícios ao aderir ao Programa Hapinoy:

1. Pagam menos pelo suprimento de bens, pois a MicroVentures pode, ao reunir a demanda de várias lojas Hapinoy, negociar preços de atacado com os fabricantes de bens de consumo.
2. Podem gerar mais renda vendendo maior variedade de bens e serviços de valor agregado, como pagamentos com celulares, provenientes de parceiros da MicroVentures.
3. Aprendem a gerenciar e expandir seus negócios, pois recebem treinamento personalizado da MicroVentures em áreas como gestão de estoques, marketing, liderança e desenvolvimento pessoal.

Aquino explica:

Em vez de construir nova rede logística, nosso modelo de negócio aproveita a *rede humana* de microempresárias (as donas de lojas sari-sari). Ao usar uma base existente de infraestrutura de distribuição, criamos uma solução sustentável que beneficia toda a comunidade de baixa renda. Em primeiro lugar, os consumidores de baixa renda ganham acesso à maior variedade de bens e serviços a preços acessíveis. Em segundo lugar, as proprietárias de lojas sari-sari nos vilarejos aumentam a renda aderindo ao Programa Hapinoy e aprendem a melhorar as próprias vidas e contribuir significativamente para suas comunidades. Em terceiro lugar, mais microprodutores nos vilarejos podem agora ampliar a participação de mercado ao participarem de nossa rede de distribuição. Nossa visão é transformar o Programa Hapinoy no equivalente social de um iPad: uma plataforma que dá acesso aos membros de nossa rede [as microempresárias] a centenas de "aplicativos sociais"; isto é, produtos e serviços oferecidos por nossos parceiros. Os membros da rede podem escolher aplicativos específicos [produtos/serviços] que forneçam maior valor às suas comunidades.[17]

AJUDANDO OS CLIENTES A OBTER MAIS VALOR

Ao contar com um modelo operacional frugal, os inovadores jugaad não se esforçam apenas para reduzir os próprios custos, mas para transmitir valor aos consumidores. Assim, ao contrário de seus homólogos no Ocidente, eles normalmente não se concentram em encantar os clientes com produtos com recursos bacanas ou com as mais recentes tecnologias. Na verdade, buscam soluções funcionalmente minimalistas que ofereçam valor superior aos clientes, muitas vezes transformando suas vidas durante o processo. Em resumo, ajudam os clientes a obter mais valor por menos custo, oferecendo produtos e serviços de qualidade a preços altamente acessíveis.

Em 2010, por exemplo, a KPIT Cummins Infosystems, empresa indiana prestadora de serviços de engenharia e de TI, apresentou o Revolo, uma solução híbrida de conexões paralelas de baixo custo para carros. (Revolo é invenção de Tejas Kshatriya, engenheiro que trabalha para a KPIT Cummins. Kshatriya teve a ideia em 2008, preso em um congestionamento em Mumbai.) Ao instalar o kit Revolo, os donos de automóveis a gasolina podiam converter, de forma econômica, seus veículos em híbridos, com baixo consumo e alto desempenho. O kit de conversão (que inclui bateria recarregável, motor elétrico e polia) pode ser adaptado na maioria dos carros, em apenas 6 horas, por um mecânico certificado pela KPIT Cummins.

O Revolo funciona melhor no lento tráfego urbano, pois capta a energia cinética gerada toda vez que os freios são acionados e a armazena nas baterias para uso posterior. Os testes mostram que a tecnologia Revolo aumenta a eficiência no consumo de combustível em 35% e reduz a emissão de gases do efeito estufa em pelo menos 30%. O mais importante é que, a um preço entre US$1.300 e US$3.250 para o mercado indiano (e por volta de US$5 mil quando vendido em mercados ocidentais), o sistema Revolo custa 80% menos que outras opções de carro híbrido.[18] O Revolo pode ser instalado em todos os carros, independentemente da marca ou ano de fabricação, sem interferir na configuração da transmissão do fabricante. A KPIT estima que, quando usado em veículos que andam em média 50 quilômetros por dia, o kit de conversão Revolo se paga em menos de dois anos. Portanto, a tecnologia é boa tanto para os proprietários de veículos quanto para os fabricantes de automóveis. Ravi Pandit, CEO da KPIT Cummins, observa: "Com o Revolo, encontramos uma solução acessível e adaptável, que transforma um carro que consome muita gasolina em um híbrido ambientalmente consciente, econômico no consumo de combustível e de alto desempenho. Com o Revolo, os proprietários de veículos obtêm mais valor a um custo menor."[19]

A KPIT Cummins está negociando acordos de licenciamento com vários fabricantes de automóveis nos Estados Unidos e na Europa, ansiosos para inicialmente oferecê-lo como um serviço de marca no mercado de reposição para os atuais usuários de seus carros e, ao mesmo tempo, explorar a possibilidade em longo prazo de estabelecer o Revolo como recurso-padrão nos futuros modelos. A produção comercial em larga escala do Revolo está prevista para começar em 2013.[20] Vale a pena observar que o desenvolvimento dessa tecnologia custou menos de US$2 milhões para a KPIT – muito menos que o custo de US$1 bilhão, em média, para desenvolver um carro novo.[21]

Como os inovadores jugaad sabem o que tem valor para os clientes e quanto eles estão dispostos a pagar para obter este valor adicional? Em vez de considerar essas questões em termos abstratos, em um laboratório de P&D, os inovadores jugaad vão a campo, observam e interagem com possíveis clientes para identificar suas necessidades e exigências latentes. Só depois é que direcionam sua atenção às características essenciais de uma solução mais relevante para os clientes especiais. Em outras palavras, eles procuram primeiro identificar a *pertinência* de uma solução. Munidos da percepção sobre o que os clientes precisam (não apenas sobre o que desejam), os inovadores jugaad projetam um novo produto ou serviço apropriado, assim como um modelo de negócio, que possa atender melhor a essas necessidades. Muitas vezes não conseguem de imediato, mas, por tentativa e erro e por rápida experimentação, acabam definindo um conjunto de características e o modelo de negócio que provavelmente assegurarão mais valor pelo menor preço para o mercado.

Para melhor compreensão, vamos analisar outro exemplo jugaad que pode fazer a diferença de vida ou morte a muitas pessoas em todo o mundo. Vinte milhões de bebês nascem prematuramente ou com baixo peso a cada ano em todo o mundo, e quatro milhões deles morrem, a maioria nos países em desenvolvimento. Os que sobrevivem muitas vezes sofrem de baixo desenvolvimento intelectual, diabete e doenças cardíacas quando atingem a idade adulta. Muitas dessas mortes e doenças poderiam ser evitadas apenas mantendo os bebês prematuros aquecidos. Infelizmente, as atuais opções para aquecer os bebês nos países em desenvolvimento são caras ou precárias. As incubadoras vendidas nos países ocidentais custam até US$20 mil e requerem eletricidade, que não é confiável nos países em desenvolvimento. Soluções paliativas, como posicionar os bebês debaixo de lâmpadas acesas, são arriscadas.

Jane Chen, Linus Liang, Naganand Murty e Rahul Panicker fundaram a Embrace para produzir um aquecedor de bebês a preços acessíveis para países em desenvolvimento, bem mais baratos que as incubadoras disponíveis no Ocidente. Os fundadores tiveram a ideia para o modelo frugal de negócio da Embrace enquanto participavam do programa Entrepreneurial Design for Extreme

Affordability, da Stanford University. Depois de produzir um protótipo, versão simplificada das incubadoras tradicionais movidas a energia elétrica, eles viajaram ao Nepal para testá-lo em um hospital urbano. No entanto, logo descobriram que 80% dos bebês que morrem prematuramente nos países em desenvolvimento como o Nepal nascem em casa, nas aldeias, longe dos hospitais bem equipados e sem acesso ao fornecimento regular de energia elétrica.[22]

Esse insight fundamentalmente os levou a repensar quem seriam de fato seus *usuários*. Constatando que seus clientes eram médicos e pais que moravam em aldeias, partiram para identificar que características do produto trariam mais valor a esses usuários da área rural. Essa investigação os levou a projetar um aquecedor infantil *portátil*, com a aparência de um minúsculo saco de dormir, que daria às mães maior mobilidade e contato mais íntimo com os bebês. O saco de dormir, por sua vez, contém uma bolsa de um material parecido com cera, que regula a temperatura por mudança de fase (PCM – Phase-Change Material) e mantém os bebês aquecidos por até seis horas a temperaturas normais. Esse aquecedor de bebês não só tem uso intuitivo como requer apenas 30 minutos de eletricidade para aquecer a bolsa PCM, utilizando um aquecedor elétrico portátil que vem junto com o produto. Além disso, o projeto se encaixa bem à prática recomendada de "cuidado canguru", em que a mãe segura o bebê contra a pele (daí o nome da empresa: Embrace).[23] O mais importante é que o aquecedor portátil de bebês Embrace custa menos de 2% do custo das incubadoras disponíveis nos mercados ocidentais.

Em 2011, a Embrace testou o produto na Índia, onde 1,2 milhão de bebês prematuros morrem a cada ano. Os primeiros resultados foram bastante encorajadores. Um estudo preliminar validou a segurança e eficácia do Embrace com 20 bebês. Em seguida, a empresa realizou um estudo clínico mais amplo, com 160 bebês prematuros. Em um caso, um bebê de 900 gramas, filho de habitantes de uma aldeia perto de Bangalore, no sul da Índia, foi mantido no aquecedor de bebês Embrace por 20 dias e começou a ganhar peso, trazendo grande alegria aos pais, que haviam perdido dois bebês anteriormente.

A Embrace utiliza técnicas de prototipagem acelerada para obter rapidamente o feedback de clientes sobre novas características do produto e concentrar a atenção nos atributos mais relevantes para clientes de áreas rurais. Por exemplo, após notar que as mães nas aldeias indianas não confiam em monitores numéricos que indicam a temperatura, a Embrace substituiu a escala numérica por símbolos que indicam "bom" ou "ruim". De forma semelhante, a Embrace planeja lançar uma futura versão do produto, voltado para as mães que vivem em vilarejos distantes, sem eletricidade alguma: nesta versão, a bolsa PCM será aquecida (e assim, recarregada) por um dispositivo de aquecimento que funcione com *água quente*, em vez de eletricidade.

A Embrace também está fazendo experiências com diferentes modelos de custo, como a opção de aluguel, para tornar o produto acessível em países como a Índia, onde centenas de milhões de habitantes em aldeias vivem com menos de US$2 por dia. "Os empreendedores muitas vezes caem de amores por sua ideia original ou pelo modelo de negócio e deixam de ouvir os clientes", explica Chain. "Por outro lado, não hesitamos em modificar repetidas vezes as características e os preços de nossos produtos até encontrar uma solução que ofereça o maior valor e o menor custo aos nossos clientes. Para nós, a inovação é um processo dinâmico e permanente."[24]

A Embrace atualmente negocia parcerias com multinacionais farmacêuticas e empresas de equipamentos médicos, como a GE. A empresa também está trabalhando com ONGs locais para tirar proveito das amplas redes de distribuição com o intuito de tornar o aquecedor de bebês Embrace o mais acessível possível para hospitais e clínicas em países como a Índia. Finalmente, a Embrace está testando o aquecedor de bebês no hospital infantil Lucile Packard, da Stanford University: os empreendedores acreditam que haja um grande mercado para o produto Embrace nos Estados Unidos, onde as taxas de mortalidade infantil estão entre as maiores do mundo desenvolvido. A Embrace estabeleceu a arrojada meta de salvar as vidas de mais de 100 mil bebês ao longo dos próximos três anos e evitar doenças em mais de 700 mil bebês.

Em suma, os inovadores jugaad conseguem encontrar abundância na escassez e compartilhá-la com clientes e outros stakeholders que também enfrentam a escassez. Os inovadores jugaad podem não ter recursos financeiros, naturais e tecnológicos, mas os compensam encontrando maneiras engenhosas de aproveitar as redes sociais e seu profundo conhecimento dos clientes para criar e fornecer mais valor a menor custo. Em muitos aspectos, os inovadores jugaad incorporam a crença de Theodore Roosevelt de que "todos os recursos de que precisamos estão na mente".

BEM-VINDO À ERA DA AUSTERIDADE

Organizações ocidentais de prestígio, como a GE, o hospital infantil Lucile Packard e a Stanford University, estão adotando as incubadoras de baixo custo Embrace, embora elas claramente tenham acesso a muitas incubadoras de alto desempenho no Ocidente. Essas organizações ocidentais com visão de futuro reconhecem que a abordagem frugal é cada vez mais fundamental para a sobrevivência nesta era de austeridade, cada vez mais iminente. Os sinais de alerta estão por toda parte. Na verdade, não são muito diferentes dos indicadores mais gerais sobre o aumento da adversidade nas economias ocidentais, discutidos no Capítulo 2. No entanto, vale a pena examinar os fatores específicos que moldam a nova cultura de austeridade no Ocidente. Dentre eles, incluem-se:

- *Clientes cada vez mais frugais.* A recessão tem conscientizado mais os consumidores ocidentais de classe média em relação aos custos que nos anos de boom da bolha imobiliária. De forma semelhante, nos mercados B2B (Business-to-business), o poder está mudando, saindo da mão dos compradores que valorizam os recursos e a funcionalidade para os que preferem valorizar o preço. Nos hospitais, por exemplo, os compradores de tecnologia não são mais os médicos (que normalmente favorecem aparelhos médicos tecnicamente superiores, mas excessivamente caros), mas gerentes de compras preocupados com custos.[25]
- *Diminuição dos recursos naturais.* Pelo fato de o petróleo e a água necessários para produzir energia e alimentos estarem escassos, as companhias ocidentais estão motivadas a identificar maneiras mais eficientes de utilizar esses recursos. Além disso, os consumidores ocidentais estão se conscientizando sobre questões ecológicas e passando a adquirir produtos de marcas sustentáveis, que utilizam menos recursos naturais.
- *Regulamentos governamentais.* Mais políticas estão sendo adotadas para lidar com pressões financeiras e ambientais. Por exemplo, para lidar com o enorme déficit orçamentário, o governo americano vem pedindo às grandes farmacêuticas que disponibilizem mais medicamentos de baixo custo a um número maior de pessoas. Do mesmo modo, regulamentações governamentais cada vez mais rigorosas estão forçando as montadoras americanas a desenvolver carros que andem mais quilômetros com menos combustível e com menor emissão de gases do efeito estufa.
- *Concorrência de empresas de baixo custo dos mercados emergentes.* Em todos os setores econômicos, as empresas ocidentais enfrentam a concorrência de empresas de baixo custo do mercado emergente. As companhias farmacêuticas ocidentais, por exemplo, são ameaçadas por fabricantes de medicamentos

genéricos do Brasil e da África do Sul, que produzem e vendem remédios mais baratos; as montadoras ocidentais são desafiadas por fabricantes de automóveis de baixo custo da Índia e da China, que produzem veículos elétricos e carros ultracompactos com preços acessíveis; e as empresas ocidentais de telefonia celular, como a Nokia e a Apple, são enfrentadas por fabricantes chineses de celulares de baixo custo, como a HTC e a Huawei.

• *Concorrência de startups ocidentais mais ágeis.* As startups ocidentais com ofertas de elevado valor para consumidores preocupados com custos estão surgindo em todos os setores, desde hotelaria até bens de consumo e moda. No processo, essas empresas estão tomando clientes dos concorrentes maiores. A Warby Parker, por exemplo, fundada por quatro alunos de MBA de Wharton, enquanto ainda frequentavam a faculdade, vem tentando quebrar o oligopólio impregnado pelo velho modelo de negócio de "mais por mais", que controla o setor global de óculos de grau. A startup fornece prescrições de óculos elegantes de alta qualidade por apenas US$95, uma fração do que cobram os fabricantes mais sofisticados.[26] Ela fornece mais valor aos consumidores, ao permitir que experimentem diferentes armações em casa, e contribui para uma causa maior ao doar um par de óculos para cada par vendido.

No Ocidente, os consumidores frugais e os concorrentes estão reescrevendo as regras de engajamento, tanto para os fabricantes quanto para os varejistas, pressionando-os a desenvolver bens e serviços com preços acessíveis e que não prejudiquem o meio ambiente. Em função disso, as empresas ocidentais estão sendo forçadas a repensar o atendimento às aspirações e necessidades de clientes preocupados com custos, mas não será fácil.

PARA A MAIORIA DAS EMPRESAS OCIDENTAIS, MAIOR AINDA SIGNIFICA MELHOR

Na nova Era da Escassez, as empresas ocidentais precisam aprender a produzir mais valor com menos recursos. Apesar dos benefícios de fazer mais com menos, elas enfrentam obstáculos significativos na adoção dessa abordagem.

Para começar, a alta administração de muitas empresas está apegada à estratégia anteriormente bem-sucedida de "mais por mais". Para diferenciar seus produtos da concorrência, as grandes companhias ocidentais estão acostumadas a gastar quantias enormes em P&D para desenvolver produtos caros, muitas vezes sofisticados demais, pelos quais cobram um elevado acréscimo dos clientes. No passado, a estratégia funcionou porque os clientes podiam pagar esses acréscimos, que, por sua vez, permitiam às empresas recuperar os grandes investimentos em P&D. No entanto, a abordagem "maior é melhor" não é mais sustentável, pois as empresas ocidentais enfrentam maiores restrições de recursos, e os consumidores ocidentais, preocupados com custos, mudam de produtos mais caros para aqueles com melhor relação custo-benefício.

Além de a alta administração ainda estar apegada à estratégia de "mais por mais", os gestores ocidentais mais seniores não têm incentivo para buscar oportunidades em segmentos de baixa renda. Eles consideram esses segmentos pequenos demais e/ou não lucrativos. Além disso, as margens que as empresas conseguem cobrar em segmentos preocupados com valor são normalmente baixas. Assim, embora possa ser grande a quantidade de possíveis clientes em segmentos de baixa renda, esses mercados precisam de investimento inicial e requerem tempo para se desenvolver e crescer. Portanto, os gestores seniores sob pressão dos acionistas para fornecer resultados trimestrais não estão motivados a fazer investimentos em longo prazo nos crescentes mercados mais preocupados com valor.

Com relação a P&D, os engenheiros ocidentais passaram a equiparar a complexidade ao progresso. Esses engenheiros vêm trabalhar toda manhã com o desejo de ultrapassar os limites da tecnologia. Para muitos deles, "fazer menos" pareceria um retrocesso ao invés de um avanço. Consequentemente, tendem a projetar produtos mais caros e sobrecarregados de recursos que os clientes não necessariamente desejam. Por exemplo, o modo mais eficaz de produzir carros mais baratos e com consumo mais eficiente de combustível é torná-los mais leves. Mas a busca da tecnologia e a necessidade de diferenciação dos carros resultaram em produtos cada vez mais pesados com o tempo. Especificamente, os projetistas usam mais engenharia eletrônica nos carros para fornecer cada vez mais recursos opcionais, o que aumenta o peso, o arraste e, portanto, a ineficiência no consumo de combustível que, por sua vez, os torna mais (e não menos) caros.

Argumentando contra essa tendência, John Maeda, presidente da Rhode Island School of Design, diz: "Não é necessariamente benéfico acrescentar mais recursos tecnológicos apenas por ser possível. Os engenheiros de P&D devem fazer da simplicidade frugal o dogma central de sua filosofia de projeto. Eles devem projetar para o 'mundo real', praticando o que chamo de 'graduação radical', ou seja, fazer mais com menos. Não seria agradável se, em vez

68 *A inovação do improviso*

de elogiar as equipes de P&D, dizendo: 'Uau! Vocês trabalharam tanto neste novo produto, com todos esses acessórios: é incrível!', os CEOs dissessem aos engenheiros de P&D: 'Uau! Vocês fizeram quase nada e ainda assim produziram um produto 'bastante bom', que dá conta do recado: Parabéns!'" (no Capítulo 5, discutimos a importância da simplicidade ao projetar novos produtos e serviços).[27]

Os engenheiros podem ser os que criam produtos mais caros, por conta de funcionalidades e características complexas que os clientes não desejam. No entanto, os gerentes de venda também têm um papel a desempenhar; com muita frequência, eles adoram vender produtos caros. Na verdade, eles normalmente não têm motivação para *vender* produtos com preços acessíveis por temer que afastem os consumidores das ofertas mais caras. Afinal, vender produtos mais baratos não os ajuda a ganhar maiores comissões. Além disso, um equívoco comum entre os gerentes de vendas é achar que o mercado para produtos de baixo custo é de nicho e, portanto, não merece a dedicação de tempo e esforço para ser desenvolvido. No entanto, eles não percebem que mesmo os clientes tradicionais estão agora se afastando de produtos mais sofisticados e buscando soluções a preços acessíveis, que forneçam mais valor a menor custo. Setenta e oito por cento dos consumidores on-line americanos afirmam estar dispostos a trocar a marca atual por uma própria do varejista, no caso de bens pessoais, principalmente porque o preço é menor.[28] Vinte e dois por cento dos clientes que compram em lojas populares de produtos a US$1 têm renda anual de US$70 mil ou mais. Quando até mesmo a classe média americana adere a lojas de produtos populares, a tendência é inegável (no Capítulo 6, vamos analisar o impacto do encolhimento da classe média sobre as empresas).

Entretanto, apesar das mudanças no comportamento do consumidor, os executivos de marketing em grandes companhias ainda equiparam o baixo custo à qualidade ruim e estão preocupados com o fato de que a promoção de ofertas de baixo custo possa prejudicar a marca de suas empresas. Mas os executivos de marketing precisam reconhecer que, nesta nova era de austeridade, com a rápida diminuição da classe média, a noção de "premium" vem sendo redefinida como "mais valor pelo dinheiro" mesmo nos segmentos médio e superior dos mercados.

Assim, as empresas ocidentais enfrentam um dilema: se deparam com um crescente número de consumidores frugais que pedem soluções a preços acessíveis, mas sua cultura empresarial e sistemas de incentivos não são concebidos para oferecer mais com menos. À medida que a escassez se aprofundar no Ocidente, os líderes empresariais ocidentais não terão escolha: precisarão aguentar firme e incutir em suas organizações uma mentalidade frugal. A abordagem jugaad poderia ser a maneira de realizar essa transformação.

COMO AS EMPRESAS OCIDENTAIS PODEM ENCONTRAR A FARTURA NA ESCASSEZ

Para competir e vencer no início da Era da Escassez, os CEOs ocidentais devem corajosamente renovar as abordagens de P&D, os modelos de negócio e os sistemas de incentivos para vendas e marketing de suas empresas, pois todos foram concebidos para o sucesso na Era da Fartura. Em vez de ceder à exigência de Wall Street por ganhos em curto prazo, os CEOs das empresas ocidentais devem reestruturar suas organizações para aumentar sua capacidade em longo prazo de continuamente projetar e fornecer soluções sustentáveis a preços acessíveis para consumidores frugais. Seguem algumas sugestões para a realização dessas mudanças sistêmicas.

Vincule a remuneração da alta administração ao desempenho frugal. Não basta os CEOs adotarem uma mentalidade frugal e lutarem para fazer mais com menos. Eles também precisam incentivar os gestores seniores a seguir o exemplo. Uma forma de fazê-lo é vincular a remuneração dos executivos às medições de desempenho com intenção de promover a frugalidade. Pegue o caso de Ramón Mendiola Sánchez, CEO da Florida Ice & Farm Co., grande produtor e distribuidor de alimentos e bebidas na Costa Rica, profundamente comprometido com a sustentabilidade. Em 2008, Mendiola definiu um balanced scorecard com KPIs (Key Performance Indicators – Indicadores-Chave de Desempenho) para monitorar a redução de consumo de recursos naturais da empresa (como a água, por exemplo), enquanto fornecia mais valor aos clientes e outros stakeholders. Ele vinculou esses KPIs à remuneração dos executivos para despertar seu interesse: 50% ou mais de sua remuneração está vinculada ao cumprimento desses KPIs. Mendiola lidera pelo exemplo: ele vinculou 65% do próprio salário ao balanced scorecard que combina KPIs financeiros, sociais e ambientais para calcular o "tripé da sustentabilidade" de pessoas, planeta e lucro.

A estratégia foi bem-sucedida: desde a implantação, os executivos seniores da Florida Ice & Farm vêm encontrando formas criativas de fazer mais com menos, motivando os funcionários a melhorar os processos de fabricação e distribuição e ajudar as comunidades locais a conservar melhor os recursos naturais. Sob a liderança de Mendiola, a Florida Ice & Farm reduziu a quantidade de água necessária para produzir um litro de bebida, de 12 para 4,9 litros; e pretende em breve chegar a 3,5 litros. A empresa também eliminou resíduos sólidos de todas as operações e está em vias de cumprir a meta de se tornar "neutra em água" em 2012 e "neutra em carbono" em 2017.[29] Enquanto isso, a empresa alcançou uma taxa composta de crescimento anual de 25% entre 2006 e 2010, que corresponde ao dobro da média do setor. Mendiola observa: "Ao usar incentivos, motivamos os funcionários em todos os níveis hierárquicos a ser criativos e inventar maneiras frugais e sustentáveis de fornecer significativamente mais valor aos stakeholders utilizando bem menos recursos naturais, e, ao mesmo tempo, economizando quantias substanciais para nossa empresa."[30]

A alta administração deve desafiar a P&D a fazer mais com menos. A recessão está forçando muitos CEOs ocidentais a cortar gastos em P&D na esperança de aumentar o desempenho em inovação a um custo menor. Porém, isso só acontecerá quando os engenheiros e cientistas receberem projetos desafiadores que lhes incentivem a fazer mais com menos. No fim dos anos 1990, por exemplo, Louis Schweitzer, ex-CEO da montadora francesa Renault, visitou a Rússia, onde descobriu que carros nacionais de baixo custo, como o Lada, que custa apenas €6 mil (US$7.800), estavam vendendo mais que os carros de €12 mil (US$15.600) de sua empresa. Logo após a visita, Schweitzer desafiou sua equipe de P&D a projetar um carro moderno, confiável e acessível, vendido por menos de €6 mil. Conforme lembra Schweitzer: "Vendo esses carros antiquados, achei inaceitável que o progresso técnico pudesse nos impedir de produzir um bom carro por €6 mil. Elaborei uma lista de especificações em três palavras – moderno, confiável e acessível – e acrescentei que tudo mais era negociável."[31] O resultado foi o Logan, carro sem supérfluos que custa €5 mil e que, desde o lançamento em 2004, se tornou a galinha dos ovos de ouro da Renault em todos os mercados europeus preocupados com a recessão, bem como em muitas economias em desenvolvimento. Curiosamente, o sucessor de Schweitzer, Carlos Ghosn, que cunhou o termo "engenharia frugal" em 2006, está pressionando a equipe de P&D da Renault na França a fazer *ainda mais com menos* para competir com eficácia com montadoras de baixo custo dos mercados emergentes, como a Tata Motors, que desenvolveu o Nano, de US$2 mil.[32]

Princípio 2

Os executivos de marketing devem criar outras marcas para as ofertas acessíveis. Para evitar a diluição da marca, as empresas ocidentais precisam criar marcas distintas para segmentos distintos. Considerando que já podem ter marcas bem estabelecidas para segmentos mais sofisticados, devem desenvolver *novas* marcas para os segmentos a preços acessíveis, o que reduzirá os problemas de diluição de marca e, ao mesmo tempo, assegurará maior cobertura do mercado. O Starwood Group, por exemplo, abriu duas cadeias de hotéis acessíveis, porém chiques (Aloft e Element) para atender aos consumidores preocupados com custo.[33] De forma semelhante, numa tentativa de atingir clientes tradicionais, a sofisticada designer de moda Vera Wang recentemente adotou uma abordagem de marca em três categorias: a categoria superior inclui seus caros e luxuosos vestidos de noiva, a intermediária é composta por sua linha de mesmo nome vendida a preços acessíveis e a inferior inclui marcas mais informais com preços que cabem no orçamento, como a Simply Vera, que estão vendendo como água em grandes cadeias de varejo para mercado de massa, como a Kohl's.[34] Finalmente, os donos de restaurantes de luxo e renomados chefs vêm agora adotando um recurso de baixo custo: a carrocinha, tradicionalmente utilizada por vendedores de cachorro-quente, para vender pratos um pouco mais elaborados a preços acessíveis. Na cidade de Nova York, há carrocinhas de comida que vendem sanduíches de lagosta, sorvete artesanal Van Leeuwen e até pratos sofisticados preparados por famosos chefs.

Crie sistemas de incentivos para os vendedores oferecerem produtos a preços acessíveis. As empresas ocidentais precisam entender que a inovação jugaad não é apenas *conceber* produtos a preços acessíveis, mas também *vender* com sucesso esses produtos no mercado. Mas a venda bem-sucedida não acontecerá se os vendedores forem incentivados a vender apenas itens mais caros. Na verdade, as empresas precisarão alinhar os sistemas de incentivos das equipes de vendas à estratégia empresarial de fazer mais com menos. As empresas podem abordar essa questão reorganizando as equipes de vendas pelas diversas linhas de marcas, com diferentes vendedores responsáveis pelos segmentos sofisticado e popular, o que também ajudará a reduzir qualquer resistência interna por medo da canibalização. Na verdade, a saudável competição interna entre as divisões pode motivar o pessoal de vendas e de marketing, responsável pelas diferentes marcas, a inovadores na maneira de atingir e manter os respectivos clientes. Considere o caso da Procter & Gamble, que durante décadas manteve uma estrutura homogênea de vendas, vendendo produtos de qualidade para consumidores tradicionais da classe média. Porém, com a queda do poder aquisitivo da classe média americana, a P&G reestruturou sua força de vendas, dividindo-a em dois grupos que, separadamente, passaram a visar segmentos de alta e de baixa renda.[35]

Projete novas soluções acessíveis. As equipes de P&D devem se afastar da procura de "produtos perfeitos" exageradamente complexos e se concentrar no desenvolvimento de soluções suficientemente boas. Por "suficientemente boas", não estamos querendo dizer versões enxutas dos produtos sofisticados existentes. Essas soluções poderiam levar os clientes a se sentirem enganados e insatisfeitos. Embora a abordagem da versão enxuta possa ajudar a reduzir custos em curto prazo, as empresas pagarão o preço mais tarde, quando os projetistas tiverem de corrigir os problemas causados pelas rápidas soluções. Na verdade, os engenheiros ocidentais precisam criar soluções acessíveis inteiramente novas, e os mercados emergentes podem ajudar: eles oferecem aos engenheiros ocidentais um excelente campo de teste para a prática dessa inovação frugal. De fato, algumas empresas ocidentais com visão de futuro em todos os setores de atividade estão cada vez mais utilizando as equipes de P&D em mercados emergentes, como a Índia e a China, para desenvolver soluções minimalistas inteiramente novas, que proporcionem maior valor aos clientes. Quando, por exemplo, os engenheiros de P&D da GE Healthcare, na Índia, desenvolveram alternativas de baixo custo para aparelhos de ECG sofisticados visando atender às necessidades locais com meios limitados, não tentaram simplificar o produto já existente da GE para atender aos níveis de preço locais. Em vez disso, reiniciaram o projeto e, com base em profunda observação dos clientes, desenvolveram o MAC i, aparelho de ECG portátil extremamente acessível, com funcionalidades básicas e bateria de longa duração, que custa cerca de US$500 (5% do custo de aparelhos ECG disponíveis no Ocidente).[36] De forma semelhante, o modelo 1100 da Nokia, telefone celular de preço extremamente baixo com interface simples e lanterna para ajudar os usuários a enxergarem o caminho no escuro, foi projetado a partir do zero para os mercados emergentes. O produto tem sido muito vendido na Índia e na África, onde milhões de pessoas que vivem fora do alcance da rede de energia elétrica consideram de valor inestimável um recurso simples como uma lanterna.

Envolva consumidores ecologicamente conscientes no diálogo de sustentabilidade. A explosão de ferramentas de mídia social, como o Facebook e o

Twitter, deu origem em todo o mundo a comunidades de consumidores bem informados e poderosos. Muitas vezes, os participantes dessas comunidades se reúnem em páginas de fãs de produtos ou sites criados por outros consumidores, bem longe do alcance da empresa que vende os produtos. Frequentemente, os participantes são jovens, frugais e conscientes em relação ao meio ambiente. Eles não estão apenas buscando uma boa oferta; estão procurando (e dispostos a defender) produtos que se encaixem em seu sistema de valores pessoais. Essas comunidades de consumidores podem ajudar a divulgar marcas que apoiam ou extinguir marcas que desaprovam. As empresas devem se envolver de forma proativa com tais comunidades em questões como sustentabilidade e escassez de recursos e usar esse envolvimento para identificar maneiras de fazer mais usando menos recursos naturais. Essa atitude não só ajudará as empresas a moldar as próprias estratégias como reforçar as marcas e ajudá-las a se diferenciar dos concorrentes. Pelo fato de a maioria das empresas demorar a entender como trabalhar com comunidades de usuários on-line, as bem-sucedidas nessa prática poderão se destacar da concorrência e conquistar lealdade de longo prazo à marca.

Construa parcerias de forma extensiva. A parceria com importantes representantes externos oferece uma maneira eficaz de as empresas obterem mais com limitados recursos financeiros aplicados em P&D. Com melhor relação custo-benefício, os parceiros podem colaborar com ideias melhores que as das próprias empresas, ajudá-las a desenvolver com mais eficácia as ideias existentes ou capacitá-las a comercializar essas ideias de forma mais ampla e com menor custo. Um excelente exemplo de uma empresa que tem usado parceiros para melhorar a eficiência de P&D é a P&G (Procter & Gamble). Em 2000, A.G. Lafley, na época CEO da P&G, observou que "para cada pesquisador da P&G, existem 200 cientistas ou engenheiros em outras partes do mundo igualmente bons – um total de 1,5 milhão de pessoas cujos talentos poderíamos usar".[37] Lafley queria aproveitar essa inteligência global para que a P&G pudesse inovar de forma mais ampla, profunda e rápida que antes, sem ter de investir mais em P&D interno. Para tanto, ele lançou um desafio à organização até então focada em P&D interno. Dentro de 10 anos, a P&G teria de se transformar, de uma empresa de pesquisa e desenvolvimento (P&D) em uma organização de conexão e desenvolvimento (C&D), com até 50% das ideias de novos produtos vindas de *fora* da companhia. Para atingir essa ambiciosa meta, Lafley abriu o velho modelo de P&D da P&G às contribuições criativas

74 *A inovação do improviso*

de uma ampla gama de interessados externos: clientes, fornecedores, universidades, capitalistas de risco e grupos de reflexão. Em uma situação, a P&G encontrou uma solução externa rápida e eficaz para o problema de imprimir curiosidades com tinta comestível nas batatas Pringles. Em vez de resolver o problema internamente (como teriam feito no passado, com altíssimo custo para a empresa), a P&G utilizou suas ligações com universidades em todo o mundo para identificar um professor em Bolonha, na Itália, que já tinha desenvolvido um meio para imprimir sobre pizza e pão. A P&G trabalhou então com esse professor para adaptar a solução e passar a imprimir sobre as batatas Pringles. A colaboração rendeu um produto P&G com sucesso comercial sem incorrer em enorme gasto com P&D interno.

Nossa pesquisa mostra que as estratégias referidas estão entre as mais comuns adotadas por empresas ocidentais que seguem a abordagem jugaad para a inovação. Somos cada vez mais convocados a compartilhar essas estratégias frugais com líderes ocidentais que buscam orientação sobre como adotar a abordagem "mais com menos" em suas organizações. De todos os convites que recebemos para dar consultoria sobre o princípio jugaad, um é especialmente memorável.

PEPSICO: UMA ABORDAGEM REFRESCANTE AO FAZER MAIS COM MENOS

Em janeiro de 2010, almoçamos com Indra Nooyi, presidente e CEO da PepsiCo Inc. e, segundo a revista *Fortune*, uma das mulheres mais poderosas do mundo.[38] Nooyi lera um artigo na *Bloomberg Businessweek* que apresentava nossa pesquisa sobre jugaad e estava ansiosa para discutir como a PepsiCo tinha incorporado a mentalidade eficiente e inovadora, marca registrada da jugaad, às suas operações.[39]

A inovação jugaad está definitivamente além da mente de Nooyi, por uma razão estratégica. Os produtos PepsiCo são feitos, fabricados ou vendidos em mais de 200 países e abrangem preferências e necessidades de consumidores que evoluem em base contínua. Considerando que o ambiente macroeconômico está em constante mudança, a PepsiCo precisa estar pronta para renovar e diversificar produtos que atendam às necessidades de um mercado dinâmico, especialmente à luz da crescente demanda dos consumidores por alimentos nutritivos e saudáveis.

Entendendo o potencial demonstrado pelo mercado mundial de alimentos embutidos (avaliado em US$500 bilhões e em crescimento), a PepsiCo, segunda maior empresa de alimentos e bebidas do mundo, vem expandindo seu portfólio de produtos para incluir alimentos e bebidas que ofereçam um valor nutritivo positivo.[40] Hoje a PepsiCo oferece alimentos e bebidas "bons para você" (*good-for-you*), com marcas como a Quaker e a Tropicana, complementando o portfólio de alimentos "divertidos para você" (*fun-for-you*) [com marcas como Pepsi e Lay's] e "melhores para você" (*better-for-you*) [incluindo marcas como Pepsi Max e Propel Zero com zero calorias]. Essa expansão para produtos que forneçam valor nutritivo está em linha com o princípio orientador da PepsiCo: Desempenho com Propósito (*Performance with Purpose*).

Para a PepsiCo, Desempenho com Propósito significa geração de crescimento sustentável pelo investimento em um futuro mais saudável para as pessoas e para o planeta. Especificamente, quatro plataformas compõem o Desempenho com Propósito: desempenho financeiro, sustentabilidade humana, sustentabilidade ambiental e sustentabilidade de talento.[41] É esse impulso para a sustentabilidade, tanto financeira quanto social, que estimula a inovação jugaad na PepsiCo.

Nooyi trouxe o talento certo para permitir a expansão da PepsiCo na área de nutrição. Para aprimorar o foco da PepsiCo em nutrição, Nooyi indicou o Dr. Mehmood Khan (médico cuja experiência inclui a direção da Unidade de Pesquisa Clínica em Diabete, Endocrinologia e Nutrição da Clínica Mayo), como consultor em endocrinologia e diretor da área de ciências da PepsiCo, e a presidência do GNG, seu Grupo de Nutrição Global.[42] A função transversal de Khan, única na indústria global de alimentos e bebidas, o capacita a traduzir a ciência da nutrição, sua especialidade, em produtos viáveis comercialmente. O objetivo de Khan como CEO do GNG é ampliar o portfólio de produtos "bons para você" da PepsiCo para US$30 bilhões em receitas líquidas em 2020, aumentando a quantidade de grãos integrais, frutas, legumes, nozes, sementes e laticínios com baixo teor de gordura. A equipe de Khan no GNG está pesquisando produtos de café da manhã prontos para comer (ou beber) que combinam frutas, laticínios e grãos como aveia.

Com o objetivo de identificar *práticas frugais de negócios*, a PepsiCo também criou, no fim de 2010, o Global Value Innovation Center na Índia. Tanmaya Vats, diretor do Centro, explica o trabalho: "Queremos descobrir práticas inovadoras de negócios que possam reduzir significativamente o custo das operações em nossa cadeia de suprimento, em fabricação e distribuição. Buscamos maneiras radicais de reduzir a *intensidade de capital* em nosso modelo de negócio, desenvolvendo, por exemplo, bens de capital eficazes em termos de custos e não agressivos ao meio ambiente, que forneçam significativamente mais valor e que, ao mesmo tempo, custem bem menos que as soluções atualmente disponíveis."[43] Em vez de reinventar a roda, a unidade de Vats forma parcerias com inovadores jugaad em todo o mundo (tais como instituições acadêmicas, pesquisadores, empreendedores e especialistas na área) que já inventaram ou ajudaram a inventar soluções jugaad para tornar os processos de fabricação e distribuição mais eficientes. Quando uma inovação jugaad promissora é identificada para a redução da intensidade de capital, a unidade de Vats trabalha com várias outras unidades de negócio da PepsiCo para ajudar a adotá-la e implantá-la globalmente.

Nooyi também usa a abordagem "de baixo para cima" para lidar com a escassez. Ela está capacitando funcionários em diferentes regiões a experimentar soluções inovadoras que abordem a escassez em suas cadeias de suprimento locais.

Um dos recursos críticos fundamentais para os negócios da PepsiCo é a água. Há uma clara necessidade de a PepsiCo alcançar a eficiência no uso da água, tanto para melhorar a fabricação dos produtos como para fornecer acesso à água potável aos habitantes de áreas com carência desse recurso. Na Índia, um ambiente de grave escassez de água levou os membros da equipe da PepsiCo India a investigar maneiras de reduzir seu uso em toda a cadeia de suprimento. Eles desenvolveram, por exemplo, uma técnica agronômica ecológica chamada "plantio direto" de arrozais. Na Índia, o arroz é tradicionalmente cultivado pela semeadura de um pequeno viveiro onde germina em mudas. As mudas são então transferidas manualmente para o campo principal e cultivadas com 10 a 12 centímetros de água na base da cultura durante as primeiras 6 a 8 semanas, principalmente para evitar o crescimento de ervas daninhas. O plantio direto, por outro lado, evita três operações básicas com uso intensivo de água: formação de barro (compactação do solo para reduzir o vazamento de água), transplante e crescimento em água parada (economizando cerca de 30% da exigência usual de água no cultivo de arroz ou 2.250 quilolitros de água por hectare). Além disso, o plantio direto reduz em 70% a emissão de gases do efeito estufa.[44] Em essência, o plantio direto ajuda os agricultores a aumentar a produção ao mesmo tempo que reduz o uso de água e economiza tempo. Na experiência com o plantio direto, a equipe da PepsiCo India se baseou fortemente na jugaad. Assim, em vez de projetar sua máquina de plantio direto a

Princípio 2

partir do zero, reaproveitaram um semeador de amendoim importado movido por um trator normal e fizeram o protótipo da máquina reaproveitada em um pequeno fabricante local.

Impressionada com o sucesso do experimento do plantio direto, a gestão da PepsiCo testou essa inovação básica em escala maior em alguns estados indianos durante um período de três anos. O teste foi um enorme sucesso; os agricultores deliraram com os resultados, que geraram economias de custo de mais de 3.750 rúpias (US$82) por hectare, elevando assim a receita líquida/ retorno por hectare. Considerando apenas o ano de 2010, a PepsiCo India economizou, por meio do plantio direto, mais de 7 bilhões de litros de água, o que a ajudou a se tornar *positiva em água* na Índia (o que significa que a empresa estava economizando mais água por iniciativas frugais, como o plantio direto, que consumindo nos demais negócios).[45]

Nooyi também está promovendo uma competição saudável entre as unidades regionais de negócios para incentivá-las a adotar o princípio "faça mais com menos".[46] Por exemplo, as fábricas de bebidas da PepsiCo na Índia extraem cerca de 40% de seu consumo de energia de fontes renováveis, como a biomassas e as turbinas eólicas. O exemplo jugaad estabelecido pela equipe da PepsiCo India está servindo de inspiração (e sendo replicado) para outras regiões, incluindo os Estados Unidos, onde a fábrica da PepsiCo Frito-Lay's em Casa Grande, no Arizona, alcançou o status de "consumo quase zero", funcionando principalmente com fontes renováveis de energia e água reciclada, enquanto a produção de resíduos em aterros foi quase nula.[47]

No fim, a busca do uso eficiente e responsável dos recursos pela PepsiCo é o que permite a empresa cumprir a promessa de Desempenho com Propósito, utilizando princípios jugaad. Conforme nos disse Nooyi: "Precisamos trazer a mentalidade frugal para os Estados Unidos, em vias de enfrentar todo tipo de escassez nas próximas décadas. A PepsiCo e outras empresas americanas precisam do pensamento jugaad para chegar a soluções econômicas e saudáveis que ofereçam mais valor aos clientes de forma responsável."

Ao transformar a escassez em oportunidade para gerar inovações revolucionárias (um atributo fundamental do pensamento jugaad), Nooyi está posicionando a PepsiCo para um sucesso sustentável em uma economia global caracterizada por consumidores ecologicamente conscientes, frugais e preocupados com a saúde. De fato, se o experimento "faça mais com menos" de Nooyi for bem-sucedido, o eficiente modelo de negócios da PepsiCo revolucionará o setor mundial de alimentos e bebidas por muitos anos.

CONCLUSÃO

Conforme vimos, pelo fato de os mercados emergentes enfrentarem a escassez em grande escala e em todas as áreas, os inovadores jugaad que atuam nesses mercados são mestres da frugalidade e da arte de fazer mais com menos. No entanto, as empresas ocidentais também enfrentam a escassez, na medida em que elas se deparam com a diminuição dos recursos naturais e com consumidores exigentes. Para sobreviver nesta Era de Austeridade e Escassez que vem surgindo, os líderes ocidentais precisam aprender com inovadores jugaad, como Gustavo Grobocopatel, da Los Grobo (Argentina), e Sunil Mittal, da Bharti Airtel (Índia), a obter mais com menos, aplicando a frugalidade em todos os elos da cadeia de valor. Os líderes ocidentais também podem aprender com Jane Chen (Embrace) e Ravi Pandit (KPIT Cummins) a ajudar os clientes a obter mais valor por menos custo, oferecendo-lhes produtos e serviços de qualidade a preços muito acessíveis.

A prática da frugalidade, porém, requer uma mudança fundamental na forma como as empresas ocidentais pensam e operam. Os líderes ocidentais precisam evitar a abordagem tradicional de P&D de "maior é melhor" e fazer uma reforma radical na estrutura de P&D e sistemas de incentivos para criar e manter uma *cultura* frugal em suas organizações que adote o "faça mais com menos" como valor central, assim como Indra Nooyi está realizando na PepsiCo.

No entanto, os inovadores jugaad não se concentram apenas na frugalidade e na resposta à adversidade. Para fazer mais com menos e transformar a adversidade em oportunidade, eles também recorrem a outro princípio fundamental da abordagem jugaad: ser flexível.

CAPÍTULO 4

Princípio 3
Seja flexível

*Não se pode alterar uma situação com a
mesma mentalidade que a criou.*
ALBERT EINSTEIN

Com estimados 62 milhões de diabéticos, estatística que deve aumentar para 100 milhões até 2030, a Índia tem agora o segundo maior número de diabéticos no mundo, após a China.[1] A doença está sendo diagnosticada com frequência, principalmente nos vilarejos indianos, onde vive 70% da população daquele país. Uma pessoa que tem reagido com sucesso a essa alarmante tendência é o Dr. V. Mohan, especialista de renome mundial em diabete e presidente do Diabetes Specialities Centre Dr. Mohan, com sede em Chennai, capital do estado de Tamil Nadu, no sul da Índia.

O Dr. Mohan dirige uma clínica de telemedicina móvel em alguns dos vilarejos mais remotos de Tamil Nadu. Os cuidados para pacientes da área rural são fornecidos por uma rede de médicos, na maioria urbanos, apoiados por técnicos rurais e agentes comunitários de saúde. Esses técnicos viajam em uma van equipada com tecnologias de telemedicina que permitem a transmissão de testes de diagnóstico via satélite mesmo em áreas muito remotas, onde a internet não chega. De seus escritórios em Chennai, o Dr. Mohan e outros médicos podem ver e se comunicar remotamente em tempo real com pacientes por meio de monitores de vídeo, enquanto testes conduzidos na van, como exames de retina, são transmitidos em segundos para avaliação imediata.

"Por que os pacientes devem vir ao médico quando poderia ser o contrário?", pergunta o Dr. Mohan. "Eu me perguntei: e se eu pudesse desenvolver

80   *A inovação do improviso*

um serviço que permitisse aos médicos fazer consultas *a distância* com os pacientes, sem que nenhum dos grupos precisasse viajar?"[2]

Transformar sua visão em realidade exigiu que o Dr. Mohan improvisasse novas soluções para os vários obstáculos que enfrentou ao longo do caminho. Por exemplo, decidiu *não* utilizar médicos e enfermeiras formados para conduzir a maioria das atividades na clínica móvel. Os médicos e técnicos da cidade são caros; utilizá-los na van teria aumentado muito o custo de seu frugal modelo de negócio. Mesmo se conseguisse trazer da cidade profissionais de saúde, mantê-los empregados seria difícil. Assim, o Dr. Mohan selecionou jovens de pequenas cidades, com grau de instrução até apenas o ensino médio (ou menos), e lhes deu um treinamento altamente direcionado para que pudessem realizar funções específicas, como usar o equipamento da van. Enquanto isso, o Dr. Mohan também treinou pessoas locais nos vilarejos para fornecer cuidados simples de acompanhamento aos pacientes com diabete. Eles podiam, por exemplo, ir de casa em casa perguntando se um paciente está reduzindo a ingestão diária de açúcar ou se tem visitado a van para exames de rotina. Como o Dr. Mohan não poderia remunerar esses jovens, ele os convenceu a ser voluntários, apelando para seu sentimento de boa vontade para com a comunidade e seu orgulho em poder ajudar. O médico lhes dava uniformes brancos como reconhecimento formal, com o título "Embaixador do Diabete do Dr. Mohan" bordado. Todas essas ações reforçavam seu status nas comunidades e aumentava a empregabilidade. Finalmente, ao contrário de outras organizações de saúde com acesso a tecnologias caras de telecomunicações, de fornecedores como a Nokia e a Cisco, o Dr. Mohan precisou improvisar uma maneira de equipar a van com recursos baratos de comunicação. Para isso, fez uma parceria com a ISRO (Indian Space Research Organization, equivalente à NASA na Índia) que produziu e lançou dezenas de satélites para aplicações socialmente relevantes – para obter comunicação grátis via satélite para seu engenhoso serviço de telemedicina em áreas remotas, onde nem os serviços móveis nem o sem fio estavam disponíveis.

Inovadores jugaad como o Dr. Mohan empregam constantemente pensamento e ação flexíveis em reação a problemas aparentemente intransponíveis em suas economias: constantemente, experimentam e improvisam soluções para os obstáculos e adaptam as estratégias às novas contingências que possam surgir. Neste capítulo, investigaremos as mentes dos inovadores jugaad para entender por que e como eles pensam e agem com flexibilidade. Em seguida, examinaremos o que limita a flexibilidade das empresas ocidentais, apesar da

Princípio 3

crescente pressão nesse sentido, e o que elas têm a ganhar superando essas restrições. Terminamos o capítulo com uma discussão sobre como as empresas ocidentais podem adotar a flexibilidade nas próprias iniciativas de inovação.

OS INOVADORES JUGAAD SE ADAPTAM PARA SOBREVIVER

Qualquer pessoa que tenha tentado transpor o tráfego de rua na Índia, ou em qualquer outro mercado emergente, sabe instintivamente a importância da flexibilidade. A absoluta imprevisibilidade e diversidade da vida na estrada demanda flexibilidade. Os veículos vêm em todas as formas e tamanhos e circulam em diferentes velocidades. Animais e pedestres disputam espaço com ônibus, caminhões, carros, motos e bicicletas. O terreno pode ser de várias qualidades e topografias: as estradas, por exemplo, podem ser esburacadas ou estar em obras. Os veículos podem entrar e sair das pistas (se existirem), e tudo isso com a generosa ajuda de buzinas (embora não necessariamente com qualquer outro tipo de sinalização). Paradoxalmente, uma abordagem linear e ordenada para a condução do veículo neste tipo de ambiente pode levar a um acidente. Ironicamente, a única maneira de sobreviver é aceitar a imprevisibilidade de todos os demais na estrada e reagir de forma adaptável, tanto no pensamento quanto nas ações.

Assim como nas estradas, o mesmo acontece no ambiente econômico em mercados emergentes. A absoluta diversidade, volatilidade e imprevisibilidade da vida econômica em mercados emergentes exigem flexibilidade da parte dos inovadores jugaad fazendo-os pensar de forma inovadora, experimentar e improvisar: ou eles se adaptam ou morrem. De muitas maneiras, a diversidade, volatilidade e imprevisibilidade também *capacitam* o pensamento e ação flexíveis dos inovadores jugaad.

Por meio de nossas interações com inovadores jugaad, identificamos quatro maneiras fundamentais para serem flexíveis em resposta ao ambiente que enfrentam. Vamos explorar cada uma em detalhes.

Inovadores jugaad pensam o impensável. Há uma diversidade incompreensível nas economias emergentes. A heterogeneidade das populações nesses mercados demanda um pensamento não linear e não convencional. As abordagens tradicionais e as soluções padronizadas para desafios complexos provavelmente não funcionam. Portanto, os inovadores jugaad se atrevem a desafiar muitas crenças arraigadas e a virar de cabeça para baixo a sabedoria convencional. O Dr. Mohan, por exemplo, questionou a convenção da área médica. Por que os pacientes deveriam ir ao médico, quando poderia ser o contrário? Esta pergunta radical levou-o a pensar em uma solução original que permite aos médicos consultar os pacientes a distância sem que *nenhuma* das partes precise viajar.

Harish Hande é outro empreendedor jugaad que ousou pensar o impensável e teve sucesso. Hande, que em 1995 fundou a SELCO (Solar Electric Light Company), na Índia, se propôs a fornecer energia solar para a população rural pobre da Índia com a intenção de desmistificar três crenças populares: (1) as pessoas pobres não podem arcar com tecnologias sustentáveis, (2) não conseguem manter tecnologias sustentáveis, e (3) empreendimentos sociais não podem funcionar como entidades comerciais.[3] Ao instalar sua solução de energia solar em mais de 125 mil imóveis rurais na Índia, Hande conseguiu acabar com os três mitos, demonstrando pensamento flexível em três áreas específicas: (1) financiamento do negócio, (2) preço dos serviços, e (3) distribuição e manutenção da solução.

Consideremos o financiamento: Hande começou sua empresa em 1995 com pouquíssimo capital semente, pois bancos conservadores e cautelosos capitalistas de risco consideraram muito arriscado o modelo de negócio não comprovado em um setor de atividade (energia solar) tampouco comprovado. Sem perder o ânimo, Hande fundou a SELCO com o próprio dinheiro (US$30, para ser exato). Com isso, adquiriu o primeiro sistema de iluminação residencial com energia solar e depois o vendeu. Com as receitas, comprou sistemas adicionais, que também vendeu, e assim por diante.

Hande, porém, logo chegou a um impasse. Quando se aprofundou na Índia rural, descobriu que os clientes em potencial, muitos dos quais ganhavam de US$1 a US$2 por dia, não poderiam arcar com os custos iniciais de compra e instalação dos sistemas de iluminação solar. Mesmo se, de alguma maneira, fossem instalados, não havia forma econômica de a empresa fazer a manutenção para consumidores rurais espalhados por vários vilarejos. Para superar esses dois problemas, Hande aplicou o pensamento flexível para improvisar uma solução verdadeiramente criativa que envolvia uma rede de empreendedores de pequeno porte nas comunidades rurais. Esses empreendedores locais iriam possuir e manter os painéis solares, assim como poderiam recarregar as baterias em suas lojas. Os empreendedores alugariam então as baterias aos consumidores finais, que pagariam o que usassem, e recolheriam os pagamentos todos os dias. Esse engenhoso modelo de negócio tornou a solução SELCO disponível e acessível a muitos clientes rurais que não poderiam fazer qualquer investimento inicial. Entre os clientes incluíam-se pequenos proprietários de lojas familiares, pequenos agricultores e mulheres que trabalham em casa. A abordagem SELCO criou também um incentivo para empreendedores locais distribuírem e manterem o equipamento ao longo do tempo. Com essa abordagem, a SELCO conseguiu aumentar a distribuição do sistema de iluminação solar para mais de 125 mil domicílios em poucos anos. Agora, a empresa tem como meta atender a 200 mil famílias até 2013.[4] Por pensar o impensável, ou seja, que pessoas pobres podem de fato pagar e manter soluções de energia renovável, Hande foi agraciado em 2007 com o Prêmio Empreendedor Social, do Fórum Econômico Mundial, e, em 2011, com o Prêmio Ramon Magsaysay, considerado por muitos o Prêmio Nobel da Ásia.

Inovadores jugaad não planejam, improvisam. Os mercados emergentes são caracterizados pela alta volatilidade. A situação econômica muda constantemente. As taxas de crescimento são em geral de dois dígitos, e a paisagem competitiva está frequentemente mudando. Novas leis e regulamentos são sempre postos em prática, e a política está em evolução contínua. Assim, os inovadores jugaad precisam experimentar à medida que avançam e se dispor a testar várias opções, em vez de adotar uma abordagem no início e se prender a ela ao longo de todo o processo. Ao contrário dos colegas no Vale do Silício, os inovadores jugaad não tentam resolver tudo antecipadamente ou contar com um plano de negócios para determinar o roteiro de médio e longo prazos para os novos empreendimentos. Na verdade, eles improvisam, estruturados por profundo conhecimento e paixão, a linha de ação seguinte à medida que as circunstâncias mudam. Sua abordagem é, de fato, mais parecida com uma banda de jazz que com uma orquestra. As estratégias são orgânicas e emergentes, não determinadas previamente. O pensamento flexível dos inovadores jugaad, que engloba a habilidade em improvisar, é muito bem-vindo, especialmente quando se deparam com a adversidade.

Dada sua propensão para a improvisação, os inovadores jugaad não contam com ferramentas de previsão, como planejamento de cenários, como fazem muitas empresas ocidentais, para avaliar riscos futuros. Eles acreditam na Lei de Murphy: tudo que puder dar errado vai dar errado; então, qual o motivo para antecipar cada obstáculo que possa surgir? Os inovadores jugaad não têm um Plano B, muito menos um Plano C. Ao contrário, quando diante de um

84 *A inovação do improviso*

obstáculo inesperado, confiam em sua capacidade inata de improvisar uma solução eficaz para superá-lo, dadas as circunstâncias do momento.

Um bom exemplo é o da Tata Motors, fabricante do carro Nano de US$2 mil. O Nano foi idealizado por Ratan Tata, presidente do Tata Group (empresa controladora da Tata Motors), que o concebeu como alternativa acessível, confortável e segura para os perigosos veículos de duas rodas, que muitas vezes carregam famílias inteiras nas estradas indianas. Em 2006, a Tata Motors anunciou que o Nano seria fabricado em Singur, West Bengal, estado no leste da Índia. A fábrica deveria ser construída em terras compradas de agricultores pelo governo do estado, numa aposta para impulsionar a indústria local. A Tata Motors pretendia lançar os primeiros Nanos da fábrica de Singur no fim de outubro de 2008.

Em 2007, porém, os agricultores locais começaram a protestar contra a aquisição de terras para a fábrica. A disputa rapidamente se transformou numa questão política, e pegou a Tata Motors desprevenida. Quando os protestos se intensificaram, em 2008, Ravi Kant, na época diretor administrativo da empresa e, mais tarde, vice-presidente não executivo, tomou uma decisão ousada: pôs de lado os planos anteriores de fabricação de sua empresa e rapidamente mudou a produção do Nano para Sanand, no estado de Gujaparat, local mais amigável aos investidores, do outro lado do país. Ele não contratou um consultor de administração para assessorá-lo na mudança; confiou em seu instinto de que era a decisão certa, dadas as circunstâncias.[5] Em apenas 14 meses (comparado com os esperados 28 meses para a fábrica de Singur), a nova fábrica estava pronta e iniciava a produção do Nano em junho de 2010.[6]

Um ano depois, Ravi Kant e equipe tiveram de, mais uma vez, demonstrar sua capacidade de se adaptar rapidamente às circunstâncias: os Nanos não estavam vendendo tão bem como esperado. As vendas mensais haviam caído bem abaixo da otimista previsão de 20 mil unidades. Em vez de se decepcionar com o desempenho medíocre do Nano, a liderança da Tata Motors utilizou o feedback inicial do mercado para improvisar um plano com a intenção de alavancar as vendas. Ratan Tata concebeu originalmente um modelo de cadeia de suprimentos descentralizada, segundo o qual a Tata Motors remeteria embalagens planas a empreendedores locais por todo o país, que então fariam a montagem final dos Nanos próximo aos clientes, criando assim empregos remunerados nas comunidades locais. Com vendas fracas, porém, a ideia original teve de ser revista: os executivos da Tata Motors rapidamente reformularam a rede logística do Nano para torná-la mais simples e direta, que envolvia a fabricação e montagem em um único local, Gujarat, e a distribuição por uma rede tradicional de concessionários por todo o país. No entanto, a Tata Motors novamente se deparou com um problema: os clientes rurais, como os agricultores, não compareciam aos showrooms da Tata Motors nas pequenas cidades, pois, entre outras razões, se sentiam intimidados pelos concessionários de terno e gravata.

O contratempo levou a gestão da Tata Motors a redesenhar os showrooms na área rural para torná-los mais informais; por exemplo, colocando funcionários com roupas mais casuais para vender o Nano a agricultores sentados à mesa tomando uma xícara de *chai*. A Tata Motors também lançou uma campanha televisiva nacional e passou a oferecer financiamento aos compradores com taxas de juros altamente atrativas para chamar a atenção dos consumidores frugais indianos. Por constantemente adaptar e aperfeiçoar seu modelo de negócio, implantando as mudanças em algumas semanas, a Tata Motors reanimou as vendas do Nano que, embora ainda inferiores ao esperado, vêm gradualmente aumentando.[7] Com efeito, é muito provável que o sucesso futuro do carro dependa mais da rápida adaptação e do pensamento flexível por parte dos gestores da empresa.

Inovadores jugaad fazem várias experiências para atingir um objetivo. A imprevisibilidade é a norma em mercados emergentes. Por causa da diversidade e das mudanças rápidas, é difícil prever como os consumidores reagirão a novos produtos e serviços, e como será o desempenho das novas estratégias de negócios em, por exemplo, mercados rurais. Os inovadores jugaad podem ter uma visão singular sobre aonde querem chegar, mas devem estar dispostos a tentar diferentes caminhos. Especificamente, devem se dispor a continuar experimentando para atingir os objetivos e ser bastante flexíveis para rapidamente mudar de estratégia ao longo do processo.

O Dr. Mohan, por exemplo, experimentou várias maneiras de envolver as comunidades rurais de forma frugal, porém eficaz, tanto como consumidores (pacientes) quanto como funcionários. Quando inicialmente enviou os profissionais caros de seu hospital à cidade para trabalhar em vilarejos distantes, constatou que, embora altamente competentes, eles logo deixariam o emprego, para retornar à vida na cidade. Diante disso, o médico desenvolveu um curso de treinamento em seu hospital na cidade para transmitir aos jovens dos vilarejos as habilidades básicas de que necessitariam como agentes de saúde. Após cerca de três meses, os agentes recém-treinados retornariam às suas casas nas áreas rurais, onde estariam mais propensos a permanecer. Essa abordagem, por sua vez, ajudou a reduzir os custos e a rotatividade de pessoal no modelo do Dr. Mohan, que teve experiência semelhante com as tentativas de trabalhar com parceiros não tradicionais para desenvolver uma plataforma de telemedicina de baixo custo. Embora inicialmente tivesse pensado em formar parcerias com fornecedores de tecnologia mais tradicionais e caros, o Dr. Mohan acabou se associando ao ISRO, que equipou sua van de telemedicina móvel com um link grátis via satélite até sua clínica na cidade de Chennai.

Inovadores jugaad agem com velocidade e agilidade. Em mercados emergentes, novas ameaças e oportunidades podem surgir inesperadamente, o que força os inovadores jugaad a não apenas pensar, mas *agir* com flexibilidade. Ao demonstrar agilidade, conseguem lidar de forma mais acelerada com os desafios imprevistos e tirar proveito, com mais rapidez que seus concorrentes, de oportunidades inesperadas, como mudanças nas necessidades dos clientes. Zhang Ruimin é um desses inovadores jugaad que pensa *e* age rapidamente.

Zhang, apresentado no Capítulo 1, é CEO da Haier, empresa chinesa de bens de consumo que está deixando nervosos fabricantes de eletrodomésticos como a GE e a Whirlpool. Sob a liderança de Zhang, a Haier tem feito, em uma década, incursões abrangentes nos mercados da América do Norte e da Europa, vendendo aparelhos de qualidade a preços menores que fornecedores ocidentais como a Whirlpool e a GE. Munido com a estratégia de "mais valor pelo dinheiro", a Haier está afetando o mercado de bens de consumo não apenas em segmentos tradicionais, como os de ar-condicionado e máquinas de lavar, como em segmentos de nicho, como os de refrigeradores de vinho. A Haier lançou, por exemplo, um refrigerador de vinho de US$704 que custa menos da metade do produto da líder do setor, La Sommelière. Em dois anos a contar do lançamento, a Haier cresceu estonteantes 10.000% no mercado e agora controla 60% do mercado americano em receita de venda.[8]

O que torna a Haier tão inovadora não são apenas os produtos bem projetados, mas a estrutura organizacional flexível. Zhang acredita que, na era da internet, fabricantes de aparelhos como a Haier precisam mudar da produção em massa para a personalização em massa e passar a pensar e agir com rapidez, como fazem o Facebook e a Google. Conforme explica Zhang: "O foco na promoção da vantagem em termos de custo ou preço mudou para foco em serviços diferenciados, principalmente centrado na experiência do cliente com a empresa."[9]

Para perceber e reagir às necessidades dos clientes de varejo mais rápido que os concorrentes, Zhang surgiu com uma inovação jugaad: essencialmente redesenhou a organização Haier, que hoje emprega mais de 50 mil pessoas em todo o mundo. Especificamente, ele substituiu a pirâmide organizacional da Haier por uma rede flexível de mais de 4 mil unidades que se autogerenciam, compostas por diversas funções, incluindo P&D, cadeia de suprimento, vendas e marketing, e que interagem diretamente com os clientes e autonomamente tomam decisões. Cada unidade funciona como um centro de lucro independente e é avaliada como tal. Zhang se refere a essa inovação organizacional, que habilita unidades autônomas de trabalhadores da linha de frente a captar e responder à demanda do consumidor, como "tornar pequena uma empresa grande", isto é, permitir que uma grande empresa como a Haier mantenha a flexibilidade característica de uma pequena startup.[10] Para fazer funcionar essa estrutura organizacional de baixo para cima centrada no cliente, Zhang alterou o papel dos gestores, de comandantes e supervisores a apoiadores e provedores que assegurem que as unidades independentes tenham os recursos de que necessitam para atender à demanda do cliente o mais rapidamente possível. Segundo ele, os gestores não devem estar no comando, pois não estão diretamente em contato com os clientes.[11]

A agilidade organizacional da Haier lhe permite reagir rápida e prontamente às novas ou inesperadas necessidades dos clientes e inovar mais rápido, barato e melhor que os concorrentes. Na China, por exemplo, qualquer ligação telefônica para o centro nacional de atendimento ao cliente da Haier é respondida antes de três toques, e um técnico é enviado à casa do cliente no prazo de três horas, mesmo aos domingos. Há alguns anos, um desses telefonemas veio de um agricultor de um vilarejo distante na província de Sichuan, que reclamava do tubo de drenagem constantemente entupido de sua máquina de lavar roupa. O técnico da Haier que foi investigar descobriu que o agricultor estava usando a máquina para lavar a lama das batatas que acabara de colher, o motivo do entupimento. "A maioria das empresas reagiria dizendo 'Esta máquina não foi projetada para este fim'", explica Philip Carmichael, presidente da Haier Asia-Pacific, "mas a abordagem da Haier foi: 'Este sujeito não deve ser o único que tentou fazer isso. Existe alguma forma de adaptar o produto para essa finalidade? Talvez possamos produzir uma máquina que realmente lave batatas e roupas'".[12]

O pensamento flexível da Haier foi absolutamente correto: milhões de agricultores por toda a China rotineiramente utilizam máquinas de lavar roupas para limpar vegetais. Percebendo uma grande oportunidade de mercado, a equipe multifuncional da Haier rapidamente agiu com base em sua intuição e desenvolveu uma máquina de lavar com tubos de maior diâmetro, que também funcionavam para legumes. O produto foi um grande sucesso entre os agricultores. Mas as equipes criativas da Haier não pararam por aí: inventaram uma máquina de lavar que podia *descascar* batatas e conceberam um modelo para pastores do interior da Mongólia e do planalto tibetano para ajudar a fazer manteiga batendo o leite de iaque! Essas invenções acabaram inspirando a Haier a lançar, em 2009, uma máquina capaz de lavar roupas *sem* detergente. Essa inovação revolucionária ajudou a lançar a Haier ao primeiro lugar no mercado de equipamentos de lavanderia, não apenas na China como em todo o mundo.[13]

Os inovadores jugaad, assim como os funcionários da Haier, são altamente adaptáveis; conseguem pensar por conta própria e agir com grande rapidez. Ser ágeis na ação e no raciocínio os ajuda muito no contexto de mercados emergentes, caracterizados por imprevisibilidade extrema. Os líderes ocidentais, confrontados com crescente volatilidade e incerteza em seu próprio ambiente de negócios, também devem aprender a ser flexíveis; porém, conforme discutiremos a seguir, é mais fácil de falar que fazer.

O QUE TORNA AS EMPRESAS OCIDENTAIS TÃO RÍGIDAS?

Ser flexível e elaborar novos modelos de negócios, como fizeram Dr. Mohan, Harish Hande, Ratan Tata e Zhang Ruimin, é cada vez mais fundamental para empresas ocidentais, não só para entrar e crescer nos mercados emergentes mas nos ocidentais. Entretanto, muitas empresas ocidentais continuam a operar da mesma forma, prestando pouca atenção na reviravolta iminente nos ambientes de seus países de origem. Acreditamos que a incapacidade de as empresas ocidentais serem flexíveis em reação às mudanças tem cinco causas principais: complacência, lógica binária, aversão ao risco, funcionários não engajados e processos rígidos e demorados para desenvolvimento de produtos. Vejamos cada um em detalhe.

Complacência. Conforme discutimos no Capítulo 2, segundo Carol Dweck, professora de Psicologia na Stanford University, os indivíduos normalmente têm uma das seguintes mentalidades possíveis:[14]

Princípio 3

- Mentalidade fixa – isto é, acreditam que suas qualidades e as dos outros estão talhadas em pedra.
- Mentalidade de crescimento – isto é, acreditam que suas qualidades básicas podem ser cultivadas e aprimoradas com esforço.[15]

Toda empresa também possui uma dessas mentalidades, e muitas companhias ocidentais tendem ao tipo fixo. A mentalidade rígida geralmente vem de processos estruturados de inovação e, ironicamente, de sucessos passados, que podem gerar a complacência e semear o fracasso. Especificamente, a complacência que vem dos sucessos passados cega as empresas para o fato de que cada desafio é único e requer uma abordagem diferente para o sucesso. Consequentemente, diante de novos desafios, as empresas tendem a reaplicar soluções "testadas e aprovadas", em vez de desenvolver soluções inteiramente novas. Conforme explica Prasad Kaipa, coach de CEOs e especialista em liderança: "A mesma competência essencial que tornou as empresas ocidentais tão bem-sucedidas nos primeiros anos acaba também se tornando seu calcanhar de aquiles, ou sua 'incompetência essencial', que as acaba derrubando."[16]

Shashank Samant, presidente da GlobalLogic, empresa que fornece serviços de P&D a grandes fornecedores de tecnologia, observa:

Muitas grandes empresas de tecnologia se tornaram vítimas do próprio sucesso: primeiro ascenderam ao sucesso galgando a onda de um importante ciclo de tecnologia, que normalmente dura de 7 a 8 anos, mas não sabem como pegar a próxima onda. Não entendem que a inovação do ciclo anterior não é relevante no novo que surge; relutam em reinventar as soluções da próxima geração, assim como não estão dispostas a desaprender as melhores práticas da geração passada. A má notícia é que os ciclos de tecnologia estão cada vez mais curtos, forçando os participantes do mercado a desaprender e a reaprender ainda mais rápido.[17]

A GlobalLogic recentemente fechou uma parceria com uma empresa de tecnologia americana para reformular um produto de 15 anos, inventado antes da Era da Internet. Esse produto tecnicamente superior fez muito sucesso nos primeiros anos, mas, no fim, perdeu vantagem quando os usuários mais jovens, que preferem a interface mais limpa do Facebook e do Google, estranharam essa interface com o usuário. A empresa contratou a GlobalLogic para fazer uma "reforma" no produto para que se tornasse atraente às novas gerações.

A equipe de desenvolvedores da GlobalLogic (constituída por programadores de software de 20 a 30 anos, vindos da Índia e da Ucrânia) projetou uma interface amigável com o usuário, como a do Facebook. Sua demonstração empolgou a alta administração da empresa de tecnologia americana. Entretanto, um gestor da média gerência ansiosamente levantou a mão e disse: "Esta nova interface com o usuário parece ótima. Mas não está de acordo com nosso padrão de 15 anos de desenvolvimento de software aqui nos Estados Unidos." Ele não percebeu que o propósito da parceria com a empresa terceirizada de TI *era exatamente se livrar do velho e estranho padrão* e implantar um novo, mais condizente com o século XXI. No fim, a empresa de tecnologia manteve a antiga interface com o usuário, perdendo a oportunidade de reinventar o produto para ser adotado pelos usuários das gerações Y e Z. A complacência às vezes leva à incapacidade de se livrar dos antigos padrões arraigados de pensamento e comportamentos, o que muitas vezes faz soar o dobre de finados para indivíduos e organizações, especialmente quando confrontados com a complexidade.

Lógica binária. As empresas ocidentais e seus líderes costumam operar em um mundo "branco e preto", que confere às situações a sensação de previsibilidade. Os concorrentes são "maus", os parceiros são "bons". As regulamentações são normalmente "más para os negócios" enquanto as políticas protecionistas são "boas". Além disso, embora algumas empresas possam gostar de "fazer o bem" como parte das iniciativas de RSE (Responsabilidade Social Empresarial), elas se preocupam primordialmente em se sair bem nos principais negócios com fins lucrativos. Esse pensamento binário (ancorado em pressupostos profundamente arraigados) impede as empresas de reconciliar polaridades, em um processo que poderia, ironicamente, produzir inovações revolucionárias. Doreen Lorenzo, presidente da frog, empresa global de consultoria em design e inovação, destaca: "Estamos entrando em um 'mundo cinzento', no qual as situações não são mais brancas ou pretas (pois os concorrentes de ontem podem se tornar os parceiros de amanhã), mas existem vários tons de cinza. Assim, muitas tonalidades podem ser desconcertantes de início, mas depois percebemos que representam muitas oportunidades para inovações revolucionárias."[18]

Um exemplo em que as tonalidades cinzentas foram desconcertantes de início, mas depois reconhecidas como oportunidade, é o caso das grandes farmacêuticas. Muitas companhias farmacêuticas ocidentais têm tradicionalmente ignorado os segmentos de baixa renda em mercados emergentes pelo fato de não poderem arcar com os custos de medicamentos. Mas essas companhias não se adaptaram às novas circunstâncias nem perceberam a verdade que apontamos no Capítulo 3: embora de baixa renda, eles também são altamente *exigentes*: um fato nas economias emergentes que vai contra a intuição.[19] Ao contrário de Harish Hande, da SELCO, no passado, as grandes farmacêuticas não dedicaram tempo para experimentar modelos de negócios lucrativos que lhes permitissem fabricar e vender com lucro medicamentos para os 4 bilhões de consumidores com baixa renda em todo o mundo.[20] Somente agora, quando os mercados ocidentais ficaram saturados e cada vez mais regulamentados, as grandes farmacêuticas vêm se esforçando para encontrar formas inovadoras de colher a "fortuna na base da pirâmide econômica" – uma fortuna que continua a lhes escapar.[21]

Aversão ao risco. Muitas empresas ocidentais não tentam desenvolver produtos radicalmente novos, pois temem que eles canibalizem o mercado dos produtos já existentes. Mesmo quando desenvolvem esses produtos, muitas empresas não os comercializam, mesmo que ágeis concorrentes estejam invadindo seus principais mercados. Esse é um fenômeno tão comum que Clayton Christensen, da Harvard Business School, o apelidou de "dilema do inovador".[22] Esse problema é agravado pelo fato de os mandatos dos CEOs estarem encolhendo, forçando-os a fornecer resultados de curto prazo em vez de conduzir mudanças transformadoras em longo prazo. Por exemplo, a permanência média na função de um CEO de um hospital é inferior a seis anos – tempo insuficiente para investir em inovações ousadas como a iniciativa do Dr. Mohan, que pode levar vários anos para mostrar resultados.[23]

Talvez o exemplo mais óbvio do "dilema do inovador" seja a Kodak. Durante 90 anos, a empresa teve sucesso na venda de câmeras analógicas baratas, e a maior parte de suas receitas vinha da venda e revelação de filmes fotográficos. Mesmo sendo a real inventora da câmera digital, a Kodak não conseguiu adaptar o antigo modelo de negócio voltado para o mundo analógico, mudando-o para o mundo digital, em que os usuários poderiam facilmente imprimir as fotografias em casa ou armazená-las e distribuí-las digitalmente on-line. Uma rigidez semelhante no pensamento e na ação, moldada pela aversão ao risco, é responsável pelo fracasso, se não pelo próprio desaparecimento, de livrarias de cimento e tijolo como a Borders, em face dos modelos de negócios inovadores de varejistas on-line como a Amazon.com.

Funcionários não engajados. Algumas empresas ocidentais se envolvem em "empreendedorismo interno" (também conhecido como "skunkworks") e

92 *A inovação do improviso*

"improvisação": iniciativas que incentivam os funcionários a pensar com flexibilidade e gerar ideias não convencionais para novos produtos ou processos. Infelizmente, as ideias brilhantes que surgem dessas iniciativas são raramente implantadas pela falta de compromisso da administração ou pelo medo de canibalização. Pior ainda, funcionários podem ser punidos quando suas ideias fracassam comercialmente. Consequentemente, se tornam céticos ou temerosos: começam a sentir que seu pensamento flexível não é valorizado e passam a evitar riscos. Tudo isso incentiva ainda mais o pensamento de grupo, e ninguém ousa questionar ou mudar o *status quo*. Com o tempo, todos se satisfazem com inovações incrementais de produtos já existentes, em vez de investir tempo e esforço nas inovações verdadeiramente revolucionárias. A falta de engajamento dos funcionários cresce e emperra a engrenagem de inovação da empresa.

Corroborando essa tese, uma pesquisa Gallup, realizada no fim de 2011, constatou que apenas 29% dos trabalhadores americanos se sentiam envolvidos com seus trabalhos, o que significa que apenas 29% trabalhavam com paixão. Apenas esse pequeno percentual sentia que suas contribuições eram valorizadas e tinham profunda ligação com suas empresas. Um total de 52% afirmou o contrário. O mais preocupante é que os 19% restantes disseram estar ativamente desengajados.[24] Essa insatisfação generalizada é, ao mesmo tempo, o sintoma e a causa da abordagem rígida e inflexível em relação à inovação nas empresas ocidentais.

Processos rígidos e demorados para desenvolvimento de produtos. Naturalmente, muitas empresas ocidentais efetivamente pensam com flexibilidade e geram ideias verdadeiramente inovadoras. Porém, mesmo essas empresas têm dificuldade de comercializar suas pioneiras ideias com rapidez suficiente, por dois motivos. Em primeiro lugar, elas levam muito tempo para conduzir pesquisas de mercado que validem as ideias e um tempo igualmente longo para planejar e desenvolver um produto final pronto para ser comercializado. Em segundo lugar, elas estão paralisadas por processos rígidos de ida ao mercado, como o Seis Sigma, e pelo fato de departamentos, como P&D e marketing, cuja cooperação é necessária para a inovação, tenderem a trabalhar independentemente, em feudos corporativos. Eric Schmidt, presidente executivo da Google, aponta que os funcionários muito antigos em qualquer empresa se envolvem em um processo de desenvolvimento repetitivo que, no fim, se torna demasiado rígido e sufoca a criatividade e inovação. Diz Schmidt: "A verdadeira inovação é difícil quando se tem uma cultura de processo com o Seis

Sigma [isto é, fabricação com número de defeitos extremamente baixo]. A gestão de risco está em cima do processo, mantendo-o igual."[25]

Em um ambiente de negócio que se move rapidamente e cheio de ambiguidade, no qual as necessidades dos clientes mudam da noite para o dia e os ciclos de vida dos produtos ficam truncados por concorrentes agressivos, não basta pensar com flexibilidade – as empresas também devem *agir* com flexibilidade. Tim Harford observa em seu livro *Adapt*: "O mundo se tornou muito imprevisível e profundamente complexo... Devemos nos adaptar: improvisar em vez de planejar, trabalhar de baixo para cima ao invés de cima para baixo e dar pequenos passos em vez de grandes saltos."[26] Por exemplo, leva muitos meses para fabricantes ocidentais de telefones celulares, como a Nokia e a Motorola, planejarem, desenvolverem e lançarem o que muitas vezes se torna um aparelho com "excesso de recursos". Em contrapartida, ágeis concorrentes chineses e indianos, como a HTC, Huawei e Spice, confiam em uma rápida experimentação: eles desenvolvem modelos "suficientemente bons" em *semanas* e continuam a aperfeiçoar a concepção em cada modelo seguinte, usando o feedback em tempo real do mercado.[27] A arma secreta desses inovadores asiáticos é sua flexibilidade organizacional. A HTC, Huawei e Spice rotineiramente lançam mão de equipes de desenvolvimento multifuncionais, que eliminam as falhas de comunicação entre os principais participantes responsáveis pelo desenvolvimento e lançamento de produtos (de forma muito parecida com a Haier, conforme discutido anteriormente). Da mesma forma, a Google se organizou como rede flexível e dinâmica de pequenas equipes que conseguem reagir rapidamente às necessidades do mercado, construindo e lançando novos produtos de modo extremamente rápido. "[Na Google] não temos um planejamento de dois anos. Temos o planejamento da próxima semana e do próximo trimestre", explica Eric Schmidt.[28]

APRENDA A IMPROVISAR

Para se libertar das amarras que mantêm pouco flexíveis as empresas ocidentais (complacência, lógica binária, aversão ao risco, funcionários não engajados e processos rígidos e demorados), elas devem aprender a improvisar, experimentar e adaptar seus modelos de negócios às circunstâncias em constante mudança. Porém, não é fácil se libertar: as pressões para fortes resultados trimestrais de curto prazo muitas vezes impedem a gestão de pensar de forma original.

Ainda assim, há muitas estratégias que as empresas ocidentais (atoladas em abordagens e processos tradicionais estruturados em relação à inovação) podem empregar para cultivar e sustentar o pensamento e ação flexíveis.

Quebre regras e mude valores quando necessário. Mesmo crenças e valores convencionais têm vida útil: não há nada de eternamente sábio em relação a eles. A inovação revolucionária ocorre quando crenças e valores normalmente arraigados são questionados, não reforçados. Por exemplo, em muitas empresas, o pensamento flexível é sacrificado no altar dos "valores corporativos". Essas empresas muitas vezes não conseguem perceber que seus valores corporativos *perderam valor* com a mudança dos tempos e precisam ser reformulados para refletir as novas realidades do mercado e as principais mudanças na sociedade. Em julho de 2003, para evitar que essa rigidez se estabelecesse, o então CEO da IBM, Sam Palmisano, organizou uma "ValuesJam": sessão on-line de reflexão durante três dias, na qual todos os funcionários eram convidados para renovar e atualizar o centenário sistema de valores da empresa.[29] Este exercício de colaboração contextualizou a própria noção de inovação (valor central da IBM) cuja mensuração não considerava o número de patentes registradas ou produtos expedidos, mas o impacto que a IBM provoca na sociedade. Essa capacidade de reavaliar a situação atual da empresa e a vontade de redirecioná-la levou a IBM a embarcar na iniciativa Planeta Inteligente, que utiliza a tecnologia para construir comunidades sustentáveis em todo o mundo.[30]

Não permita que investidores e clientes inflexíveis determinem sua agenda de inovação. Pelo fato de os stakeholders externos muitas vezes tenderem ao conservadorismo ou à falta de perspectiva para apreciar a visão e a previsão, provavelmente é melhor não buscar sua validação para novos produtos e serviços arrojados. Lembre-se da famosa frase de Henry Ford: "Se eu tivesse perguntado aos clientes o que queriam, provavelmente teriam dito 'cavalos mais rápidos'." Mais recentemente, a Apple não fez extensas pesquisas de mercado para chegar ao iPad, o que pode ter sido muito bom, já que muitos consumidores, analistas e especialistas da mídia estavam convencidos de que não havia mercado para o produto. No entanto, o iPad acabou sendo uma grande inovação, agora avidamente copiada pelos concorrentes da Apple.[31]

Dê tempo e espaço para os funcionários improvisarem e experimentarem. As empresas dificilmente podem esperar que os funcionários pensem de forma flexível enquanto mantêm sua rotina regular e atuam em seu ambiente habitual de trabalho. Para conseguir pensar e agir com flexibilidade, os funcionários precisam de um tempo dedicado a isso e de um espaço inspirador para experimentar novas ideias. A Google é um exemplo de uma empresa que propicia aos funcionários tempo para improvisação. Ela emprega um modelo 70/20/10 de organização do trabalho: os funcionários gastam 70% do tempo nas principais tarefas da empresa, 20% em projetos afins e 10% em projetos totalmente independentes de seu trabalho principal. Muitas inovações comercialmente bem-sucedidas da Google, como o Google Maps e o Google Mail, foram desenvolvidas pelos funcionários durante os 20% do tempo gasto fora das atividades diárias, quando puderam liberar o pensamento inovador.[32]

Entendendo que a empresa poderia fazer ainda mais para incentivar o pensamento criativo, a Google lançou uma nova incubadora experimental em janeiro de 2011 dedicada a construir aplicativos com base em mobilidade, rede social e localização. A incubadora está localizada em San Francisco, a não mais que uma hora de distância da sede da Google, em Mountain View, e funciona com uma pequena equipe de 20 pessoas autorizadas a pensar de forma flexível e a "promover novas startups" na Google. O chefe da equipe é John Hanke, que dirigiu o Google Maps por seis anos. Hanke diz que "nosso objetivo é gerar rapidamente muitos protótipos e ver o que funciona". Naturalmente, muitos empreendimentos concebidos nessa incubadora não funcionarão, mas alguns terão sucesso e evoluirão para negócios de bilhões de dólares para a Google. Ao dar aos funcionários um lugar seguro para experimentar (e errar), a Google consegue manter o pensamento flexível que leva a inovações verdadeiramente revolucionárias.[33]

Saia da zona de conforto para ganhar novas perspectivas. Para realmente pensar de forma flexível, os gestores precisam sair das zonas de conforto e se expor a novas situações que os desafiem a pensar de forma diferente. A DuPont enviou seus executivos seniores à área rural da Índia, onde tiveram uma revelação um tanto humilhante. Nenhuma das onerosas soluções tecnológicas, concebidas para mercados ocidentais urbanos, parecia relevante para os habitantes de baixa renda em vilarejos da Índia. Essa experiência os forçou a voltarem para as pranchetas de projeto e criarem junto com as comunidades locais todo um novo conjunto de soluções sustentáveis com preços acessíveis, concebido para mercados emergentes em crescimento acelerado como a Índia.[34]

Forme parcerias com pensadores flexíveis. Às vezes, a melhor maneira de desenvolver uma nova mentalidade é buscar inspiração fora da empresa. Assim, uma forma de cultivar a flexibilidade é fazer parcerias com outras empresas já flexíveis e ágeis. Por exemplo, o gigante do varejo do setor de produtos eletrônicos, Best Buy, tem profundas ligações com startups do Vale do Silício, que tendem a inovar mais rápido e melhor que os grandes fornecedores de produtos eletrônicos que abastecem a Best Buy. Consequentemente, a Best Buy consegue trazer tecnologias inovadoras para o mercado muito mais rápido que seus grandes fornecedores de eletrônicos. Por exemplo, após ver antecipadamente a Slingbox, da Sling Media (tecnologia que permite aos consumidores transmitir programas de televisão de suas casas para aparelhos móveis, onde quer que estejam), a Best Buy trouxe essa inovação para o mercado meses antes dos concorrentes.[35]

A IBM também procura parceiros ágeis. Embora empregue 3 mil cientistas e engenheiros pesquisadores internos e registre mais patentes por ano que qualquer outra empresa, abriu "laboratórios em colaboração" nas principais universidades do mundo todo. Nesses laboratórios, os tecnólogos da IBM trabalham em estreita colaboração com pesquisadores universitários de mentes ágeis, para desenvolver em conjunto tecnologias avançadas, que incluem redes elétricas inteligentes, redes flexíveis de transporte e soluções para cuidados com a saúde a preços acessíveis, com o potencial de ter um grande impacto social e econômico em âmbito mundial.[36]

Experimente vários modelos de negócios. Muitas vezes, as empresas ficam muito presas a um modelo de negócio bem-sucedido e acham quase impossível abandoná-lo, muito menos explorar alternativas. Porém, a concorrência pode surgir de lugares inesperados e atrapalhar seu modelo de negócio da noite para o dia. Os pensadores flexíveis mantêm todas as opções em aberto e experimentam vários modelos de negócios simultaneamente. A companhia de biotecnologia indiana Biocon, por exemplo, desenvolveu um tratamento de insulina para diabéticos que comercializa por canais diretos em mercados emergentes, mas licencia a Pfizer para implantar a solução nos mercados ocidentais.[37] De modo semelhante, a Amazon.com, ciente da possibilidade do próprio modelo on-line ser perturbado pelos tablets, tem sido flexível no desenvolvimento e promoção de um novo modelo de negócio em torno do próprio leitor eletrônico, o Kindle, enquanto mantém a predominância nas vendas on-line.[38]

Fracasse barato, fracasse rápido, fracasse constantemente. Uma consequência da vontade dos inovadores jugaad de continuamente experimentar é sua disposição para fracassar barato, rápido e com frequência. Fernando Fabre, presidente da Endeavor, organização global sem fins lucrativos que apoia empreendedores de alto impacto dos mercados emergentes, destaca o fato de que os empreendedores jugaad normalmente não assumem *grandes* riscos. Baseada em um estudo detalhado que conduziu com 55 empreendedores de alto impacto em 11 países, a Endeavor constatou que, ao contrário dos empreendedores do Vale do Silício, que financiados por capital de risco partem para o tudo ou nada (ou fazem o próximo Facebook ou nada), os empreendedores dos mercados emergentes começam com o que têm (não muito) e com quem conhecem (amigos e família). Eles raramente fazem algo tão imprudente quanto hipotecar as casas. Consequentemente, têm pequenos orçamentos iniciais para trabalhar, o que, em vez de representar uma limitação, os forçam a experimentar de maneira frugal, que não resulte em grandes perdas (isto é, fracassam barato). Seu orçamento inicial também os força a mudar de rumo tão logo um dos meios para atingir o objetivo sinaliza não estar funcionando (isto é, fracassam rápido). Finalmente, dada sua vontade de testar diversos meios para atingir os objetivos, estão dispostos a fazê-lo várias vezes seguidas, de modo iterativo (isto é, fracassam com frequência).[39]

Os inovadores ocidentais têm muito a ganhar com a adoção dessas práticas dos empreendedores jugaad. Eles podem se inspirar na Google e na Best Buy. Na Google, o fracasso é amplamente comemorado, principalmente se for rápido e barato. Em junho de 2011, por exemplo, a Google interrompeu dois projetos importantes, o Google Health e o Google PowerMeter, que haviam sido respectivamente lançados em maio de 2008 e fevereiro de 2009. A empresa mencionou sua "incapacidade de crescer" como principal motivo para cancelar os dois projetos.[40] Da mesma forma, a Best Buy fechou, no início de 2011, suas gigantescas lojas na China apenas cinco anos após entrar no país, responsabilizando a concorrência local mais forte que o esperado e o fato de seu formato de loja ocidentalizado não ter conseguido atrair os consumidores chineses. "Experimentamos uma nova abordagem na China", explica Kal Patel, ex-presidente dos negócios da Best Buy na Ásia. "Valeu a pena tentar, dado o enorme tamanho do mercado consumidor chinês. Mas não funcionou; assim, interrompemos os negócios antes de incorrermos em mais perdas. Tentamos ser flexíveis tanto na entrada quanto na saída do mercado. É vital que se fracasse cedo e mais barato em mercados imprevisíveis como o chinês."[41]

98 A inovação do improviso

Ao contrário da Best Buy, outros varejistas e fabricantes ocidentais continuam a injetar bilhões de dólares na expansão de sua presença na China, mesmo perdendo continuamente participação de mercado para concorrentes locais.

DESMONTE OS FEUDOS ORGANIZACIONAIS
PARA GANHAR VELOCIDADE

O pensamento flexível precisa caminhar lado a lado com a ação flexível. No ambiente em ritmo acelerado de hoje, com os ciclos de vida dos produtos cada vez mais curtos, as empresas precisam desmontar os feudos organizacionais para poder converter ideias inovadoras em produtos inovadores mais rapidamente. O Facebook entende isso: embora sua base de assinantes tivesse crescido para mais de 800 milhões de usuários, a empresa ainda emprega somente cerca de 35 designers, utilizando uma estrutura organizacional horizontal.[42] Esses designers trabalham em estreita colaboração com executivos de marketing, engenheiros, escritores e pesquisadores em equipes multidisciplinares que conseguem converter, em poucas horas, as ideias brilhantes de design em novas experiências para os usuários. Soleio Cuervo, o segundo designer que o CEO Mark Zuckerberg, do Facebook, contratou em 2005, diz: "Quando comecei, eram poucos projetistas de produto. Agora, os engenheiros trabalham diretamente conosco. Não jogamos documentos para eles com especificações. Todos nos concentramos na experiência do usuário do site, não na codificação do programa."[43]

O ato de desmontar os feudos internos é ainda mais fundamental quando se está tentando trazer rapidamente para o mercado as ideias brilhantes de fontes externas. A Procter & Gamble, por exemplo, estabeleceu um mecanismo chamado Connect & Develop para acelerar a busca e comercialização de ideias brilhantes de parceiros externos criativos. Agora a P&G consegue lançar produtos promissores em alguns meses em vez de anos. Um desses produtos é a escova de dente Pulsonic, que a P&G desenvolveu em conjunto com uma importante empresa japonesa. A P&G trouxe o produto para o mercado duas vezes mais rápido do que teria feito se tentasse desenvolvê-lo por conta própria. Em outubro de 2010, o CEO da P&G, Bob McDonald, definiu uma arrojada meta: triplicar o impacto do Connect & Develop para que ele contribuísse com US$3bilhões para o crescimento das vendas anuais. "Queremos as melhores mentes do mundo trabalhando conosco para criar grandes ideias que

TODAS AS NOTÍCIAS QUE PODEM SER DIGITALIZADAS

A NYTC (New York Times Company) demonstrou com sucesso sua capacidade de pensar e agir com flexibilidade ao propiciar espaço e tempo para os funcionários criativos se dedicarem na experimentação de novas ideias. De 2007 a 2009, os jornais americanos assistiram a uma queda estimada de 30% nas receitas de circulação e publicidade on-line e em papel. Com a internet matando lentamente a mídia impressa e absorvendo as receitas com publicidade, a NYTC decidiu se reinventar.[45] Em janeiro de 2006, criou um departamento de P&D (o primeiro no setor de mídia) composto por 13 pessoas, cujo principal objetivo é antecipar o futuro e imaginar o impensável.

O departamento identifica novas tendências de consumo e tecnologia, como mídia social, leitores eletrônicos e dispositivos móveis e formula estratégias para a NYTC adotar de forma proativa, em vez de se abalar com elas. "Não é um grupo de desenvolvimento de produto", esclarece Michael Zimbalist, vice-presidente de Operações de Pesquisa e Desenvolvimento na NYTC, ao descrever a missão da equipe. "Ela está muito mais concentrada em monitorar as tendências e identificar as oportunidades."[46]

Prevendo o potencial do Facebook em 2007, a equipe de P&D lançou um aplicativo para envio de conteúdo (incluindo um questionário diário de conhecimentos gerais como bônus) para o site de rede social. Hoje o *Times* tem muito mais seguidores do que qualquer outro jornal no Facebook e no Twitter. Os inovadores jugaad da NYTC também vincularam o conteúdo do *Times* aos mapas do Google Earth para mostrar os locais mencionados nas notícias. Recentemente, eles criaram o Cascade, ferramenta de visualização de dados que fornece uma visão no tempo de como as notícias e editoriais do *Times* se espalham de forma viral no universo social do Twitter, tão logo divulgadas. O Cascade ajuda a NYTC a identificar aspectos relevantes de informações, como usuários influentes do Twitter e as melhores horas do dia para publicar uma notícia on-line.[47]

Zimbalist acredita firmemente que os jornais precisam ir além do impresso e até mesmo do básico na internet e usar plataformas como redes sociais, smartphones, televisão e até carros inteligentes do futuro para atingir todos os

100 *A inovação do improviso*

usuários. Sua equipe procura entender como as pessoas consomem conteúdo de mídia em diferentes plataformas e ajuda a NYTC a fazer incursões em novas plataformas.

Prevendo um futuro iminente, no qual todos os dispositivos estarão conectados pela internet, a equipe de inovadores jugaad de Zimbalist está trabalhando para permitir o acesso dos leitores ao conteúdo do jornal por várias plataformas interligadas. Eis um possível cenário que os inovadores jugaad estão tentando possibilitar: no futuro, um leitor pode começar a ler um artigo no site do *Times* no fim da tarde, no computador do escritório, continuar a lê-lo no iPhone quando sair do trabalho, ouvir um podcast no carro, a caminho de casa, assistir a um vídeo na HDTV da sala de estar e finalmente encaminhar o artigo para os amigos pelo laptop. "[Estamos] investigando as ideias no limite do que existe hoje e pensando como impactarão nas decisões de negócios amanhã", observa Zimbalist.

Além da equipe adaptável e criativa de P&D, a NYTC vem encontrando outras maneiras de incentivar o pensamento flexível entre os 4 mil funcionários. Atualmente, ela abriga desafios internos de tecnologia e inovação para incentivar os funcionários a pensar de forma flexível e chegar a uma maneira jugaad de usar a tecnologia para resolver um problema incômodo da empresa. Recentemente, a NYTC lançou o beta620.newyorktimes.com, site aberto ao público descrito como "um trampolim para a criatividade de nossos desenvolvedores de software, jornalistas e gerentes de produto, que o utilizarão como plataforma para mostrar novas ideias empolgantes para o *Times*".[48] Os leitores são fortemente incentivados a fornecer feedback sobre as invenções jugaad disponíveis no site.

Ao aproveitar a engenhosidade de todos os funcionários, a NYTC está construindo um exército de inovadores jugaad que podem conquistar o cada vez mais complexo e imprevisível mundo editorial, improvisando soluções de ponta que podem manter o crescimento da empresa na economia altamente interligada pela internet. No processo, a NYTC está se reinventando como fornecedor ágil, com conhecimento de mídia social e multiplataforma de conteúdo digital.

CONCLUSÃO

Um número desconcertante de forças incontroláveis e desconhecidas determina o futuro de nosso cada vez mais complexo mundo dos negócios. Em meio a essa incerteza, planos de longo prazo se tornam inócuos, até mesmo perigosos, e processos rigidamente estruturados nos impedem de chegar à próxima revolução e reagir rapidamente às ameaças da concorrência. A capacidade de ser flexível é fundamental para prosperar neste mundo volátil.

Nos mercados emergentes, inovadores jugaad, que enfrentaram incertezas diárias, se tornaram mestres da flexibilidade: frequentemente desafiando o pensamento convencional, chegando a proposições de valor inteiramente novas, experimentando várias maneiras de atingir os objetivos, reagindo rapidamente às mudanças nas circunstâncias, improvisando soluções novas e modificando planos à medida que avançam. As empresas e empreendedores ocidentais têm muito a ganhar adotando essa flexibilidade e utilizando-a como contraste para a abordagem mais estruturada para a inovação.

No entanto, inovadores jugaad, como o Dr. Mohan e Harish Hande, não são apenas pensadores e executores flexíveis, mas mestres da simplicidade. Enfrentando complexidades espantosas no dia a dia, eles são levados a *simplificar* produtos e serviços, para torná-los mais baratos e acessíveis aos clientes, e simplificar as interações com clientes para oferecer experiência superior ao usuário. No entanto, as soluções simples dos inovadores jugaad não são simplistas. Muito pelo contrário: aderindo à crença de Leonardo da Vinci de que "a simplicidade é o último grau de sofisticação", os inovadores jugaad buscam o que os matemáticos chamam de "elegância" nas soluções. "Simplificar" é o assunto do próximo capítulo.

CAPÍTULO 5

Princípio 4
Simplifique

*Eu não daria um centavo pela simplicidade deste lado da complexidade,
mas daria minha vida pela simplicidade do outro lado da complexidade.*
OLIVER WENDELL HOLMES

A Dra. Sathya Jeganathan é pediatra na Chengalpattu Government Medical College, hospital rural no sul da Índia. A mortalidade infantil costumava ser alta no hospital: em média 39 a cada 1.000 crianças morriam ao nascer. Infelizmente, a estatística não difere muito das taxas gerais de mortalidade neonatal na Índia, onde, das 26 milhões de crianças que nascem a cada ano, 1,2 milhão morrem durante as primeiras 4 semanas de vida.[1]

Com a intenção de reduzir a mortalidade infantil no hospital, a Dra. Jeganathan tentou primeiro importar incubadoras fabricadas no Ocidente. Mas logo constatou que o custo inicial das incubadoras era proibitivamente elevado, e que o pessoal e a manutenção necessários para operar o equipamento eram inadequados à Índia rural. Sem desanimar, decidiu projetar sua própria incubadora, buscando algo simples, barato e fácil de usar. Formando uma parceria com enfermeiras do setor neonatal e com eletricistas locais, a Dra. Jeganathan desenvolveu uma incubadora minimalista a partir de uma mesa de madeira obtida localmente, uma tampa de acrílico e lâmpadas normais de 100 watts (em vez de serpentina para aquecimento) para manter a temperatura do bebê. Graças a esse simples projeto, a construção da incubadora custou apenas US$100 e tinha fácil manutenção.

Quando o primeiro protótipo funcional da incubadora da Dra. Jeganathan foi construído e implantado no hospital, a mortalidade infantil caiu pela metade. Agora, ela trabalha em estreita colaboração com a Lemelson Foundation, organização com sede nos Estados Unidos que apoia empreendedores em mercados emergentes, para ajustar e redimensionar a invenção, para que possa ser distribuída para outros hospitais rurais na Índia.[2]

Os legisladores americanos, que procuram focar a crise da assistência médica nos Estados Unidos, podem achar interessante a história da incubadora da Dra. Jeganathan. Os fabricantes americanos de equipamentos médicos gastam bilhões de dólares em P&D, tentando ampliar as fronteiras da ciência e da tecnologia, apenas para chegar a um equipamento excessivamente caro e complexo que exige técnicos altamente treinados. No processo, esses fabricantes de equipamentos muitas vezes se esquecem das necessidades básicas dos usuários finais. Afinal, por que simplificar quando podem usar o orçamento de P&D para construir algo complexo? As incubadoras sofisticadas vendidas no Ocidente, como as que a Dra. Jeganathan originalmente tentou comprar, possuem muitos recursos de alta tecnologia e podem custar até US$20 mil. No entanto, atendem à mesma necessidade fundamental que a máquina engenhosamente simples de US$100 da Dra. Jeganathan: manter os bebês aquecidos.

Neste capítulo, veremos como inovadores jugaad, como a Dra. Jeganathan, estão na vanguarda de uma revolução de *baixa tecnologia* dedicada a encontrar soluções "suficientemente boas". Em vez de oferecer produtos excessivamente sofisticados, os inovadores jugaad em mercados emergentes oferecem produtos fáceis de usar e de manter, que atendem às necessidades fundamentais dos clientes. Ao projetar para as necessidades básicas universais, os inovadores jugaad atraem um espectro mais amplo de consumidores e, assim, dominam os setores em que atuam.

Em contrapartida, as empresas ocidentais adotaram há muito tempo a abordagem "quanto maior melhor" para a inovação. Entretanto, os consumidores ficam cada vez mais intimidados pela complexidade da tecnologia, especialmente em produtos como eletrônicos e automóveis, com os quais diariamente se deparam. Além disso, os consumidores ocidentais de todos os níveis de renda estão "diminuindo as expectativas", optando por uma vida mais simples e significativa. As empresas ocidentais que reagirem agora a essas mudanças no consumo e na sociedade provavelmente se beneficiarão em longo prazo. Neste capítulo, discutiremos como algumas empresas com visão de futuro, como a Google, Facebook, GE, General Motors, Siemens e Philips, estão liderando essa reação ao simplificar produtos e serviços (bem como seu projeto organizacional) e, no processo, criar relacionamentos profundos e duradouros com os consumidores.

Princípio 4

AS VANTAGENS PRÁTICAS DA SIMPLICIDADE

Os inovadores jugaad obtêm sucesso nos mercados emergentes ao buscar a simplicidade nos produtos e serviços que oferecem. Sua motivação vem do fato de a simplicidade lhes permitir desenvolver soluções rápidas, porém eficazes, para os consumidores às voltas com as complexidades do dia a dia.

Os produtos simples oferecem três vantagens aos inovadores jugaad:

• *São mais baratos de produzir e, portanto, mais acessíveis.* Os recursos nos mercados emergentes são escassos e caros. Os produtos simples, com menos atributos, requerem menos recursos e são, portanto, mais fáceis e mais baratos de produzir e entregar. Os inovadores jugaad podem transferir os custos poupados aos clientes na forma de preços mais baixos, tornando os produtos mais acessíveis e, consequentemente, mais bem-sucedidos no mercado.

• *São mais fáceis de instalar e de fazer manutenção.* Os mercados emergentes enfrentam falta de trabalhadores qualificados para instalar e fazer a manutenção de produtos complexos. Na Índia, por exemplo, 26% dos adultos são analfabetos e, portanto, não conseguem ler os manuais básicos de instrução, muito menos os complicados. A limitada disponibilidade de trabalhadores qualificados significa que as empresas não conseguem criar produtos altamente sofisticados, que requeiram habilidade para instalar e manter.

• *Podem satisfazer um público mais amplo.* Os clientes de mercados emergentes são diferentes em termos de necessidades e de capacidade de usar e manter os produtos. Para atingir o público mais amplo possível, os inovadores jugaad são compelidos a projetar produtos que levem em conta o poder de compra, alfabetização e aptidão técnica dos menos favorecidos. Projetar produtos simples é a chave para alcançar apelo universal entre grupos diversificados.

A ARTE DA SIMPLICIDADE

Os inovadores jugaad em mercados emergentes contam com várias estratégias para projetar produtos simples de usar e de fazer a manutenção. Para começar, se concentram mais nas *necessidades* que nos *desejos*. Eles empregam uma abordagem funcional para projeto de produtos e serviços e tentam desenvolver soluções práticas que atendam às necessidades bem definidas dos clientes. Eles não estão no negócio para projetar produtos com atributos bacanas que os clientes desejam. Pelo contrário, os inovadores jugaad pretendem fazer e entregar uma suficientemente solução boa, com funcionalidade limitada, em vez de uma com profusa variedade de recursos.

Por exemplo, para enfrentar o custo elevado de eletricidade nas favelas das Filipinas, Illac Diaz inventou uma solução engenhosamente simples: o Isang Litrong Liwanag (Um Litro de Luz) é um projeto que leva lâmpadas de garrafa com energia solar a comunidades carentes das Filipinas. A SLB (Solar Bottle Bulb – lâmpada de garrafa solar) é uma garrafa de plástico reciclado com água sanitária tratada (para evitar a formação de mofo), instalada firmemente em um buraco do telhado ondulado de barracos em favelas. A água da garrafa refrata os raios solares produzindo o equivalente a uma lâmpada de 55 watts. Uma SLB produz mais luz do que entraria por uma janela convencional e, ao contrário das janelas, não quebra nem vaza durante a temporada de tufões. A SLB é feita de materiais recicláveis, muito fácil de montar, instalar e manter, e ajuda a criar novos empregos em comunidades subdesenvolvidas, pois os moradores de favelas podem agora trabalhar em suas casas, normalmente escuras, durante o dia. Além disso, uma SLB pode ser instalada por apenas US$1.[3] A visão de Diaz é instalar SLBs em um milhão de lares nas Filipinas até o fim de 2012.[4]

Os inovadores jugaad como Diaz não tentam adivinhar o que simplificaria seus produtos sentados em um laboratório de P&D. Em vez disso, passam bastante tempo com os clientes em seu ambiente natural para observar e identificar como o uso de seu produto ou serviço facilitaria suas vidas. A Nokia, por exemplo, emprega antropólogos, que passam longos períodos vivendo com os clientes em mercados emergentes para entender suas necessidades latentes. Em uma situação, os antropólogos da Nokia estudaram trabalhadores migrantes em favelas da Índia, de Gana e do Brasil para avaliar como a tecnologia poderia facilitar suas vidas. Eles ficaram mortificados ao descobrir que os telefones celulares normais eram muito caros, chamativos e complexos para os moradores de favelas, e que não resistiam à poeira e ao ambiente sem eletricidade onde essas pessoas trabalhavam e viviam. Munidos desse conhecimento, os pesquisadores da Nokia passaram a desenvolver uma solução simples que se adaptasse às vidas desses usuários. O resultado foi o Nokia 1100, celular rústico com design minimalista que permite fazer ligações e enviar mensagens de texto, resiste à poeira e pode ser recarregado em poucos minutos. Quando os pesquisadores observaram que muitos clientes usavam a tela iluminada dos celulares como fonte de luz, incluíram uma lanterna no projeto do 1100, tornando-o bastante popular entre, por exemplo, caminhoneiros na Ásia e na África, que o utilizavam para consertar os veículos à noite. O Nokia 1100 foi lançado em 2003 e se tornou sucesso imediato: ele atraiu não só consumidores de baixa renda, mas usuários de classe média em busca de um celular simples. O Nokia 1100 já vendeu 250 milhões de unidades em todo o mundo, tornando-o o celular mais vendido de todos os tempos.[5] A revista *Foreign Policy* o chama de "o celular mais importante do planeta".[6]

Para criar produtos simples que atendam às necessidades imediatas dos clientes, os inovadores jugaad normalmente os projetam *desde o início e* evitam "simplificar", prática geralmente seguida por multinacionais ocidentais, que consiste em pegar produtos concebidos para consumidores ocidentais de mais alta renda, extrair os recursos supérfluos e depois vendê-los a preços um pouco mais baixos para consumidores em mercados emergentes. Esses produtos simplificados normalmente fracassam nos mercados emergentes porque não são fundamentalmente concebidos para levar em conta as restrições inerentes ao contexto socioeconômico dos mercados locais.

Por exemplo, muitos gigantes ocidentais da área de tecnologia, como a Intel, Microsoft e HP, bem como instituições acadêmicas, como o MIT, tentaram construir um PC de baixo custo para os países emergentes.[7] No entanto, nenhum deles obteve sucesso por serem muito complexos, caros ou por não atenderem às exigências locais específicas. Em 5 de outubro de 2011, porém, Kapil Sibal, ministro das Comunicações e Tecnologia da Informação da Índia, lançou um tablet por US$60 (divulgado como "o tablet mais barato do mundo") concebido de forma ideal para atender às exigências locais.[8] Chamado de Aakash ("céu", em sânscrito), foi desenvolvido pela DataWind, startup com sede no Reino Unido, em parceria com as principais universidades técnicas indianas, tendo em mente as necessidades e restrições locais.[9] O mercado inicial para o Aakash seria o de estudantes (de escolas primárias até universidades), que receberiam as primeiras 10 mil unidades a um preço subsidiado de US$35 cada. O Aaakash apresenta uma interface simplificada e já vem com software educacional desenvolvido em idiomas locais.

O Aakash certamente não se equipara ao poder computacional ou aos recursos do iPad da Apple (que custa US$500) ou ao Kindle Fire da Amazon (no valor de US$200). Entretanto, foi projetado levando em conta um grupo diferente de usuários: estudantes indianos que precisavam de um computador simples e prático. O Aakash atende muito bem a essas necessidades. Em primeiro lugar, fornece os recursos básicos de que os alunos precisam, como navegador de internet, vídeo, Wi-Fi e software de processamento de texto. Em segundo lugar, o Aakash roda com o Android da Google e outras tecnologias de fonte aberta, mais baratas e fáceis de manter que as tecnologias proprietárias. Em terceiro lugar, o Aakash vem com uma opção de carregamento com energia solar, enorme vantagem em muitas partes da Índia, onde o fornecimento de energia elétrica não existe ou não é confiável. Além disso, a tela sensível ao toque do Aakash facilita aos estudantes a navegação no conteúdo educacional e torna o aprendizado mais intuitivo e divertido. Em resumo, o Aakash é *simples*, faz parte de uma iniciativa mais ampla do governo indiano de estender o acesso à banda larga a 25 mil faculdades e 400 universidades por toda a Índia. Dadas sua simplicidade e acessibilidade, o Aakash tem o potencial de se tornar um enorme sucesso, não apenas nas escolas indianas, mas em instituições acadêmicas no exterior. Mesmo especialistas americanos que testaram o Aakash em laboratórios fizeram ótimas críticas.[10]

É importante ressaltar que, além de infundir a simplicidade na projeção de produtos, os inovadores jugaad também a utilizam na interação com os clientes, desde a venda de produtos e serviços até a entrega e o atendimento pós-venda. Essa *inovação nos serviços* (isto é, inovação na forma como os inovadores jugaad interagem com os clientes, entregam os serviços ou utilizam a tecnologia para dar suporte) é crucial para simplificar e enriquecer a experiência do usuário ao longo do ciclo de vida da solução. Em especial, muitos empreendedores jugaad que vendem produtos para a base da pirâmide econômica em mercados emergentes contam com uma rede local de distribuidores e técnicos que ajudam os clientes nos vilarejos a conhecer melhor um produto, instalá-lo rapidamente e ter manutenção sem aborrecimentos. A SELCO, por exemplo, apresentada anteriormente como empresa que fornece iluminação solar para mais de 125 mil lares em vilarejos indianos, conta com ampla rede de pequenos empreendedores locais que instalam e consertam os lampiões solares SELCO em prazo muito curto, mesmo nas aldeias mais distantes.

Finalmente, os inovadores jugaad garantem que suas soluções sejam simples, mas não *simplistas*. Existe uma distinção importante entre os dois conceitos. Os inovadores jugaad seguem a recomendação de Albert Eisntein de "fazer tudo da forma mais simples possível, mas não simplista". Em outras palavras, os inovadores jugaad não necessariamente tentam simplificar a natureza do problema do cliente. Se o fizessem, correriam o risco de produzir soluções simplistas, que podem parecer simples no curto prazo, mas se revelam ineficazes em longo prazo. Em vez disso, os inovadores jugaad normalmente

Princípio 4

adotam a complexidade, mas a camuflam dos clientes oferecendo-lhes uma interface simples. Em outras palavras, em vez de simplificar o problema do cliente, os inovadores jugaad geralmente simplificam o *uso* da solução. Consequentemente, produzem soluções sólidas e flexíveis que atendem às complexas necessidades dos usuários, de forma abrangente e sustentável.

O Ushahidi, por exemplo, que se originou no Quênia, é uma solução simples baseada em SMS móvel para coordenar reações populares em eventos cataclísmicos, como furacões, terremotos ou surtos epidêmicos. Segundo o site da empresa, a plataforma Ushahidi permite "a coleta de informações sobre crises do público em geral e propicia uma nova percepção sobre eventos que estão acontecendo, quase em tempo real"; por exemplo, logo após um terremoto.[11] Por mensagens de texto, o público em geral pode ser informado e transmitir a informação sobre os locais onde tenham comida e suprimentos médicos, e receber avisos em SMS quando pessoas desaparecidas forem encontradas. Em poucas horas após um evento cataclísmico, o Ushahidi pode ajudar a coordenar os esforços de socorro de modo bastante objetivo: suprimentos médicos e alimentos podem ser despachados precisamente aos locais mais necessitados, com base em informações em tempo real recolhidas por milhares de pessoas no local. Compare isso com a abordagem tradicional "oito ou oitenta" de gestão de socorro, onerosa e demorada: como as equipes de resgate não têm informações precisas sobre os locais específicos que mais necessitam de ajuda, eles planejam seus esforços de socorro com decisões de cima para baixo e adotam uma solução aleatória na distribuição de alimentos e suprimentos. O Ushahidi foi utilizado com sucesso em 2010, para coordenar de forma rápida e ideal os esforços de resgate logo após os terremotos no Haiti e no Chile. Também foi utilizado pelo *Washington Post* para mapear estradas bloqueadas e outras informações na sequência das tempestades de inverno que atingiram Washington, D.C. em 2010.[12]

Os problemas que o Ushahidi está tentando resolver são extremamente complexos, como ajudar as pessoas afetadas por um terremoto ou tsunami a rapidamente localizar os alimentos e suprimentos médicos de que necessitam. As ferramentas tradicionais de gestão de crises tendem a enfrentar esses enormes problemas somente de forma superficial ou parcial por serem simplistas *demais*, conforme explicado anteriormente. Já o Ushahidi consegue enfrentar com relativa facilidade questões complexas como a gestão de desastres, *em toda a sua amplitude e profundidade*, graças a uma solução elegantemente simples, de baixo para cima, amigável mas abrangente, que aproveita o poder das informações vindas de multidões.

A REAÇÃO CONTRA A COMPLEXIDADE

A tendência em direção à simplicidade também está crescendo rapidamente no Ocidente. Embora a tecnologia ocidental seja mais desenvolvida, e os consumidores, mais sofisticados e ricos que seus homólogos nos mercados emergentes, há vários motivos para as empresas ocidentais se beneficiarem com a simplificação:

- *Os clientes pedem simplicidade.* No início do século XXI, os clientes ocidentais estão cada vez mais oprimidos pela complexidade baseada na tecnologia. Por exemplo, 65% dos americanos reclamam que "perderam o interesse por comprar produtos tecnológicos, pois são complexo demais para instalar ou operar".[13] De forma semelhante, ao se viciar em um excesso de tecnologia nas últimas duas décadas, as empresas que compõem a lista da *Fortune 500* querem agora sistemas de TI mais simples, acessíveis e fáceis de implantar e manter. Esses usuários, exaustos de tecnologia, agora equiparam cada vez mais a simplicidade à sanidade.
- *As gerações Y e Z e os baby boomers estão rejeitando tecnologias avançadas.* As gerações Y e Z, dispostas a trocar altos salários por flexibilidade e equilíbrio entre vida pessoal e profissional, também evitam ofertas complexas, preferindo a simplicidade. Por exemplo, um estudo da Stanford University constatou que a maioria dos alunos de pós-graduação realmente prefere a versão MP3, de qualidade mediana, de uma música em iPods que a versão de alta qualidade em CD, embora seja tecnicamente superior.[14] Do mesmo modo, grande parte dos *baby boomers*, já se aposentando, sente-se desencorajada pelos complexos aparelhos eletrônicos com excesso de recursos e complicados de usar devido a problemas de saúde, como deterioração da visão e artrite,.
- *Mais cidadãos no Ocidente estão simplificando seu estilo de vida.* Um movimento cultural popular, conhecido como *simplicidade voluntária*, está crescendo em todos os Estados Unidos.[15] O movimento defende práticas voluntárias, como redução dos bens materiais ou maior autossuficiência para alcançar uma qualidade de vida mais simples, rica e significativa. Estudos mostram que de 15% a 28% dos americanos já adotaram voluntariamente estilos de vida mais simples.[16]
- *Produtos com excesso de sofisticação exigem muito tempo e dinheiro de P&D.* Em uma época de escassez, as empresas ocidentais não podem mais se dar o luxo de investir generosamente em P&D para chegar a produtos complexos, repletos de recursos que requerem longos ciclos de desenvolvimento. Assim, várias empresas que compõem a lista da *Fortune 500* estão cortando orçamentos de P&D (que atingiram colossais US$550 bilhões em 2010), reduzindo produtos

a uma quantidade mais racional e simplificando processos de desenvolvimento para ganhar em eficiência e rapidez.[17]

* *Concorrentes ágeis estão tomando participação de mercado utilizando a simplicidade.* Empresas visionárias, como a Google e o Facebook, estão democratizando a tecnologia ao torná-la simples e acessível e, assim, tomando participação de mercado de empresas concorrentes de tecnologia, cujos produtos vão contra a intuição e são excessivamente sofisticados. Do mesmo modo, empresas de software para negócios, como a SAP e a Oracle, enfrentam concorrência dos fornecedores de computação em nuvem, como a salesforce.com, que simplificam a vida dos compradores de tecnologia ao reduzir todos os problemas associados a onerosas atualizações de software.

"POR QUE SIMPLICAR SE PODEMOS COMPLICAR?"

Apesar da crescente evidência de que os consumidores querem simplicidade nos produtos e serviços que compram (e apesar de os produtos com excesso de sofisticação não serem mais sustentáveis, já que os cortes em P&D no Ocidente estão cada vez maiores), muitas empresas ocidentais continuam achando difícil tornar a simplicidade princípio fundamental dos processos de desenvolvimento de produto e de comercialização. Existem várias razões para isso.

Em primeiro lugar, as empresas ocidentais normalmente acreditam que os clientes não estejam dispostos a pagar um bônus pelos produtos, a menos que venham carregados de recursos e funções. Em termos específicos, o medo de perder o poder de cobrar preços altos e ganhar margens elevadas faz as empresas fugirem da simplicidade.

Uma segunda razão, relacionada com a primeira, é que a complexidade foi lucrativa no passado. Versões "novas e melhoradas" de produtos e serviços têm permitido às empresas ocidentais diferenciar novas ofertas das existentes (suas e de terceiros), o que ajudou as empresas a convencerem os clientes a continuar atualizando (ou substituindo) os produtos existentes por outros cada vez mais complexos. Por sua vez, as empresas puderam garantir o crescimento e um fluxo constante de receitas.

Em terceiro lugar, as empresas ocidentais ficam presas a brigas intermináveis entre si sobre inovações: uma luta perpétua de demonstração de superioridade, cada empresa forçada a superar as outras para convencer os acionistas e os clientes de que ainda estava "no jogo".

Em quarto lugar, as empresas nem sempre projetam seu produtos com foco no usuário final. Em seu livro *As leis da simplicidade*, John Maeda, presidente da Rhode Island School of Design, declara estar mais do que na hora de "humanizarmos a tecnologia".[18] Atualmente, o desenvolvimento da tecnologia não é centrada no ser humano. Muitos recursos em novos produtos são determinados não pela profunda observação do cliente, mas pelas suposições das equipes de P&D e de marketing, movidas por seu desejo de criar uma versão melhor que a anterior, muitas vezes independentemente de agregar ou não valor para o consumidor.[19]

Finalmente, as formas de medir inovações nas empresas ocidentais, como o número de patentes registradas a cada ano e o percentual da receita dedicado a P&D, medem e recompensam atualmente a astúcia e não o valor para o cliente. O valor de um produto não deveria ser medido pelo número de patentes associadas a ele.[20] Na verdade, deveria ser medido pelo valor da experiência que oferece aos usuários finais. Para muitos deles, a melhor experiência é simples e transparente. No entanto, muitas empresas ocidentais continuam a usar o número de patentes como principal medida para avaliar o quanto são inovadoras.

Contudo, mudar a ênfase da complexidade movida pela P&D para a simplicidade valorizada pelo cliente exigirá que as empresas façam mudanças fundamentais na maneira como desenvolvem produtos.

COMO SIMPLIFICAR OS PRODUTOS – E A ORGANIZAÇÃO

Buscar a complexidade em si mesma é cada vez mais autodestrutivo. Além de os clientes estarem se afastando da complexidade na direção da simplicidade dos produtos e do estilo de vida, os custos de P&D são elevados e crescentes; assim, buscar a complexidade é uma proposta cada vez mais cara para as empresas. Portanto, seria uma atitude sábia os líderes empresariais ocidentais voltarem para a prancheta de projeto e encontrarem formas de reverenciar a simplicidade em suas proposições de valor e modelos de negócios. As estratégias seguintes podem ajudar as empresas ocidentais a se adequarem à nova realidade econômica, incluindo a simplicidade no cerne do que fazem.

Reestruture a organização inteira em torno da simplicidade. As empresas ocidentais não podem criar produtos simples enquanto mantêm operações empresariais complexas. Por exemplo, um cliente pode adorar a facilidade de uso dos produtos de uma empresa, mas odiar o processo de vendas que precisa enfrentar para comprar o produto. As empresas devem, portanto, simplificar *cada* estágio da interação com os clientes, em todo o ciclo de vida do produto (desde a compra inicial até o uso efetivo e mesmo o descarte final), pela racionalização não só da fabricação e P&D, mas dos processos de vendas e atendimento ao cliente.

Uma companhia que agiu exatamente assim foi o gigante dos eletrônicos, Philips, com sede em Amsterdã. De fato, a empresa redesenhou a organização inteira (desde P&D à fabricação e assistência ao cliente) para atender melhor aos clientes, utilizando o princípio da simplicidade. O processo começou no início dos anos 2000, quando a Philips se surpreendeu com os resultados de uma pesquisa de mercado encomendada. Por mais de 100 anos, a empresa construiu uma reputação de desempenho tecnológico excepcional, que rendeu invenções que moldaram o mercado, como a fita cassete e o CD. No entanto, os 2 mil consumidores pesquisados globalmente estavam agora dizendo a Philips que a superioridade tecnológica não era o que os levava a comprar um produto eletrônico. No mínimo, os consumidores se sentiam intimidados pela crescente complexidade da tecnologia: 30% dos produtos da rede doméstica eram devolvidos porque os usuários não sabiam instalá-los; e quase 50% das pessoas adiavam suas decisões de compra de uma câmera digital, intimidados pela complexidade.[21] Conforme observa Stefano Marzano, CEO e diretor de Criação da Philips Design: "As pessoas estão prontas para uma tecnologia discreta."[22]

Percebendo uma oportunidade, a equipe de gestão da Philips decidiu reinventar a organização inteira em torno da simplicidade (de dentro para fora). O conglomerado reduziu o portfólio de 500 para 70 produtos, e a quantidade de divisões, de 70 para 5. A companhia simplificou o atendimento ao cliente para que os usuários finais tivessem a mesma experiência, independentemente de com qual negócio da Philips estivessem lidando. A Philips até estendeu a simplicidade às comunicações internas: nenhuma apresentação em Power-Point poderia exceder 10 slides, e todos os relatórios anuais, desde 2009, foram disponibilizados apenas on-line. De certa maneira, a Philips adotou a simplicidade voluntária como novo princípio organizacional.[23]

Ao primeiro internalizar a simplicidade e depois ativamente vivê-la, a Philips pôde genuinamente envolver os clientes em uma discussão sobre a simplicidade. A empresa lançou uma nova campanha da marca com o tema "Sense and Simplicity" ("Sentido e Simplicidade") que desde então se tornou

114 *A inovação do improviso*

seu lema.[24] Ela até criou um Conselho Consultivo da Simplicidade, constituído por cinco especialistas globais em saúde, estilo de vida e tecnologia, para ajudar a empresa a cumprir a promessa de "Sense and Simplicity".[25] De forma proativa, começou a infundir a perspectiva do usuário final em cada aspecto do desenvolvimento de novos produtos, desde a concepção até o protótipo, passando até pela embalagem. Por exemplo, a equipe de P&D da Philips rapidamente redesenhou a embalagem de uma nova televisão de tela plana para que o aparelho pudesse ser removido da caixa horizontalmente; essa decisão foi tomada após usuários em um teste mostrarem dificuldade para puxar o pesado conjunto de uma caixa vertical.[26] Nos últimos anos, a Philips lançou um fluxo constante de produtos amigáveis aos usuários, que receberam elogios de clientes e especialistas do setor pela capacidade de unir a simplicidade ao desempenho. Em 2011, a Philips registrou a conquista de 28 prêmios iF de design de produto pelos produtos que combinam perfeitamente tecnologias avançadas, sustentabilidade e design amigável ao consumidor, que incluem o aspirador de pó Daily Duo e a televisão de LED Econova.[27]

Reduza as necessidades dos clientes à sua essência e projete produtos simples em torno dela. Os defensores da simplicidade insistem que o "design centrado no usuário" estimula a facilidade de uso dos produtos e serviços. Embora seja verdadeiro, é importante lembrar que a urgência das necessidades dos clientes varia amplamente. As empresas ocidentais devem se concentrar na necessidade mais aguda (ou ponto de dor) dos consumidores e desenvolver uma solução em torno *desta* necessidade, acima de todas as outras. Um mestre dessa abordagem foi um dos fundadores da Apple, Steve Jobs. Jobs elevou a simplicidade a uma posição icônica em computação. Em muitos aspectos, Jobs era o Michelangelo da era digital: conseguia pegar um pedaço de hardware, tirar as peças não essenciais e projetar produtos com aparência maravilhosamente simples, como o iPod, o iPhone e o iPad. Em rara entrevista, Jobs disse uma vez para a *BusinessWeek*: "A inovação surge ao dizermos 'não' para milhares de coisas para garantir que não tomemos o caminho errado ou que tentemos fazer demais."[28]

Projete ofertas simples, desde o início. Em vez de simplificar os produtos sofisticados existentes, retirando recursos, as empresas precisam projetar e desenvolver produtos inteiramente novos, para que verdadeiramente incorporem o espírito da simplicidade. Além de atrair os clientes, reduz custos e ajuda as empresas a gerarem avanços mais duradouros no processo de inovação.

Uma empresa que aprendeu da maneira mais difícil a ineficácia de simplificar produtos já existentes é a Siemens AG. Com sede na Alemanha, a Siemens é uma potência mundial em eletrônicos e engenharia elétrica, atuando nos setores de indústria, energia e saúde. Fundada por um engenheiro em 1847, a Siemens emprega em torno de 30.100 pesquisadores para gerar cerca de 40 invenções por dia. Ela detém um total de 57.900 patentes e registrou 4.300 só em 2010.[29] A Siemens vende produtos altamente sofisticados, desde geradores de energia a trens de alta velocidade, de aparelhos de ressonância magnética a turbinas de vento, a usuários da área de negócios, desde pequenas a grandes empresas, bem como governos nacionais e locais. A Siemens concorre de igual para igual com a GE no mundo todo, em todos os negócios.

Buscando escapar do clima econômico recessivo do Ocidente, a Siemens tem se expandido agressivamente nos mercados emergentes em crescimento, sobretudo no Brasil, na Rússia, na Índia e na China. Ao longo dos últimos cinco anos, a Siemens mais que dobrou as vendas nos mercados emergentes, que representam agora 30% das receitas globais de vendas da companhia.[30] A estratégia inicial para ir ao mercado nos países emergentes consistiu em simplificar produtos existentes no Ocidente (como os caros e excessivamente sofisticados aparelhos de ressonância magnética e turbinas de energia) e adaptá-los às exigências locais. Mas a estratégia de "produtos locais" não evoluiu muito bem com os clientes nos mercados emergentes, que se queixavam de que os produtos eram ainda muito caros e complicados em termos de uso e manutenção. Conforme reconhece Armin Bruck, diretor administrativo da subsidiária indiana da Siemens: "Os clientes novos querem interfaces simples. Eles não gostam ou precisam de recursos avançados demais e exagerados."[31] Esta realidade de mercado levou Peter Löscher, CEO mundial da Siemens, a reconhecer que seus produtos precisavam de um tipo diferente de inovação nos mercados emergentes. Ele observa que "o que conta aqui [nos mercados emergentes] é a simplicidade e não a sofisticação".[32]

Em 2005, as restrições trabalhistas e financeiras dos mercados emergentes levou a Siemens a desenvolver uma estratégia arrojada para novos produtos chamada SMART: **S**imples, de **M**anutenção simples, **A**cessível, com **R**ecursos confiáveis e chegando a **T**empo no mercado. A Siemens define o SMART como novas maneiras de usar velhas tecnologias e desenvolver soluções "suficientemente boas" para um segmento inicial do mercado, ao mesmo tempo que permite que sejam aprimorados. Além do custo-benefício, a filosofia SMART enfatiza a facilidade de instalar, operar e fazer a manutenção.[33] Conforme ressalta Armin Bruck: "Nossa iniciativa para novos produtos [SMART] foi estabelecida para concepção de produtos simples, que atendam às exigências iniciais [dos mercados emergentes]."[34]

Os produtos SMART estão sendo projetados de forma econômica desde o início, em mercados emergentes como a Índia e a China, utilizando talentos em P&D locais, inteiramente responsáveis pelo desenvolvimento dos produtos. A equipe chinesa de P&D, por exemplo, tem produzido equipamentos médicos de baixo custo, como as máquinas de raios X de fácil instalação e operação por hospitais em pequenas cidades chinesas, onde quase não há técnicos qualificados. De forma semelhante, os engenheiros de P&D da Siemens na Índia estão desenvolvendo pequenas redes locais de energia elétrica que conseguem utilizar várias fontes de energia (desde solar a cascas de coco) para fornecer eletricidade a um típico vilarejo indiano com 5.100 famílias. Essas pequenas usinas de energia podem ser implantadas facilmente e requerem manutenção limitada.[35] A Siemens estima um mercado potencial para produtos SMART de cerca de €12 bilhões (US$15,6 bilhões), considerando apenas a Índia.[36]

A Siemens emprega atualmente 15.500 engenheiros em P&D nos mercados emergentes, muitos dos quais envolvidos em projetos de desenvolvimento de produtos SMART. Somente na Índia, a Siemens tem mais de 60 produtos SMART em desenvolvimento e planeja lançar metade em 2012.[37] A empresa acha que, ao projetar produtos SMART totalmente novos em mercados emergentes, consegue economizar de 20% a 40% em custos de desenvolvimento, se comparado com a adaptação ou fabricação local de produtos concebidos no Ocidente. Embora os produtos SMART estejam posicionados como de faixa inferior no portfólio global da Siemens, são altamente lucrativos. Graças em parte aos produtos SMART, a empresa gerou €22 bilhões (US$28,7 bilhões) em receitas nos mercados de produtos de faixa inferior no ano fiscal de 2010, correspondendo ao *dobro* do valor no ano fiscal de 2005. Os mercados de produtos de faixa inferior respondem agora por 30% das receitas globais da Siemens, acima dos 20% que representavam em 2005.[38] Além disso, ela pretende vender esses produtos SMART de faixa inferior a clientes cansados da recessão nos Estados Unidos e Europa, que passaram a buscar soluções simples e acessíveis. Os engenheiros indianos da Siemens, por exemplo, em parceria com engenheiros alemães, desenvolveram o Monitor Fetal, aparelho que monitora as batidas do coração de fetos. Este dispositivo utiliza uma tecnologia de microfone simples, mas engenhosa, em vez do caro ultrassom. Assim, o aparelho tem grande potencial de mercado, tanto nos emergentes quanto nas economias desenvolvidas.[39]

Adote a filosofia de projeto universal para aumentar a capacidade de utilização das ofertas. O projeto universal é uma filosofia que celebra a diversidade da humanidade e estimula as empresas a conceber produtos que possam ser usados pelo maior número de pessoas.[40] Entre os exemplos de projeto universal estão edifícios com acesso para todos em vez de entrada em separado para pessoas com deficiência, instalações unissex nas quais tanto homens quanto mulheres tenham um lugar para atender às necessidades de uma criança e gráficos ou sinais reconhecidos e compreendidos por qualquer pessoa, independentemente de seu idioma.

A OXO, da área de bens de consumo, é uma das empresas americanas que mais defende o projeto universal. Ao longo do tempo, ela construiu uma justa reputação de simplicidade, e oferece produtos, ao mesmo tempo, tecnicamente superiores e fáceis de usar. Como a OXO conseguiu? Ela se concentra na essência do problema compartilhado por muitos clientes, em todos os segmentos demográficos, e então projeta produtos amigáveis ao usuário que atendem com precisão suas necessidades latentes. Essa abordagem a tem ajudado a lançar muitos produtos que constam da relação de mais vendidos, cuja simplicidade atrai um público mais amplo, incluindo utensílios de cozinha, como um misturador de salada que pode ser usado com uma única mão, copos de medição de líquidos que podem ser lidos de cima para baixo, sem necessidade de virar, e chaleiras com tampas que apitam e se abrem automaticamente quando inclinadas para verter a água.[41] A OXO chegou até a utilizar a filosofia de projeto universal para desenvolver uma seringa "fácil de usar", para pacientes com artrite reumatoide, que dificulta a autoaplicação das injeções.[42]

Faça engenheiros e pro jetistas industriais trabalharem em conjunto. Derrubar o Muro de Berlim pode ter sido mais fácil que desmantelar o muro mental que separada os engenheiros amantes da tecnologia e os projetistas centrados no usuário. No entanto, o muro mental deve ser derrubado para se atingir o equilíbrio apropriado entre a função complexa e o projeto simples. As empresas devem entender que incorporar a simplicidade desde o início, durante a fase de conceituação do produto, é *várias* vezes mais eficaz em termos de custos do que fazê-lo como reflexão posterior nas fases finais do processo de desenvolvimento. Reconhecendo esse fato, empresas com visão de futuro, como a Google e o Facebook, incentivam os engenheiros e designers a trabalhar desde o início em equipes multifuncionais para assegurar que o desempenho não seja sacrificado em prol da simplicidade e vice-versa. No Facebook, por exemplo, os designers de produto e comunicação, engenheiros, escritores e pesquisadores trabalham todos em conjunto, em equipes multidisciplinares que criam novos recursos do produto com objetivo compartilhado: continuar a melhorar a experiência do usuário sem sacrificar a simplicidade (ver estudo de caso detalhado sobre o Facebook mais adiante neste capítulo).

Simplifique arquiteturas de produtos e reutilize plataformas. Os engenheiros de P&D são como artesãos: muitas vezes gostam de criar as próprias tecnologias ou componentes desde o início, mesmo quando concorrentes estão prontamente disponíveis no mercado. Mas a abordagem "reinvente a roda" frequentemente leva a longos ciclos de desenvolvimento e resulta em produtos caros e com excesso de sofisticação. No entanto, em uma economia com restrição de recursos é vital a reutilização de componentes prontamente disponíveis para fazer produtos "suficientemente bons", que deem conta do recado. Uma maneira de fazer isso é simplificando as arquiteturas de produtos e reutilizando peças semelhantes, comuns a vários produtos em um portfólio.

Mary Barra está tentando fazer exatamente isso na GM (General Motors). Barra, a mulher com cargo executivo mais alto na história da GM, é responsável pelo projeto e engenharia de todos os carros da GM no mundo. Seu chefe, Dan Akerson, CEO da GM, lhe deu uma difícil missão: corte vários meses do ciclo de desenvolvimento de produtos da GM, que atualmente duram de 3 a 4 anos, reduza 25% os custos de desenvolvimento e produção e faça cada carro parecer moderno e atraente. Barra está enfrentando a tarefa hercúlea com entusiasmo, eliminando a complexidade dos processos de P&D notoriamente complexos pela consagração da simplicidade como princípio central da nova abordagem de desenvolvimento de produtos da montadora.[43]

Historicamente, dois fatores têm atormentado os processos de P&D da GM. Em primeiro lugar, dada sua cultura de descentralização, marcas diferentes em várias localizações geográficas no mundo têm coordenado projetos de P&D independentes e, muitas vezes, redundantes, o que levou à proliferação de plataformas de produtos e a custos maiores. Em segundo lugar, os engenheiros da empresa têm predileção por criar cada carro novo desde o início, o que tornou todo o processo de desenvolvimento mais lento e oneroso. O resultado foi uma estrutura global desorganizada e subutilizada de P&D, tão complexa quanto um quebra-cabeça.

Barra está lutando para racionalizar e simplificar essa organização caótica criando *plataformas globais*, que permitirão que cada marca da GM seja construída com a mesma arquitetura, seja nos Estados Unidos, na Europa, na China, na Índia ou no Brasil. Essas plataformas globais permitirão que motores e subsistemas também sejam compartilhados por todas as marcas, resultando em enormes cortes de custo e entrega mais rápida ao mercado para todos os novos modelos de carros do mundo. Atualmente, apenas 30% dos produtos GM compartilham arquiteturas básicas globais. Até 2018, porém, Barra quer que 90% dos modelos de automóveis sejam construídos em plataformas globais.[44]

O compartilhamento de plataforma é apenas uma faceta da estratégia de grande simplificação de Barra. A outra é chamada de *peso leve* (ou seja, redução de peso). O objetivo é simplificar a própria arquitetura básica para fabricar carros significativamente mais leves. A filosofia do "peso leve" acontece quando se fazem centenas de pequenas reduções de peso em toda a arquitetura do produto; substituindo, por exemplo, peças pesadas de aço e alumínio por fibras mais leves de carbono. O resultado líquido será um consumo muito menor de combustível, obsessão dos fabricantes de automóveis desde que os legisladores americanos aprovaram uma nova lei, em julho de 2011, impondo exigências rígidas para o consumo de combustível. As montadoras americanas, incluindo a GM, estão engajadas em uma corrida para melhorar a atual média de desempenho de seus carros, de 11,7 quilômetros por litro de gasolina para 23,2 quilômetros por litro até 2025, conforme exigido pela nova lei.

No início, os esforços de Barra para simplificar os processos de desenvolvimento da GM podiam parecer sufocar a liberdade criativa dos engenheiros de P&D. Contudo, essas restrições têm a capacidade de fornecer o impulso para o desenvolvimento de uma mentalidade jugaad na GM, ao promover uma "competição" saudável. De fato, é possível imaginar as equipes de P&D da empresa nos Estados Unidos, na Europa e na Ásia colaborando para simplificar a arquitetura básica do produto, enquanto competem entre si como inovadores jugaad para mostrar qual região consegue desenvolver os carros mais badalados e acessíveis, amigáveis ao usuário e sustentáveis, com todas as regiões usando a mesma arquitetura básica simplificada do produto.[45]

Faça simples, não simplista. A simplicidade é geralmente o antídoto mais poderoso para a complexidade. Porém, ser simples não necessariamente significa ser simplista; de forma realista, a complexidade não pode ser ignorada ou evitada. Na verdade, os inovadores precisam adotar a complexidade de um problema para então encontrar uma maneira simples de enfrentá-la ou contorná-la. Considere o mecanismo de busca do Google. A tecnologia por trás é típica de ciência aeroespacial: o software de busca consegue resolver, em menos de um segundo, uma equação de mais de 5 milhões de variáveis para classificar em termos de relevância mais de 8 bilhões de páginas da internet. No entanto, os 300 milhões de usuários que fazem 2 bilhões de buscas diariamente no Google ficam totalmente alheios aos complexos algoritmos executados toda vez que clicam em "Pesquisa Google". A página inicial minimalista e intuitiva do Google inteligentemente esconde a funcionalidade altamente complexa do mecanismo de busca.[46]

Segundo Marissa Mayer (atualmente vice-presidente de serviços geográficos e locais da Google e anteriormente encarregada pela aparência do site de busca, função em que atuou como "policial da simplicidade"): "O Google tem a funcionalidade de um canivete suíço realmente complicado, mas a página inicial é a maneira de nos parecermos com ele. O canivete é simples, elegante, você consegue colocá-lo no bolso, mas é um excelente acessório quando necessário." Em torno dessa metáfora, Mayer compara os produtos dos concorrentes a um "canivete suíço aberto", que pode intimidar os usuários e possivelmente prejudicá-los. É esta preocupação obsessiva com a simplicidade que ajuda a explicar por que o Google controla uma participação de aproximadamente 60% (e crescente) do mercado de busca.[47]

Em suma, as empresas ocidentais podem ganhar em simplicidade, concentrando-se nas necessidades dos clientes, racionalizando as arquiteturas de produtos, otimizando processos de P&D e incentivando a colaboração entre projetistas e engenheiros, exatamente como têm feito a Siemens, a GM e a Google. Em última análise, para que a simplicidade faça parte do DNA, os líderes ocidentais precisam redesenhar a organização inteira em torno dela, em um movimento ousado realizado por grandes corporações como a Philips e startups da Era Digital, como o Facebook.

COMO O FACEBOOK ESTÁ LIDERANDO A REVOLUÇÃO DA BAIXA TECNOLOGIA

O Facebook entende a importância de criar uma interface simples para o rico conteúdo de mídia social que fornece à base extremamente diversificada de usuários. Ao fazer da simplicidade o eixo central de sua estratégia de design do produto, o Facebook desenvolveu uma ferramenta fácil de usar, que rapidamente conquistou os corações de mais de 800 milhões de usuários em todo o mundo.

Quase metade da população dos Estados Unidos tem uma conta no Facebook. A revista *Entertainment Weekly*, ao colocar o Facebook na lista dos "melhores" do fim da década, perguntou: "Como perseguíamos nossos 'ex', nos lembrávamos dos aniversários dos colegas de trabalho, incomodávamos nossos amigos e jogávamos o empolgante Scrabulous antes do Facebook?".[48]

A enorme popularidade do Facebook e o forte apelo global vêm em grande parte da interface com o usuário extremamente simplificada. Comparado com outros sites chamativos, o Facebook pode até parecer anacrônico. O site tem uma aparência *clean*: fácil de navegar pelo conteúdo, poucas opções de menu e sem gráficos reluzentes. Criar novos conteúdos no Facebook é muito fácil; não precisa ser um desenvolvedor especialista em internet para fazê-lo, o que pode explicar por que, no momento em que estamos escrevendo, o usuário médio do Facebook cria mais de 90 itens de conteúdo por mês, somando-se aos mais de 30 bilhões de itens de conteúdo compartilhados pela rede. Em suma, a interface do Facebook é tão simples que até crianças conseguem usá-lo, e é exatamente o que fazem! De acordo com o ConsumerReports.com, existem 7,5 milhões de crianças menores de 13 anos com contas no Facebook.

A interface minimalista do Facebook não é aleatória: foi intencionalmente concebida utilizando um princípio frugal e de inclusão social chamado "design social". Ao contrário do design tradicional de software, que produz algoritmos de tecnologia abstrata, o design social desenvolve novos recursos com base em como pessoas reais interagem no mundo real. Os defensores do design social buscam melhorar a maneira como as pessoas constroem conexões entre seres humanos (não conexões entre um ser humano e a interface) na internet. Conforme explica Kate Aronowitz, diretora de design do Facebook:

A simplicidade é fundamental na criação do "design social", que se refere, na realidade, a fazer o design de produtos em torno de pessoas. Assim, quando falamos sobre design, não estamos apenas falando sobre projetos de cores e formas, mas sobre design de produtos que focam as pessoas. Por exemplo, muitas pessoas olham para o esquema tranquilo de cores azul e branco do Facebook e se perguntam onde está o papel do design. A verdadeira arte aqui é colocar o produto como pano de fundo para que as pessoas se lembrem das interações com os amigos e não do próprio site. Em última análise, o desafio do design social está em criar um produto que discretamente melhore tanto as interações on-line quanto as reais.[49]

Para fornecer essas experiências autênticas aos usuários, os designers do Facebook utilizam palavras em inglês do cotidiano das pessoas, em vez de jargões ou modismos para os recursos do site. Conforme explica Christopher Cox, vice-presidente de produto: "Em 2005, decidimos criar um produto de fotografias que chamamos de Fotos. Outras pessoas na época usavam nomes como Flickr, Picasa, Photobucket, não é verdade? Muito voltado para determinados nichos. Em vez disso, usamos palavras comuns. Procuramos ficar em segundo plano. Projetamos um ambiente no qual não haja outros objetos para interferir. Fotos são fotos. Bate-papo é bate-papo. Grupos são grupos. Tudo apenas é."[50]

"Ficar em segundo plano" não é fácil para startups do Vale do Silício que, em geral, gostam de impressionar os usuários com suas proezas tecnológicas. No Facebook, porém, o usuário é rei, e pode estar em Nova York, Cidade do Cabo, Mumbai ou Ulan Bator. Em um esforço para acomodar a diversidade espantosa de sua base, que logo chegará a 1 bilhão de usuários, o Facebook prefere optar pelos princípios mais universais ao lançar novos recursos, para que qualquer usuário em qualquer continente consiga intuitivamente entender e usá-los independentemente de idade, formação cultural e habilidade técnica. Pegue, por exemplo, os recursos "Curtir", "Comentar" e "Compartilhar", que permitem dividir com outros suas opiniões sobre uma foto, um link ou um status. Esses recursos discretos e fáceis de usar têm feito enorme sucesso com usuários do mundo inteiro, independentemente do idioma que falam. De muitas maneiras, o vocabulário Facebook está fornecendo os alicerces para uma linguagem universal, que se esforça para unir a humanidade enquanto celebra a diversidade.

Reena Jana, ex-editora da *BusinessWeek*, que tem estudado bastante a cultura de design do Facebook, observa que o design minimalista do site pode parecer pouco sofisticado para os conhecedores da área (curadores de museus e diretores de criação), que veem a interface como "fria" e "sem encanto". No entanto, Jana acredita que esses especialistas estão avaliando o Facebook com base em estruturas tradicionais de referência, enquanto o Facebook está criando todo um novo paradigma de design, que procura replicar on-line as conexões humanas que ocorrem fora do computador mantendo-as simples, diretas e genuínas.[51]

Ao privilegiar a simplicidade em relação à sofisticação, o Facebook está iniciando uma verdadeira revolução no setor de tecnologia global, que poderia ser chamada de "revolução da baixa tecnologia".

CONCLUSÃO

Os inovadores jugaad acomodam a tremenda diversidade de necessidades dos clientes em mercados emergentes ao integrar a simplicidade em sua cultura e em seu projeto de solução, de forma muito parecida como a Philips, Siemens, Google, GM e Facebook estão fazendo no Ocidente. Essa simplicidade torna suas soluções baratas e acessíveis, não apenas para os clientes tradicionais, mas para os que vivem à margem da sociedade. De fato, movidos pela empatia e por um senso de equidade social, os inovadores jugaad geralmente usam a criatividade para imaginar modelos de negócios que promovam a inclusão social e que, de forma lucrativa, atendam às necessidades dos segmentos de consumidores carentes, ignorados pelas empresas tradicionais. No próximo capítulo, vamos analisar como, ao dar chance aos excluídos, os inovadores jugaad conseguem ampliar o alcance de suas ofertas a um público muito maior, de forma socialmente justa *e* economicamente viável.

CAPÍTULO 6

Princípio 5
Dê chance aos excluídos

*Necessitamos de um sistema de capitalismo com inclusão social
que possa ter dupla missão: gerar lucros e melhorar a vida dos que
não se beneficiam completamente das forças de mercado.*
BILL GATES, PRESIDENTE DA MICROSOFT CORPORATION

Em 2004, o Dr. Rana Kapoor deixou o emprego em uma multinacional para iniciar um banco com inclusão social, que atenderia de maneira sustentável às necessidades financeiras da faixa mais ampla possível de consumidores. O Dr. Kapoor achava que os bancos deveriam servir à economia de um país em vez de a seus arrogantes donos. Sua visão de atender às necessidades da economia na Índia se estendia aos 600 milhões de indianos sem acesso a banco. Para concretizá-la, ele contratou para seu novo empreendimento – um "banco responsável", que denominou YES BANK – algumas das mentes mais brilhantes do setor. Kapoor convidou os recrutados a aplicarem sua criatividade para atender às necessidades financeiras da média das famílias e empresas indianas.[1]

Ao longo dos anos, o YES BANK foi pioneiro em muitas iniciativas para disponibilizar serviços financeiros às massas, seja diretamente ou por intermediários. O banco utiliza sofisticados instrumentos financeiros, disponíveis até então apenas a grandes empresas, para desenvolver ofertas para pequenas e médias empresas e organizações sem fins lucrativos. Especificamente, ele toma emprestado produtos de ponta, utilizados em bancos de investimento do segmento mais sofisticado do mercado, e os adapta a bancos de desenvolvimento; por exemplo, securitizando os microempréstimos de MFIs (Instituições de Microfinanças) e vendendo-os a investidores institucionais como debêntures conversíveis. Assim, essas MFIs ganham acesso a capital adicional, que lhes permite emprestar dinheiro a mais pessoas.[2]

O YES BANK, fundado por um empreendedor jugaad, está especialmente interessado em apoiar o desenvolvimento de microempresários que, até então, eram excluídos do sistema bancário tradicional. Com este intuito, o banco desenvolveu vários instrumentos simples, mas eficazes, de inclusão financeira para simplificar o acesso a capital aos microempresários. Por exemplo, o YES BANK notou que não havia solução viável no mercado para avaliação de crédito de microempresários que não mantinham registros formais dos negócios nem arquivavam os detalhes dos negócios com as autoridades. Para suprir esta deficiência, o banco desenvolveu o CAT (Credit Appraisal Toolkit – Kit de Avaliação de Crédito), ferramenta de análise de dados em Excel, que compara detalhes fornecidos verbalmente por um microempresário que solicita um empréstimo com os coletados anteriormente dos colegas, para melhor e mais rápida decisão de aprovação de crédito.[3]

No entanto, o aspecto mais importante é que o modelo de inclusão do YES BANK (alimentado por inovações jugaad) é lucrativo. Embora 46% dos empréstimos do banco se estendam aos segmentos carentes da economia na Índia, ele ainda ganha 2% em relação ao custo dos empréstimos, embora muitos bancos recebam de 1% a 1,5% menos do que os empréstimos lhes custam. Conduzido pelo modelo bancário bem-sucedido, o Dr. Rana Kapoor pretende aumentar as receitas do YES BANK dos atuais US$4,6 bilhões para US$30 bilhões até 2015. Ele destaca: "No YES BANK, nosso principal foco é permitir a sustentabilidade social, que, por sua vez, ajuda a impulsionar a sustentabilidade do negócio. Atendemos aos segmentos marginalizados da sociedade não como parte de uma iniciativa de RSE, mas como um componente essencial de nosso modelo de negócios de inclusão social. Não vejo contradição alguma entre fazer o bem para a sociedade e, ao mesmo tempo, gerar resultados para os acionistas."

Os mercados emergentes estão repletos de inovadores jugaad que, como o Dr. Rana Kapoor, estão incluindo com sucesso segmentos marginalizados da sociedade, tanto no papel de consumidores quanto no de empregados. Esses inovadores estão mostrando como a inclusão dos marginalizados não só permite maior bem social como faz muito sentido em termos de negócio: é lucrativa e promove a inovação. Neste capítulo, analisaremos detalhadamente como e por que os inovadores jugaad dão chance aos excluídos.

Boa parte de empresas ocidentais, por outro lado, muitas vezes ignora os consumidores e funcionários excluídos, pois os consideram não lucrativos, complexos para atender ou não suficientemente valiosos para incluí-los nos processos de inovação, a despeito da crescente diversidade no Ocidente (devido ao envelhecimento da força de trabalho e da expansão das minorias étnicas) e do aumento da quantidade dos economicamente marginalizados, mesmo na classe média. Neste capítulo, analisaremos também como as empresas ocidentais podem aprender com inovadores jugaad como o Dr. Rana Kapoor a incluir de forma lucrativa os grupos marginalizados.

INCLUSÃO: IMPERATIVO MORAL LÓGICO NOS NEGÓCIOS

Para entender o que leva os inovadores jugaad como o Dr. Rana Kapoor a incluir os segmentos de consumidores marginalizados em seus modelos de negócios com fins lucrativos, precisamos entender primeiro o ambiente no qual os inovadores jugaad atuam. Como já discutimos em capítulos anteriores, os mercados emergentes possuem três características (escassez, diversidade e interconectividade) que, em conjunto, constituem um imperativo para inclusão dos marginalizados.

Em primeiro lugar, como já apontado no Capítulo 3, os mercados emergentes são caracterizados pela *escassez* generalizada em muitas frentes. Em virtude da infraestrutura subdesenvolvida, dos governos ineficazes e do crescimento acelerado da população, milhões de pessoas na África, na Índia e na América Latina não têm acesso a serviços básicos, como saúde, educação e energia. Apenas na Índia, mais de 600 milhões de cidadãos, principalmente da zona rural, estão excluídos do setor bancário, e um número quase igual vive fora do alcance da rede elétrica. No entanto, há o lado positivo da escassez generalizada: milhões de cidadãos excluídos são equivalentes a milhões de clientes em potencial. Para empreendedores dispostos a enfrentar o desafio, a escolha de dar chance aos excluídos promete muitas oportunidades potencialmente lucrativas de construir negócios completamente novos.

Em segundo lugar, muitas economias emergentes também se caracterizam por uma *diversidade* espantosa. A enorme heterogeneidade social, econômica e cultural dessas populações (na Índia existem 22 idiomas reconhecidos e mais de 2.500 dialetos) agrava os desafios impostos pela escassez. Assim, a exclusão não pode ser enfrentada com uma abordagem "tamanho único para todos" em que, por exemplo, um único produto ou serviço atenda à maioria da população (abordagem geralmente preferida pelas grandes empresas). Na verdade, a inclusão requer uma abordagem da inovação que seja sensível às diferenças individuais e às circunstâncias locais. O desafio intelectual e criativo de atender às necessidades diversificadas de um grande número de pessoas de forma econômica é um grande estímulo aos inovadores jugaad.

Em terceiro lugar, a profunda *interconectividade* nos mercados emergentes amplifica o sentimento de exclusão e, ao mesmo tempo, oferece maneiras interessantes de reduzi-la. Mesmo as pessoas pobres em vilarejos distantes na África ou na Índia têm agora acesso à televisão a cabo e percebem o que estavam perdendo. A capacidade de ver o que o mundo tem a oferecer os faz aspirar a muito mais e melhores oportunidades. O acesso generalizado a telefones celulares (a Índia registra 10 milhões de assinantes novos de celulares por mês, a maioria da zona rural) cria muitas novas oportunidades para a inclusão social. Por exemplo, mesmo os pequenos empreendedores podem agora aproveitar a computação móvel como plataforma rentável para fornecer educação, saúde e serviços financeiros às massas.

Em suma, a escassez, a diversidade e a interconectividade estão em conjunto levando inovadores jugaad, como o Dr. Rana Kapoor, a construir negócios em torno das necessidades e aspirações de consumidores e empregados marginalizados. Mas *como* esses inovadores incluem com sucesso e de forma lucrativa os grupos marginalizados e o que serve de base para que consigam fazê-lo?

CRIAÇÃO DE VALOR EM CONJUNTO COM OS EXCLUÍDOS

Inovadores jugaad como o Dr. Rana Kapoor estão exclusivamente direcionados para responder às pressões externas e às oportunidades que enfrentam. Muitas vezes, eles vivem perto dos segmentos marginalizados, percebem em primeira mão suas necessidades não atendidas e têm uma compreensão intuitiva de como satisfazê-las. Eles também possuem um sentimento de justiça que os leva a tornar os serviços básicos, como educação, saúde e energia, acessíveis a todos. Finalmente, os inovadores jugaad acreditam no que Bill Gates chama de "capitalismo criativo" (isto é, sabem como empregar modelos de negócios com fins lucrativos para provocar mudanças sociais)[4]. Os inovadores jugaad trabalham com essas características para atrair com sucesso os excluídos, das maneiras que descrevemos a seguir.

Abordando os excluídos como mercados completamente novos. Os inovadores jugaad não se limitam a tratar os grupos marginalizados como mais um segmento no qual despejar produtos existentes. Na verdade, eles abordam os excluídos como mercados completamente novos, que precisam ser atendidos com modelos de negócios inteiramente *novos*. Por exemplo, os grandes fornecedores de tecnologia se vangloriam dos recursos de acessibilidade embutidos em seus produtos existentes para permitir a utilização de deficientes físicos. Porém, poucas empresas surgem com produtos novos – muito menos com modelos de negócios inteiramente novos – dedicados a atender, por exemplo, pessoas cegas.

Uma exceção notável é Abhi Naha, da companhia de telefones celulares Zone V. Após duas décadas de experiência como executivo em empresas do terceiro setor, Naha fundou a Zone V com a intenção expressa de desenvolver celulares para uso exclusivo de pessoas cegas ou com algum grau de deficiência visual.[5] No mundo, existem 284 milhões de pessoas cegas ou com deficiência visual, dois terços das quais são mulheres.[6] Naha está pessoalmente determinado a capacitá-las por meio de tecnologia móvel, especialmente nos países em desenvolvimento, onde são rejeitadas e excluídas das oportunidades econômicas e de educação.

Em 2013, a Zone V lançará três modelos de telefones celulares. O primeiro, um smartphone sofisticado com interface mais simples, destinado a idosos na Europa (e mais tarde nos Estados Unidos) com visão regular, mas que também poderá ser usado por pessoas cegas ou com deficiência visual. O segundo será um smartphone para o segmento intermediário do mercado, dirigido principalmente para pessoas cegas ou deficientes visuais em áreas urbanas de mercados emergentes. O terceiro será um telefone básico de baixo custo com recursos valiosos para cegos que vivem na base da pirâmide socioeconômica. Os três modelos serão desenvolvidos e comercializados em conjunto com uma rede global de parceiros para projeto, fabricação e distribuição.

Naha estima que o mercado mundial de telefones celulares para pessoas cegas ou com deficiência visual, assim como para cidadãos mais velhos com visão regular, seja superior a €1 bilhão (US$1,36 bilhão). A Zone V atuará como empresa com fins lucrativos e inicialmente será dirigida a pessoas cegas ou com deficiência visual nas economias ocidentais, com celulares fáceis de usar, mas com design maravilhoso. Parte dos lucros obtidos com as vendas na Europa e nos Estados Unidos ajudará a Zone V a criar telefones de custo bastante baixo, fornecidos a mulheres cegas na Índia e na África, em uma base sem fins lucrativos. Abhi Naha é verdadeiramente um visionário. O que mais se poderia dizer de alguém que aspira a criar um mundo em que a falta de visão física não signifique falta de visão do mundo?

Ajudando todos a subir na hierarquia de necessidades de Maslow. Os empreendedores jugaad reconhecem que mesmo os consumidores de baixa renda têm aspirações elevadas e estão ansiosos para subir na pirâmide de hierarquia de necessidades de Maslow (segundo o psicólogo americano Abraham Maslow, as pessoas se deparam com uma hierarquia de necessidades: as básicas, como alimento e segurança, vêm em primeiro lugar, seguidas por um nível maior de necessidades, como a de pertencer a um grupo, status e estima, e com a realização pessoal no topo da hierarquia).

Portanto, os inovadores jugaad não enganam os consumidores de baixa renda com relação à qualidade: sabem que, embora de baixa renda, esses consumidores são muito *exigentes*. Assim, os inovadores jugaad se esforçam para oferecer produtos de valor, mas acessíveis, aos segmentos marginalizados. Por exemplo, como já mencionamos, o YES BANK adaptou produtos sofisticados de bancos de investimento para bancos de desenvolvimento, que, por sua vez, ajudam as MFIs a ter acesso a capital adicional para que possam oferecer microempréstimos a mais pessoas.

Da mesma forma, a Zone V está incorporando até mesmo a seus telefones de baixo custo um design sofisticado para torná-los mais atraentes a mulheres cegas nos países em desenvolvimento. Para este fim, Naha contratou Frank Nuovo para o cargo de diretor de design da Zone V. Nuovo foi diretor de design da Nokia e um dos fundadores da Vertu (produtos da Nokia para o segmento de telefones de luxo, que representa um mercado de US$1 bilhão), onde permanece como diretor de design. Embora continue a projetar telefones encrustados de diamantes para os muito ricos, Nuovo entrou na Zone V determinado a tornar o luxo barato e acessível às massas. Em especial, está projetando telefones para a Zone V que, embora com estilo e aparência moderna, não são caros e oferecem experiência de alta qualidade a consumidores cegos da parte inferior da pirâmide, dando-lhes um telefone do qual possam se orgulhar e que, ao mesmo tempo, lhes ajudem a elevar seu status dentro da comunidade (ver Capítulo 3 para mais exemplos sobre como os empreendedores jugaad fornecem mais valor a custo mais baixo a mais pessoas).

Embora as pessoas na base da pirâmide efetivamente se preocupem em satisfazer suas necessidades básicas, como abrigo e alimentos, também têm necessidades de *ordem mais elevada,* tais se divertir e parecer bonitas. Muitas empresas, especialmente as multinacionais, não têm esse entendimento. Rama Bijapurkar, especialista indiano de marketing e autor de *Winning in the Indian Market,*[7] diz: "Toda criança, pobre ou rica, tem o direito de se divertir. É um direito básico.

No entanto, os parques temáticos ocidentais, com ingressos caros, tendem a excluir pessoas de baixa renda. Esse modelo excludente de negócio não vai funcionar em um mercado emergente como a Índia, onde 300 milhões de pessoas ainda ganham US$1 por dia e também querem ter direito ao lazer."[8]

Como se estivesse se referindo diretamente a esta questão, Xavier López Ancona, empreendedor mexicano, fundou a KidZania, na Cidade do México, em 1999, para tornar o entretenimento mais abrangente, além de aumentar o valor educacional. O KidZania é um parque temático coberto, com preços razoáveis, onde crianças de 4 a 12 anos brincam de ser adultos em um ambiente realista, seguro e divertido. No KidZania as crianças executam tarefas do "mundo real" (como médicos, âncoras de televisão, bombeiros, policiais, pilotos ou lojistas) e são pagos em moeda "kidZo", que podem usar para comprar bens e serviços. Em sua encenação, as crianças recebem orientação e apoio de "Zupervisores" adultos. Construído em escala para crianças, o KidZania é completo, com ruas pavimentadas, carros, edifícios, economia ativa e estabelecimentos da vida real, como hospitais, bancos, quartéis de bombeiros e supermercados. O sucesso do parque da Cidade do México (10 milhões de crianças já o visitaram) incentivou Ancona a abrir mais parques não apenas em cidade de mercados emergentes, como Jakarta e Dubai, mas em Tóquio, Seul e Lisboa. Até hoje, 20 milhões de crianças visitaram os parques KidZania em todo o mundo. O Walt Disney Parks and Resorts e o Six Flags deveriam tomar cuidado: o KidZania está planejando entrar no mercado americano em futuro próximo.[9]

Da mesma forma, no início dos anos 1990, Heloísa Helena Assis (conhecida como Zica) constatou a necessidade básica de as mulheres carentes parecerem bonitas. Ex-cabeleireira, criada em uma família com mais 12 irmãos nas favelas do Rio de Janeiro, Zica sabia que as mulheres não podiam se dar o luxo de ir a salões de beleza caros ou spas em cidades que cobram um adicional por serviços como cuidados com o cabelo. Ela também observou que as mulheres brasileiras tendiam a ir ao cabeleireiro para alisar os cabelos encaracolados. Zica pensou: "E se eu desenvolvesse um produto e um processo específico para aplicá-lo que pudesse melhorar o cabelo crespo das mulheres brasileiras em vez de alisá-lo? Isso as ajudaria a encontrar a beleza em sua aparência natural." Após várias experiências no próprio cabelo encaracolado, ela chegou à fórmula correta: um creme que podia hidratar e relaxar o cabelo e ainda preservar sua estrutura natural, sem alisá-lo.[10] Patenteou sua fórmula exclusiva sob o nome Super Relaxante. Como passo lógico seguinte, Zica abriu em 1993 um salão

132 *A inovação do improviso*

de beleza no Rio de Janeiro, chamado Beleza Natural, onde poderia testar a fórmula Super Relaxante em clientes. A fórmula e o salão foram um sucesso. Zica imediatamente expandiu o negócio e abriu mais salões com três outros sócios.

O Beleza Natural atualmente opera 12 salões, localizados no Rio de Janeiro, no Espírito Santo e na Bahia, principalmente com foco em mulheres de baixa renda, todos dirigidos por mulheres das comunidades locais. Cada salão atende mais de mil clientes por dia, tratando mais de 40 clientes de cada vez, por um rápido processo de sete etapas. Os salões agora também vendem uma linha completa de produtos para os cabelos, desenvolvidos pela unidade de fabricação do Beleza Natural, Cor Brasil, em parceria com importantes pesquisadores em universidades brasileiras.[11] O Beleza Natural atende atualmente mais de 70 mil clientes, e as receitas de vendas da empresa crescem a uma taxa de 30% ao ano. Desde 2005, o Beleza Natural aumentou suas receitas em 918% e expandiu o quadro de pessoal em 214%, empregando hoje mais de 1.400 pessoas. "Acima de tudo, vendemos autoestima", explica Assis. "Vi uma oportunidade de fazer todas as mulheres brasileiras se sentirem bonitas, independentemente de seus recursos financeiros."[12]

Criando valor em conjunto com clientes e parceiros. Os inovadores jugaad não consideram os clientes apenas usuários passivos de seus produtos e serviços. Reconhecendo a diversidade de suas necessidades, eles inventam soluções inteiramente novas, trabalhando em estreita colaboração com grupos excluídos para identificar suas necessidades específicas. Eles então se envolvem com comunidades e parceiros locais para montar uma cadeia de valor e, assim, localmente construir, fornecer e dar suporte às soluções, tornando-as, por sua vez, baratas, acessíveis e sustentáveis.

Por exemplo, para atender eficazmente 600 milhões de indianos sem conta-corrente, o YES BANK está constantemente experimentando novos modelos de negócios movidos a tecnologia para inclusão social que aproveitem uma ampla rede de parceiros. O serviço YES MONEY é uma delas. Como parte dessa iniciativa, o banco formou parcerias com várias empresas de plataforma de pagamento, como a Suvidhaa Infoserve e a Oxigen Services, que oferecem serviços de pagamento através de 200 mil pequenas lojas familiares de varejo, em áreas urbanas e rurais. O YES BANK ajudou essas empresas a implantar um módulo especializado de "remessa doméstica" permitindo, por exemplo, que trabalhadores migrantes nas cidades enviassem dinheiro às famílias em vilarejos distantes pelo sistema NEFT (National Electronic Fund Transfer – Fundo Nacional de Transferência Eletrônica). Comparado com os serviços de remessa de ordem de pagamento, oferecidos pela estatal India Post, o YES MONEY é cerca de cinco vezes mais barato e mais rápido. O YES MONEY também oferece uma alternativa de custo eficaz em relação a Western Union. Além disso, a maioria das taxas coletadas é repassada de volta às empresas de plataforma de pagamento e aos varejistas, criando valor para todos os parceiros do ecossistema YES MONEY.[13]

Da mesma forma que o YES BANK, a Zone V está posicionando seus produtos como ferramentas para fortalecimento econômico não apenas para consumo passivo. Os celulares da Zone V podem permitir que mulheres cegas da área rural da Índia administrem não só as finanças das famílias como as de seus vizinhos e do conselho da aldeia. Deste modo, o telefone individual se torna um veículo para gerar crescimento socioeconômico em uma comunidade inteira. Para possibilitar transformação, a Zone V contará com uma série de parceiros. A empresa terceirizou o projeto e fabricação para engenheiros e fabricantes contratados e conta com ONGs, como a Sightsavers, para a distribuição dos aparelhos em mercados emergentes como a Índia, especialmente em áreas rurais. Além disso, a Zone V criará uma plataforma para que desenvolvedores de software possam fornecer "aplicativos de inclusão" aos aparelhos. Esses aplicativos estarão disponíveis em diferentes faixas de preços, dependendo do segmento de clientes e do aparelho em questão. Naha acredita que muitos desenvolvedores de aplicativos para dispositivos móveis ficarão motivados a criar soluções que atendam às necessidades básicas de cegos em todo o mundo.

Em mercados emergentes, os inovadores jugaad muitas vezes formam parcerias com governos municipais e estaduais para aumentar a inclusão na saúde, educação e serviços financeiros. A GE Healthcare, por exemplo, assinou um contrato de serviço, com base no desempenho, com o governo do estado de Gujarat, no norte da Índia. Nos termos desse acordo de parceria público-privada, parceiros treinados na GE irão operar e fazer a manutenção de todos os equipamentos médicos instalados em hospitais dirigidos pelo governo nas cidades menores de Gujarat. Os hospitais rurais, por sua vez, não precisarão investir em equipamentos caros ou se esforçar para conseguir técnicos qualificados. Não obstante, eles terão garantidos maior vida útil dos equipamentos e menores custos de utilização, que se traduzirá em assistência médica mais barata e de maior qualidade a pacientes das áreas rurais.[14]

Ampliando soluções personalizadas com tecnologia. Os inovadores jugaad empregam a tecnologia de forma inteligente, sobretudo a computação móvel, para reduzir o custo de fornecimento de serviços aos segmentos excluídos. Eles também aproveitam a tecnologia para personalizar ofertas em larga escala. Um exemplo é a RML (Reuters Market Light), serviço para telefone celular desenvolvido por Thomson Reuters, na Índia. O RML fornece aos agricultores previsões meteorológicas localizadas e personalizadas, preços de produtos agrícolas locais, notícias sobre agricultura e outras informações relevantes (especificamente, projetos relevantes de ajuda governamental) na forma de três mensagens SMS enviadas diariamente para seus telefones celulares no idioma local. Essas informações oportunas e personalizadas possibilitam aos agricultores planejar melhor as atividades, como irrigação, uso de fertilizantes e colheita. Consequentemente, eles conseguem administrar melhor os riscos e aprimorar decisões a respeito de quando e onde vender sua produção para maximizar o lucro. O serviço custa apenas 250 rúpias (US$5) para uma assinatura de três meses. Em 2011, cerca de 250 mil agricultores indianos de mais de 15 mil vilarejos assinaram o RML. Thomson Reuters estima que mais de 1 milhão de agricultores em pelo menos 13 estados indianos tenham se beneficiado com o serviço RML. Além disso, os agricultores tiveram retornos substanciais sobre o investimento no RML. Alguns obtiveram mais de 200 mil rúpias (US$4 mil) em lucros adicionais, e economia de quase 400 mil rúpias (US$8 mil), com investimento de apenas US$5 em custos de assinaturas.[15]

Outro inovador jugaad que utiliza a tecnologia para promover serviços de baixo custo às massas é o Dr. Liu Jiren, presidente e CEO da Neusoft, maior provedor chinês de serviços e soluções de TI. O Dr. Liu, ex-Professor de Ciência da Computação, está preocupado com o fato de que os chineses, graças ao contínuo crescimento econômico de dois dígitos, "têm acumulado muita riqueza nas últimas duas décadas, mas também têm acumulado muitas doenças à medida que ficam mais ricos".[16] Estima-se que 90 milhões de chineses sofrem de diabete, e 200 milhões podem sofrer de doenças cardiovasculares. A explosão de doenças crônicas, especialmente devastadoras para chineses de baixa renda em áreas rurais, está forçando o governo a investir em um sistema de saúde até agora deficiente ou inexistente nas áreas rurais. Mas o Dr. Liu adverte: "Se o governo chinês fosse construir um sistema de saúde para atender 1,3 bilhão de chineses inspirado no modelo dos Estados Unidos [onde os gastos com a saúde estão projetados para representar 20% do PIB até 2020] precisaríamos de um orçamento enorme, que logo levaria nosso país à falência.

Precisamos de um modelo alternativo de cuidados com a saúde, inteligente, acessível e que garanta a inclusão social. Precisamos de um modelo que se concentre na (e permita) *prevenção* de doenças, não no tratamento."[17]

De sua parte, a Neusoft desenvolveu várias soluções de baixo custo, porém com alta tecnologia, como dispositivos acessíveis para monitoramento da saúde e soluções de telemedicina para os hospitais rurais atenderem pacientes chineses de baixa renda. Chamando ainda mais a atenção, a Neusoft desenvolveu um relógio de pulso avançado para que os pacientes com doenças crônicas o utilizem como sistema de monitoração móvel de saúde. Periodicamente, o relógio coleta indicadores biológicos de sensores ligados ao corpo do paciente. Esses dados dinâmicos são enviados para o Health Cloud, sistema especializado com base em computação na nuvem. O Health Cloud analisa os dados, utilizando um banco de dados de conhecimento sobre cuidados com a saúde, e oferece conselhos personalizados para o paciente em termos de planos de exercícios físicos e dieta, ajudando-o assim a melhorar seu estilo de vida.[18] Se você estiver com excesso de peso, por exemplo, o sistema sugerirá um plano para andar ou correr por um período de três meses, monitorará e relatará seu progresso diário e até mesmo sugerirá melhorias, quando necessário.

O Dr. Liu observa que numa China em rápido envelhecimento (onde os laços familiares são importantes, e a população acima de 65 anos está projetada para aumentar de 130 milhões em 2010 para cerca de 220 milhões até 2030), esses relógios de pulso e monitores de saúde em casa têm se tornado presentes populares entre os jovens chineses para os pais.[19] Com esses presentes, os jovens chineses conseguem acompanhar a distância a saúde dos pais (com relatórios diários enviados a seus celulares) e, de forma proativa, cuidar do seu bem-estar. O Dr. Liu acredita que a capacidade da Neusoft de atender mais rápido e mais barato aos grupos marginalizados (como os idosos e os pobres de áreas rurais), aproveitando tecnologias como a computação na nuvem, traz para a empresa uma vantagem sobre as multinacionais ocidentais. Diz ele: "Não temos os recursos de uma grande multinacional, mas identificamos mais cedo as oportunidades em mercados carentes e as executamos com rapidez, aproveitando o poder da tecnologia, especialmente a computação na nuvem, que significativamente reduz o custo da prestação de serviços em setores como cuidados com a saúde."

Inovadores jugaad como o Dr. Liu promovem com sucesso a inclusão de marginalizados, considerados mercados inteiramente novos, ajudando-os a subir na hierarquia de necessidades de Maslow, criando valor em conjunto

136 — *A inovação do improviso*

com clientes e parceiros em toda a cadeia de valor e fazendo uso inteligente de tecnologia acessível para ampliar soluções personalizadas. Entretanto, à medida que as nações ocidentais se tornam cada vez mais diversificadas, há uma urgência crescente de as empresas ocidentais prestarem muita atenção nos excluídos.

OS EXCLUÍDOS SE TORNAM MAIORIA

Nos próximos anos, os segmentos marginalizados no Ocidente não serão mais excluídos; vão se tornar maiores, possivelmente *muito* maiores. Além disso, a quantidade de consumidores marginalizados aumentará em várias dimensões: idade, etnia e renda.

Vejamos a idade. Nos próximos 15 a 20 anos, a quantidade de americanos com mais de 65 anos irá dobrar. No mesmo período, a quantidade de americanos com mais de 85 anos triplicará. Essa mudança será ainda mais drástica na Europa. O continente já possui 19 das 20 nações mais velhas do mundo em termos demográficos. Até 2030, quase 25% dos europeus terão mais que 65 anos, acima dos aproximadamente 17% em 2005. Em função disso, o U.S. Census Bureau* estima que até 2030 a União Europeia deva passar por uma redução de 14% em sua força de trabalho e uma diminuição de 7% na população de consumidores.[20] Isso significa que as empresas americanas e europeias precisarão administrar uma força de trabalho em rápido envelhecimento e aprender a atender a consumidores mais velhos, muitos deles da assertiva geração dos nascidos no pós-guerra, acostumados a obter o que desejam, dada a grande força de seus números.

A boa notícia é que esse mercado mais velho é altamente lucrativo. No Reino Unido, as pessoas acima de 50 anos gastaram £276 bilhões (US$437 bilhões) em 2008, perfazendo aproximadamente 44% do total de gastos das famílias na Grã-Bretanha.[21] Nos Estados Unidos, a renda anual, após os impostos, das pessoas acima de 50 anos está estimada em US$2,4 trilhões, representando aproximadamente 42% de toda a renda após os impostos.[22] A má notícia é que os produtos e serviços existentes muitas vezes não estão adaptados às necessidades dos consumidores mais velhos. Ian Hosking, pesquisador

---

* *Nota do Tradutor*: Órgão de pesquisas e estatísticas nos Estados Unidos, semelhante ao IBGE no Brasil.

associado sênior do Engineering Design Centre, do departamento de Engenharia da University of Cambridge, aponta: "As populações em envelhecimento apresentam crescente variação em suas capacidades funcionais, como visão, audição e destreza. Em geral, essas habilidades reduzem com a idade. Embora possa parecer óbvio conceber produtos que permitam a inclusão de pessoas, muitos produtos são dirigidos a usuários jovens e saudáveis. Assim, não são acessíveis e nem desejados pelos usuários mais velhos. Ao mesmo tempo, o uso dos produtos do dia a dia parece cada vez mais complexo."[23] As empresas ocidentais perderão grande oportunidade de mercado se não adaptarem as ofertas às exigências de uma base de consumidores em rápido envelhecimento nos Estados Unidos e na Europa.

As populações ocidentais não estão apenas envelhecendo; estão ficando cada vez mais diversificadas e multiculturais. Nos Estados Unidos, por exemplo, o percentual de crianças com pelo menos um dos pais estrangeiro passou de 15% em 1994 para 23% em 2010. Do mesmo modo, mais de metade do crescimento populacional entre 2000 e 2010 nos Estados Unidos é resultado do aumento da população hispânica, que subiu 43%, para 50,5 milhões durante o período; daqui a uma geração, os consumidores hispânicos tendem a ser a maioria em estados como a Califórnia. Estima-se que o grupo de consumidores hispânicos possua poder de compra coletivo de aproximadamente US$1 trilhão.[24] O Census Bureau projeta que a participação das minorias étnicas e raciais atingirá 54% da população total dos Estados Unidos e superará a dos brancos não hispânicos até 2042, oito anos antes do esperado.[25]

A composição demográfica da Europa também deverá mudar rapidamente. Os muçulmanos, que atualmente representam 5% da população geral da comunidade europeia, 10% na França, especificamente, deverão representar 20% até 2050.[26] No entanto, muito antes disso, países como Inglaterra, França, Espanha e Holanda terão ultrapassado esse número. À medida que a população em idade ativa rapidamente diminui, os governos europeus não terão escolha senão liberalizar as políticas de imigração, caso queiram manter a competitividade econômica. Essa crescente diversidade étnica e cultural das populações ocidentais forçará as empresas a inovar em produtos e serviços para atender às diferentes necessidades dos consumidores minoritários.

Outro fator fundamental que contribui para a diversidade das populações ocidentais é a ascensão dos trabalhadores das gerações Y e Z, com valores e expectativas idiossincráticos. Muitos estudos mostram que os funcionários dessas gerações se consideram amplamente mal compreendidos no ambiente

138 *A inovação do improviso*

de trabalho e se sentem alienados, principalmente porque as estruturas hierárquicas e os estilos de cima para baixo da comunicação das empresas ocidentais estão em desacordo com seu espírito colaborativo. A menos que as empresas ocidentais encontrem um mecanismo de inovação para manter os funcionários das gerações Y e Z plenamente engajados, esses jovens provavelmente tenderão a se sentir marginalizados e mudarão para organizações que realmente tirem partido de seus talentos criativos.

Finalmente, tem havido uma mudança drástica de renda nos Estados Unidos, onde a recessão prolongada tem levado mais pessoas para a pobreza. Em 2010, 15,1% dos americanos, ou 46,2 milhões de pessoas, viviam abaixo da linha de pobreza oficial, o maior nível desde 1993 (em 2009, o percentual era 14,3%).[27] De forma mais preocupante, a classe média consumidora dos Estados Unidos, que responde por 70% dos gastos nacionais e forma a base da economia americana, está encolhendo. De acordo com a Pew Charitable Trusts, quase um terço dos americanos que pertenciam à classe média quando adolescentes, na década de 1970, regrediram quando adultos.[28] O estudo destaca a relativa facilidade de até mesmo os americanos que começaram a vida com vantagens poderem acabar em circunstâncias de baixa renda e poucas oportunidades.

Embora tenha se tornado mais fácil regredir economicamente, ficou mais difícil voltar a subir na escada socioeconômica. As rendas médias nos Estados Unidos permaneceram estagnadas nos últimos 30 anos (em 2010, a renda familiar média foi de US$49.445, ligeiramente menor que os US$49.777 em 2009). Com o ajuste da inflação, a família de renda média ganhou apenas 11% a mais em 2010 que em 1980, enquanto os 5% mais ricos nos Estados Unidos ganharam um reforço de renda de 42%. Em suma, a parte inferior de 60% das famílias americanas passou por uma redução de renda em 2010, enquanto as que ganham acima de US$100 mil desfrutaram de um aumento de renda. Assim, os 5% dos americanos com maiores rendimentos respondem agora por 37% de todas as compras dos consumidores.[29]

Uma economia em que predomina a desigualdade e queda na mobilidade social (a chamada "plutocracia") não é sustentável.[30] Em um artigo de opinião intitulado "The Limping Middle Class", Robert Reich, ex-secretário do Trabalho dos Estados Unidos, adverte: "Quando tanta renda é destinada aos mais ricos, a classe média não tem poder de compra suficiente para manter a economia circulando sem afundar profundamente em dívidas; que, como vimos, acaba mal."[31] Atualmente, um total de 50 milhões de americanos não possui seguro-saúde, e o colossal número de 60 milhões não possui conta bancária ou não tem acesso a bancos, o que significa que não querem ou não podem se valer de toda a gama de serviços financeiros oferecidos pelos bancos tradicionais. Pode-se esperar que esses números aumentem significativamente nos próximos anos, à medida que as condições econômicas piorem. Para um número crescente de desfavorecidos da classe média, o sonho americano permanecerá apenas um sonho.

O que tudo isso significa para as empresas ocidentais? Os excluídos, tradicionalmente considerados (e, portanto, ignorados) a "cauda longa" da economia de consumo (isto é, segmentos de nicho) estão rapidamente se tornando a "cauda gorda" (isto é, grupos predominantes de consumidores).[32] Esses grupos não podem mais ser ignorados. As empresas que ativamente os adotem e montem seus negócios em torno de suas necessidades provavelmente descobrirão, exatamente como os inovadores jugaad em mercados emergentes, que isso cada vez mais faz sentido nos negócios. De fato, cada vez mais será possível incluir os marginalizados (fazer o bem) e ter lucro (ter resultado) ao mesmo tempo. No entanto, há vários fatores impedindo as empresas ocidentais de dar chance aos excluídos em suas estratégias de negócios. Analisaremos esses fatores na próxima seção.

POR QUE AS EMPRESAS OCIDENTAIS VEEM OS EXCLUÍDOS COMO NÃO LUCRATIVOS

Embora os segmentos marginalizados sejam cada vez mais importantes economicamente, muitas empresas ocidentais ainda evitam atendê-los por três principais motivos, cada um relacionado com a falta de vontade ou com a incapacidade de essas empresas considerarem rentáveis os grupos marginalizados.

Em primeiro lugar, muitas delas consideram a criação de produtos e serviços para segmentos normalmente marginalizados como missão social, não como oportunidade de negócio. Elas tendem a usar seus braços filantrópicos para alcançar, por exemplo, grupos de baixa renda ou minorias étnicas. Mas essas ações invariavelmente se tornam parte das atividades de responsabilidade social da empresa (RSE), enquanto os negócios que visam lucro se concentram nos clientes "tradicionais". Por exemplo, muitos dos principais bancos ocidentais criaram fundações e programas de RSE, por meio dos quais formaram parcerias com organizações sem fins lucrativos, como a Operation Hope, para

140   *A inovação do improviso*

atender às necessidades bancárias dos desfavorecidos, enquanto em seu negócio principal (*core business*), esses bancos continuam a atender aos clientes ricos e de classe média. Do mesmo modo, muitas empresas possuem programas que celebram a diversidade da mão de obra e da base de clientes, mas raramente têm sucesso na implantação de estratégias de engajamento dos funcionários, especificamente ajustadas para grupos diversificados.

Em segundo lugar, os modelos de negócios atuais das empresas ocidentais, geralmente arraigados, não são concebidos para atender às necessidades diversificadas dos clientes excluídos. Para verdadeiramente atender aos clientes marginalizados e obter lucro, as empresas precisariam construir modelos de negócios inteiramente novos, concebidos especificamente para eles. Infelizmente, a maioria das empresas reluta; elas preferem ajustar os produtos e modelos de negócios existentes para atender às necessidades diversificadas dos clientes excluídos. Essas tentativas, por sua timidez, muitas vezes estão fadadas ao fracasso. Desta forma, as empresas não conseguem chegar a uma proposição de valor atraente e específica para os clientes marginalizados.

Em terceiro lugar, uma visão de curto prazo impede o investimento em longo prazo por parte de empresas ocidentais em produtos e serviços que atendam aos grupos marginalizados. As empresas que se preocupam com o desempenho trimestral não se motivam a investir tempo e recursos necessários para estruturar modelos de negócios voltados para os segmentos excluídos; elas sentem que o retorno sobre os investimentos provavelmente não se materializará por alguns anos. O setor de serviços financeiros é um excelente exemplo. De acordo com o FDIC (Federal Deposit Insurance Corporation, empresa criada pelo governo dos Estados Unidos para garantir os depósitos de correntistas nos bancos associados), um total de 60 milhões de americanos não possui conta bancária ou não tem acesso a bancos.[33] Os grandes bancos ainda precisam satisfazer as necessidades desse enorme grupo excluído. Rob Levy, gerente de pesquisa e inovação do CFSI (Center for Financial Services Innovation) explica por quê: "Alguns grandes bancos estão cientes do potencial de mercado representado por mais de 60 milhões de consumidores americanos sem conta bancária ou acesso a bancos. Mas para efetivamente atender a esses consumidores, os bancos precisariam conceber produtos, estratégias de marketing e canais de distribuição completamente novos para satisfazer as necessidades desse segmento consumidor. Embora esse tipo de abordagem abrangente para o mercado sem acesso bancário possa gerar retornos positivos e fortes relacionamentos com clientes em longo prazo, pode não produzir lucros gigantescos

Princípio 5 141

nos primeiros anos de operação. Portanto, pode ser difícil para os bancos justificarem esses investimentos de longo prazo aos acionistas."[34]

Essa relutância de as empresas ocidentais incluírem os marginalizados é injustificada, pois elas estão, literalmente e em sentido figurado, deixando de ganhar dinheiro e se expondo à concorrência inesperada em muitas frentes.

AS EMPRESAS OCIDENTAIS ENFRENTARÃO CRESCENTE CONCORRÊNCIA NOS PRINCIPAIS MERCADOS

Conforme já observamos, com o crescimento do ranking dos que pertencem aos segmentos marginalizados, a "cauda longa" está cada vez mais se tornando a "cauda gorda". E à medida que as grandes empresas continuam a considerar os segmentos marginalizados não lucrativos, abrem-se oportunidades para novos players entrarem e preencherem a lacuna criada neste considerável e crescente mercado. Assim, as empresas ocidentais estabelecidas logo enfrentarão concorrência, mesmo em seus principais mercados de consumidores ricos e de classe média, de vários *players*.

Inovadores frugais de mercados emergentes. Empresas de mercados emergentes, como HTC e Haier, já estão concorrendo com empresas ocidentais de bens de consumo, oferecendo celulares, geladeiras e adegas de baixo custo e qualidade elevada a consumidores ocidentais com dificuldades financeiras. Do mesmo modo, as montadoras ocidentais precisam se preocupar com o lançamento em breve nos mercados dos Estados Unidos e da Europa do Nano de US$2 mil da Tata Motors, pois o carro está prestes a arrebatar os corações (e as carteiras) de consumidores ocidentais preocupados com custos, que pedem transporte acessível e de baixo consumo de combustível.

Gigantes de outros setores de atividade econômica. Os principais *players* de vários setores de atividade estão enfrentando a concorrência de grandes empresas de outros setores que estão invadindo seu território para atender aos segmentos marginalizados. A Walmart Inc., por exemplo, está desafiando os bancos, em seus próprios territórios, ao abrir 1.500 Money Centers que atendem muitas das necessidades financeiras básicas de consumidores de baixa renda, permitindo que transfiram dinheiro, comprem cartões de débito prépagos, paguem contas e descontem cheques (sem mencionar que lhes permite

142 *A inovação do improviso*

utilizar o dinheiro, junto com cupons de cortesia, para fazer compras na mesma loja). Os Money Centers do Walmart têm tido muito sucesso porque são acessíveis (localizados muito perto de onde vivem os consumidores), possuem certa intimidade com os clientes (os consumidores frequentam com regularidade a loja Walmart para compras de supermercado e confiam na marca) e são baratos (o Walmart cobra apenas US$3 para descontar cheques acima de US$1 mil e apenas US$3 para comprar ou recarregar cartões pré-pagos).[35]

Incentivada pelo sucesso dos Money Centers, a Walmart está lançando quiosques ainda menores, chamados Express Centers, em mais localidades distantes. Conforme observa Rob Levy, da CSFI: "Enquanto muitos falam de inclusão financeira, o Walmart está realmente assumindo a liderança, utilizando um modelo de negócio inovador que evita a complexidade do produto em favor da simplicidade e conveniência, que melhoram a experiência do usuário."[36]

Startups sagazes. Ao exclusivamente se concentrar nos mercados tradicionais, as grandes empresas ignoram oportunidades lucrativas em segmentos marginalizados e se expõem à concorrência de sagazes startups. Novamente, considere o setor de serviços financeiros: além de os participantes tradicionais do mercado precisarem lidar com um gigante varejista, como o Walmart, invadindo seu território, também precisam evitar a rivalidade de ágeis startups, como a PayNearMe, que ajuda os 24% de famílias americanas que não possuem cartão de débito ou crédito a comprar produtos na Amazon, passagens de ônibus no site da Greyhound ou pagar em dinheiro em uma loja 7-Eleven. Danny Shader, empreendedor em série que fundou a PayNearMe, observa que "os sem acesso aos bancos representam um gigantesco mercado mal atendido. Estamos tornando as operações mais rápidas, baratas e melhores para eles".[37] A Visa e a MasterCard estão prestando muita atenção na PayNearMe, pois, em 2010, um total de US$1,2 trilhão em compras foram pagas em dinheiro.

Marc Andreessen, um dos fundadores do Netscape e sócio-diretor da empresa de capital de risco Andreessen-Horowitz, acredita que as startups de tecnologia só com "ativos básicos" (como a PayNearMe, que conduz milhões de dólares em transações financeiras sem possuir uma única agência bancária) estão no processo de invadir e derrubar as estruturas de indústrias já estabelecidas. Andreessen acredita que estamos em meio a uma radical e abrangente mudança tecnológica e econômica, em que as empresas de software estão prestes a assumir grandes fatias da economia. Ele observa: "Ao longo dos próximos

Princípio 5

10 anos, tenho a expectativa de que muito mais setores econômicos serão abalados pelo software, e novas empresas de alcance mundial do Vale do Silício provocarão esse abalo em muitos casos."[38] Cada vez mais, esses empreendedores do Vale do Silício estão visando segmentos marginalizados que, há muito, vêm sendo ignorados por empresas tradicionais em setores de concentração de capital, como saúde, telecomunicações, finanças, educação e energia. É esse afiado foco em segmentos marginalizados que levará a grandes ganhos de receitas e ao crescimento para as empresas que os identificarem.

COMO GANHAR GRANDES MARGENS INCLUINDO OS MARGINALIZADOS

Os empreendedores jugaad oferecem muitas estratégias eficazes que as empresas ocidentais podem utilizar nas tentativas de incluir a lucratividade dos marginalizados. Especificamente, podem adotar as seguintes estratégias.

Realizar a inclusão social com mentalidade empresarial. Programas de RSE sem fins lucrativos que atendem a grupos marginalizados são redundantes se sua empresa também se esforça para atender às necessidades dos mesmos grupos com um modelo de negócios com fins lucrativos (exatamente como fazem os inovadores jugaad em mercados emergentes). Para evitar essa esquizofrenia cultural empresarial, os líderes de empresas ocidentais precisam interromper os esforços de RSE e agir com seriedade a respeito da inclusão social, tornando-a um *imperativo* estratégico nos negócios para todos os departamentos e altos executivos. Esses líderes podem imitar Ramón Mendiola Sánchez, CEO da Florida Ice & Farm Co., grande produtor e distribuidor de alimentos e bebidas na Costa Rica. Conforme explicado no Capítulo 3, Mendiola fundiu seu negócio, a responsabilidade social e as estratégias ambientais em uma única estratégia empresarial integrada, conduzida por todos os funcionários de todos os níveis hierárquicos, de forma a trazer benefícios a todos os stakeholders.[39]

Expandir a base de consumidores ocidentais de baixa renda. A crise econômica deve manter o aperto financeiro sobre a classe média americana e europeia por mais alguns anos. O esvaziamento da classe média significa que as empresas ocidentais, que tradicionalmente atendem a esse mercado, precisarão

144   *A inovação do improviso*

mudar radicalmente as estratégias de inovação ou perderão para concorrentes de baixo custo. Em vez de gastar em P&D de produtos especiais com recursos sofisticados, essas empresas precisarão criar produtos de qualidade com boa relação custo-benefício, acessíveis à crescente base de consumidores de baixa renda nos Estados Unidos e na Europa. Essa é uma estratégia inteligente, que empresas como a montadora francesa Renault já seguem hoje. Essas empresas estão intensificando esforços de P&D e marketing para lançar uma série de produtos customizados para consumidores ocidentais preocupados com o orçamento. A Renault, por exemplo, está rapidamente expandindo sua marca Dacia, de baixo custo (que inclui o Logan, o sedã de grande sucesso vendido por cerca de US$10mil), adicionando a van Logan, a picape Logan e até o Dacia Duster SUV ao portfólio. Visando os compradores de carros europeus preocupados com custos, esses veículos Dacia simples, produzidos pela fábrica da Renault na Romênia, utilizam menos peças e apresentam projeto simplificado, embora ainda acessíveis e robustos. Os veículos de baixo custo no portfólio Dacia vêm rapidamente se transformando na galinha dos ovos de ouro da Renault, contribuindo em mais de 25% de sua receita de vendas em 2010, acima dos 20% em 2008. Esse percentual pode ser maior nos próximos anos, já que 59% dos europeus com menos de 30 anos e 54% dos europeus acima de 50 anos afirmam estar prontos para comprar um carro de baixo custo.[40] A Renault prevê expandir ainda mais no futuro seu portfólio de produtos de baixo custo, acrescentando mais modelos desenvolvidos pela equipe de P&D da empresa na Índia, país que, segundo o CEO Carlos Ghosn, apresenta profunda experiência no que ele chama de "engenharia frugal".[41]

Criar uma cultura de trabalho que promova a inclusão. À medida que a força de trabalho fica cada vez mais diversificada e global, as empresas ocidentais devem assegurar que nenhum funcionário se sinta marginalizado em relação a idade, origem social ou cargo. As empresas devem se esforçar para promover uma cultura aberta e de inclusão ancorada por um estilo de gestão participativa, o que ajuda a incentivar uma força de trabalho criativa e motivada, que pode aproveitar diferentes domínios de competência na elaboração de novos produtos e serviços e que se sinta fortalecida e encorajada para isso. A ThoughtWorks é uma dessa empresas que cultivou com sucesso uma cultura de trabalho transparente e de inclusão. Essa empresa de consultoria em software, com sede em Chicago, teve um crescimento de receitas de 20% a 30% ao ano, cobrando taxas superiores dos clientes leais de primeira linha, como JetBlue,

L.L.Bean e DaimlerChrysler. O segredo da empresa: estrutura organizacional horizontal que confere aos mil funcionários no mundo inteiro poderes iguais em todas as grandes decisões corporativas. Roy Singham, fundador e presidente, observa: "Queremos ser a empresa mais horizontal do mundo. Os zeladores na China devem ser iguais em termos estratégicos ao CEO em Chicago. E como os intelectuais colaboram no século XXI? Organizando-se em equipes pequenas, com diversas competências, descentralizadas e não autoritárias."[42] A grande tolerância da diversidade da ThoughtWorks começa com um rigoroso processo de seleção, que garanta, diz Singham, que "nenhum intolerante, machista ou homófobo seja aprovado". Singham observa: "No século XXI, a inclusão não vai acontecer por meio da autoridade ou de algum programa artificial de 'diversidade'. Na verdade, o CEO deve encarnar o espírito da inclusão alimentando uma cultura 'irritantemente' transparente, em que cada decisão e estratégia possam ser discutidas abertamente, sem medo."[43]

Reconhecer que os segmentos marginalizados não são mentes marginalizadas. Ao rotular os clientes e funcionários marginalizados como "muito pobres" ou "muito velhos", as empresas perdem a oportunidade de aproveitar o rico conhecimento e sabedoria com os quais esses grupos marginalizados poderiam contribuir para a organização. Veja a geração pós-guerra, por exemplo. Em 1º de janeiro de 2011, o primeiro deles passou a ter 65 anos, idade a partir da qual funcionários são considerados "improdutivos" por muitos empregadores. No entanto, empresas como a Boeing e a Eli Lilly perceberam que, embora, ao atingir 65 anos, os cabelos dos funcionários possam estar acinzentados, sua "massa cinzenta" ainda tem valor considerável. Em 2003, reconhecendo esse fato, a Procter & Gamble e a Eli Lilly (junto com a Boeing) lançaram o YourEncore.com, comunidade de inovação que interliga cientistas e engenheiros aposentados a organizações que buscam aproveitar sua experiência para resolver problemas técnicos complicados. Atualmente, 50 empresas, incluindo muitas da lista da *Fortune 500*, pertencem à rede do YourEncore.com, o que fornece uma excelente plataforma para cientistas aposentados poderem continuar a fazer o trabalho que amam, unindo-os a projetos de curto prazo em empresas associadas.[44]

Usar a tecnologia para reduzir o custo da inclusão. Exatamente como fazem os inovadores jugaad em mercados emergentes, em vez de investir em onerosa e tradicional infraestrutura para fornecimento de produtos e serviços, as empresas ocidentais precisam aproveitar o poder da mídia social, da computação na nuvem e da telefonia móvel para fornecê-los a baixo custo aos consumidores marginalizados. Por exemplo, as seguradoras de saúde UnitedHealth Group, Blue Cross e Blue Shield, em parceria com fornecedores de tecnologia como a Cisco, estão experimentando programas de telemedicina com boa relação custo-benefício para que pacientes em Minnesota ou no Colorado possam conversar a distância com profissionais da área da saúde, como alternativa de baixo custo às caras visitas pessoais de médicos a pacientes de áreas rurais e carentes. Se bem-sucedidas, essas soluções virtuais poderão ser implantadas em vários outros estados dos Estados Unidos. Segundo estudo conduzido pelo Center for Information Technology Leadership, centro de pesquisa sem fins lucrativos com sede em Boston, a implantação generalizada de soluções de telemedicina permitiriam uma economia para o sistema de saúde americano de mais de US$4 bilhões anualmente, apenas reduzindo a transferência de pacientes de um local, como clínicas de repouso, para consultórios ou hospitais.[45] Soluções baratas e acessíveis de telemedicina também reduzem significativamente as dificuldades para os pacientes americanos e suas famílias em dificuldades financeiras.

Formar parcerias com organizações sem fins lucrativos. As empresas raramente formam parcerias com entidades sem fins lucrativos fora das iniciativas de RSE, que, conforme já argumentamos, precisam ser integradas à estratégia principal de negócios da empresa. Porém, uma nova geração de empreendimentos sem fins lucrativos está disposta a trabalhar com empresas para criar em conjunto modelos de negócios com fins lucrativos que melhorem a vida de cidadãos marginalizados, enquanto geram lucro. O Center for Financial Services Innovation, por exemplo, organização de pesquisa e consultoria política com sede em Chicago, dá consultoria a grandes bancos sobre como conceber modelos de negócios com inclusão que possam lucrativamente atender aos aproximadamente 60 milhões de americanos sem conta bancária nem acesso a bancos.

Assegurar o envolvimento da alta administração para conduzir mudanças sistêmicas no modelo de negócios. Considerando que a inclusão requer mudanças fundamentais e sistêmicas na forma como as empresas operam, o compromisso da alta administração é vital para permitir e sustentar essas transformações no modelo de negócios das empresas. O programa Healthymagination, da GE, por exemplo, que visa tornar os serviços de cuidados com a saúde baratos e acessíveis às massas, é supervisionado diretamente pelo CEO Jeff Immelt. Com sua liderança, Immelt promove pessoalmente uma mudança na cultura da GE, de empresa de produtos sofisticados oriundos de P&D a fornecedora de soluções de inclusão dirigidas para a comunidade (veja o Capítulo 8 para mais detalhes sobre a iniciativa Healthymagination da GE).

Adotar – e adaptar – as melhores práticas comprovadas de mercados emergentes. Conforme já descrevemos neste capítulo, os mercados emergentes (por conta da escassez, diversidade e interconectividade) representam cada vez mais um terreno fértil para soluções que incluam os marginalizados. Se você entendeu como incluir financeiramente os 600 milhões de indianos sem acesso a bancos ou como fornecer tratamento médico acessível às centenas de milhões de indianos sem acesso aos cuidados básicos com a saúde, provavelmente obteve ideias valiosas sobre como atender aos 60 milhões de americanos sem conta bancária nem acesso a bancos e aos 50 milhões de americanos sem seguro-saúde.

Ao usar os mercados emergentes como terreno fértil para inovações de inclusão, as empresas ocidentais podem não só promover o crescimento de seus negócios naqueles mercados como aprender lições e desenvolver produtos e serviços adaptáveis para atender a grupos marginalizados nos Estados Unidos e na Europa. A Johnson & Johnson, por exemplo, atualmente patrocina o Text4baby, serviço de mensagem de texto que proporciona informações valiosas para mulheres grávidas e mães recentes de famílias de baixa renda sobre como cuidar da saúde e dar aos bebês o melhor começo de vida possível. O Text4baby foi inspirado em iniciativas bem-sucedidas de saúde móvel realizadas em mercados emergentes, como o México e o Quênia (no México, o VidaNET é um serviço gratuito que envia mensagens de texto para pacientes com AIDS para lembrá-los de tomar os medicamentos regularmente).[46] O Text4baby é literalmente um salva-vidas nos Estados Unidos, onde, a cada ano, 500 mil bebês nascem prematuramente e quase 28 mil crianças morrem antes do primeiro ano de vida (segundo a Organização Mundial da Saúde, os bebês nascidos nos Estados Unidos têm maior probabilidade de morrer no primeiro mês de vida que os bebês na maior parte do mundo desenvolvido).[47] Até o final de 2011, mais de 260 mil mulheres haviam assinado o serviço do Text4baby – espera-se que esse número atinja 1 milhão até o fim de 2012.[48]

Adotar princípios de projeto com inclusão. É mais fácil levar em consideração a inclusão desde o início, durante a fase de projeto da inovação, em vez de

148 *A inovação do improviso*

testar e modificar ou reestruturar os produtos e serviços existentes para atrair os segmentos marginalizados do mercado posteriormente. Para aprender essas novas competências de inclusão em P&D, as empresas devem considerar se incorporar a iniciativas acadêmicas, como o programa Inclusive Design, do Departamento de Engenharia da University of Cambridge, ou recrutar alunos de pós-graduação do programa Entrepreneurial Design for Extreme Affordability, da Stanford University e dos Laboratórios de Inovação Frugal da Santa Clara University (descrevemos esses programas em mais detalhes no Capítulo 9). Além de ajudar as empresas ocidentais a ter acesso à próxima geração de inovadores que promovem a inclusão, esses programas podem dar às empresas ocidentais acesso antecipado a novas soluções técnicas, resultados de testes em campo e conhecimento de como proceder para fazer inovações com inclusão de forma mais geral. Por exemplo, o Engineering Design Centre, do Departamento de Engenharia da University of Cambridge, está ajudando organizações como a BBC, Bayer Healthcare, Roche, Nestlé, Royal Bank of Scotland, Bosch, Siemens e Marks & Spencer a projetar produtos e serviços tradicionais acessíveis e que possam ser utilizados pelo maior número de pessoas (especialmente os idosos), sem a necessidade de adaptação especial ou design especializado. Já existem 130 milhões de pessoas com mais de 50 anos na União Europeia; até 2020, um em cada dois adultos europeus terá mais de 50 anos. Projetar produtos e serviços de que esses consumidores gostem não é só socialmente responsável como também faz grande sentido econômico.

As empresas ocidentais não podem mais se dar o luxo de ignorar os segmentos excluídos, prestes a crescer de tamanho e importância nas próximas décadas, à medida que a mão de obra e a base de clientes no Ocidente se tornam cada vez mais diversificadas e o poder de compra da classe média americana continua a encolher. Reconhecendo o potencial comercial desses grupos, as empresas ocidentais devem começar a projetar produtos e serviços inteiramente novos, que atendam às suas necessidades específicas, exatamente como a Renault. Para efetivamente comercializar e distribuir essas ofertas a esses segmentos, as empresas precisam aproveitar tecnologias, como as de mídia social e computação móvel, e firmar parcerias com organizações sem fins lucrativos. De forma ainda mais importante, para aprimorar o atendimento desses segmentos marginalizados em longo prazo, as empresas ocidentais precisam consagrar a inclusão na cultura empresarial e nos modelos de negócios, como o Walmart. Do mesmo modo que fez a Johnson & Johnson, as empresas ocidentais podem acelerar essas iniciativas de inclusão, adotando soluções e práticas de negócios já comprovadas nos mercados emergentes.

Porém, precisam se mexer rapidamente ou correm o risco de deixar oportunidades para ágeis concorrentes de todo o mundo. Essa ameaça é precisamente o motivo pelo qual o gigante de bens de consumo, Procter & Gamble, está reinventando, de forma proativa, seu modelo de negócio para atender aos grupos marginalizados, especialmente consumidores de baixa renda.

COMO A PROCTER & GAMBLE INCLUI A LUCRATIVIDADE DOS MARGINALIZADOS

Durante décadas, a P&G tem se concentrado no desenvolvimento de produtos domésticos para a imensa classe média americana. No entanto, hoje a empresa está mudando a forma de fazer pesquisa, distribuição e marketing para atender melhor às necessidades dos americanos carentes. Especificamente, a P&G quer construir um negócio totalmente novo, voltado para o que chama de "consumidores não atendidos ou mal atendidos". Assim, pela primeira vez em 38 anos, a P&G lançou em 2010 um novo sabão de lavar louça nos Estados Unidos. O sabão tinha o nome e o cheiro do Gain, detergente exclusivo para roupas, e foi oferecido por uma barganha (em comparação com o sabão de louça ligeiramente mais caro da empresa, o Dawn Hand Renewal). Desde 2008, quando a recessão se aprofundou, as marcas mais baratas da P&G (tais como as fraldas Luv e o detergente de roupa Gain) têm vendido mais e gerado ganhos mais rápidos em participação de mercado que as marcas mais caras Pampers e Tide.[49]

Percebendo uma clara tendência, a P&G está intensificando a pesquisa nos rankings crescentes de famílias americanas com baixa renda. Desta forma, a empresa busca afastar a crescente concorrência de fornecedores de baixo custo em suas linhas de produtos. Entre 2008, quando a recessão começou, e 2011, o negócio de amaciantes de roupas da P&G (que inclui a marca Bounce) perdeu 5% de participação de mercado para a Sun Products e marcas varejistas. Concorrentes como a Church & Dwight e a Energizer Holdings, que fornecem o detergente de baixo custo Arm & Hammer e as lâminas de barbear Schick, respectivamente, estão roubando participação de mercado de marcas mais caras da P&G, como a Tide e a Gillette.

Com um senso de urgência, o CEO da P&G Robert McDonald está acelerando os esforços de P&D da empresa para chegar a uma rica produção de artigos de consumo "economicamente vantajosos" para atender aos americanos preocupados com o orçamento doméstico, tornando essa estratégia prioritária. "Faremos isso aumentando nosso portfólio de produtos em termos de valor e, ao mesmo tempo, reduzindo-o em termos de faixa de consumo", explica McDonald.[50]

Embora a P&G venha atendendo com sucesso à base da pirâmide socioeconômica nos mercados emergentes, os executivos nos Estados Unidos nunca imaginaram que poderiam, um dia, atender a esse segmento do país. "Este tem sido o aspecto mais difícil do trabalho", diz Phyllis Jackson, vice-presidente de conhecimento do mercado consumidor da América do Norte da P&G. "Os números da classe média americana têm encolhido porque as pessoas estão sendo tão prejudicadas economicamente que estão caindo em grupos de menor renda."[51]

CONCLUSÃO

A crescente diversidade da força de trabalho e da base de consumidores nas sociedades ocidentais, combinada com o encolhimento do poder de compra da classe média, está forçando as empresas ocidentais a encontrarem maneiras inovadoras para atender aos segmentos marginalizados, que agora carregam mais peso econômico que nunca. Mas os inovadores jugaad não incluem os marginalizados por mero capricho ou por filantropia. Na verdade, os inovadores, como o Dr. Rana Kapoor do YES BANK, incluem os marginalizados porque faz sentido em termos de negócio.

Talvez por maior interesse, os inovadores jugaad sejam motivados a incluir os marginalizados por paixão, intuição ou empatia. De fato, eles colocam seus corações nas iniciativas de inovação com inclusão, pois conseguem intuitivamente se conectar com grupos marginalizados e ter empatia por suas necessidades. Essa empatia genuína confere autenticidade às iniciativas de inclusão e torna os projetos mais sustentáveis. Do mesmo modo que Bill Gates, os inovadores jugaad são apaixonados pela criação de um sistema de capitalismo que permita a inclusão e possa harmoniosamente conciliar o duplo objetivo de lucrar e melhorar a vida das pessoas. A empatia, a intuição e a paixão estão na essência do último princípio que impulsiona a inovação jugaad: "Siga o seu coração."

CAPÍTULO 7

Princípio 6
Siga o seu coração

Seu tempo é limitado; portanto, não o desperdice vivendo a vida de outra pessoa. Tenha a coragem de seguir seu coração e sua intuição. Eles, de alguma forma, já sabem o que você realmente quer se tornar. Todo o resto é secundário.
STEVE JOBS

Ao contrário de CEOs ocidentais, Kishore Biyani não se baseia em caros consultores de administração para aconselhá-lo em seu próximo movimento estratégico. Biyani é dono do Big Bazaar, uma das maiores cadeias de varejo de mantimentos e produtos domésticos da Índia, ou "hipermercados". Quando o Big Bazaar abriu sua primeira loja na Índia, Biyani foi aconselhado a seguir a tradicional abordagem ocidental para o varejo, utilizando corredores bem organizados e música suave. No entanto, o formato não foi bem-aceito pelos consumidores indianos que achavam tudo elegante demais e pouco natural. Afinal, eles estão acostumados a fazer compras em mercados de rua desorganizados e barulhentos. Biyani percebeu então que as lojas Big Bazaar deveriam fazer jus ao próprio nome: deveriam parecer e até ter o cheiro de um grande bazar. Quando o visitamos em seu escritório em Mumbai, ele nos disse: "Inicialmente seguimos o conselho de consultores de administração, que nos fizeram usar o modelo Walmart. Mas logo descobrimos que não funcionava no contexto da Índia. Percebemos que precisávamos ser nós mesmos e seguir nossa própria *intuição*."[1]

Guiado pela intuição, Biyani rapidamente remodelou as lojas para que tivessem a aparência e transmitissem a sensação caótica dos mercados de rua indianos: corredores lotados, funcionários com roupas descontraídas e caixas de legumes com alguns itens em mau estado no meio para os clientes ficarem satisfeitos quando, por exemplo, encontrassem a cebola perfeita. Além disso, em vez de padronizar as ofertas em todas as lojas, ele se certificava de que cada unidade fornecesse produtos mais adequados às necessidades locais. Essas necessidades não eram identificadas por pesquisas de mercado onerosas, mas por gerentes regionais de loja, com compreensão intuitiva e empatia pelas preferências locais.

"Varejo do bom senso" é como Biyani chama essa abordagem centrada no cliente. E tem funcionado. Visitamos várias lojas Big Bazaar por toda a Índia. Normalmente lotadas, elas se parecem com um barulhento mercado marroquino. Biyani continua a experimentar e ajustar seu modelo de negócio. Não chega a surpreender, portanto, que o Big Bazaar seja hoje a maior rede de hipermercados da Índia.

Os inovadores jugaad em mercados emergentes confiam mais na intuição do que em análises para transitar com sucesso em ambientes altamente complexos, incertos e imprevisíveis. Eles utilizam a inteligência intuitiva e empatia inata pelas necessidades dos clientes para criar avanços inovadores que desafiem a sabedoria convencional. Sua enorme paixão atua como combustível, que mantém seus esforços para fazer a diferença na vida das comunidades às quais procuram servir.

Neste capítulo, discutiremos como e por que os executivos ocidentais, habituados com decisões baseadas em dados, podem se beneficiar ao confiar mais na intuição para obter sucesso em um mundo cada vez mais complexo. Em vez de tentar adivinhar o que os clientes desejam, sentados em um distante laboratório de P&D, os inovadores ocidentais precisam mergulhar no ambiente local dos clientes para criar melhor empatia por suas necessidades. Além disso, mostraremos como, em vez de meramente procurar explorar a inteligência dos empregados, as empresas ocidentais podem aprender a aproveitar o "poder do coração" de seus funcionários, liberando assim a paixão de cada um deles e canalizando-a para atividades inovadoras que sirvam a um propósito maior.

SEU CORAÇÃO SABE O QUE SUA MENTE NÃO PERCEBE

O coração é o lugar da paixão, da intuição e da empatia. Os inovadores jugaad em mercados emergentes possuem essas qualidades em abundância. O desafio é duplo: como desenvolver essas qualidades em primeiro lugar e, em seguida, como alimentá-las. Descobrimos que vários aspectos fundamentais do ambiente complexo em que os inovadores jugaad atuam fazem deles pessoas especialmente apaixonadas, intuitivas e compreensivas.

Os empreendedores jugaad estão frequentemente expostos às condições adversas em que seus concidadãos vivem, sejam elas a ausência de um abastecimento regular de energia elétrica, o racionamento de água ou a falta de acesso a cuidados com a saúde e educação. Quaisquer que sejam, essas condições extremas despertam a empatia dos empreendedores jugaad, que sentem necessidade de fazer algo para melhorar a situação geralmente adversa à sua volta. Assim, os inovadores jugaad não ficam sentados depois de testemunhar a dor alheia, mas convertem a compaixão em paixão ao buscar soluções para aliviar essa dor. No entanto, essas soluções não correspondem a um trabalho de caridade; elas são construídas em torno de sólidos modelos de negócios com fins lucrativos. Como tal, a empatia representa a pedra angular na prática dos inovadores jugaad de uma forma altruísta de capitalismo, moldada por um autointeresse esclarecido. Adam Smith captou bem a importância da empatia como ingrediente vital da inovação empreendedora. Em seu trabalho pioneiro *A teoria dos sentimentos morais*, Smith argumentava que, embora o homem geralmente tenda a ser egoísta, "há evidentemente alguns princípios em sua natureza que o faz se interessar pela sorte dos outros e tornar sua felicidade necessária para si, embora sem extrair nada disso, a não ser o prazer de testemunhar essa felicidade".[2]

Em alguns casos, os empreendedores jugaad inovam para atender às *próprias* necessidades e para aliviar sua dor pessoal. Por exemplo, após Venkat Rangan ouvir seu pai constantemente se queixar que sua empresa de corretagem não executava as operações de ações de forma tão rápida quanto gostaria, Rangan decidiu agir. Ele fundou a INXS Technologies, empresa de produtos de software, com sede em Channai, no sul da Índia, que desenvolveu uma das maiores plataformas móveis do mundo para negociação de títulos. A plataforma, chamada MarketSimplified, ajuda atualmente a acelerar as operações por celulares, não apenas para o pai de Rangan, mas também para milhões de clientes das principais casas de corretagem do mundo que utilizam a plataforma.[3]

Outro motivo para os inovadores jugaad seguirem seus corações mais do que seus cérebros é serem forçados a pensar por conta própria o tempo todo. É difícil e até mesmo contraproducente analisar logicamente uma situação bastante complexa e tomar decisões racionais quando as circunstâncias mudam com frequência. Os mercados emergentes são voláteis e estão em ritmo acelerado. Diariamente confrontados com situações-limite, os inovadores jugaad aprenderam a tomar decisões conforme a necessidade, usando sua aguçada intuição em vez de confiar somente na análise e na lógica. Por exemplo, assim que viu sinais de que um formato de varejo ocidentalizado para o Big Bazaar não estava dando certo, Kishore Biyani rapidamente o abandonou e adotou um novo, sem esperar pela oportunidade de fazer pesquisa de mercado. Se não tivesse reagido tão rapidamente, seguindo a sua intuição, é bem possível que o negócio tivesse ido por água abaixo.

As condições adversas nos mercados emergentes despertam a empatia e paixão criativas, e a imprevisibilidade do ambiente local os obriga a tomar decisões rápidas com base na intuição, em vez de na análise racional.

A CORAJOSA ARTE DE AGIR COM BASE NO QUE PARECE CORRETO

Os inovadores jugaad, como Kishore Biyani e Venkat Rangan, são uma espécie autoconfiante e corajosa: eles ousam *agir* com base no que sentem ser correto. Não buscam validação ou aprovação dos clientes ou investidores para suas ideias visionárias e tendem a ignorar os céticos. Eles sabem intuitivamente qual é a solução correta para uma necessidade de mercado não atendida. Somente após terem lançado a solução pioneira, os outros reconhecem seu verdadeiro valor. Em outras palavras, os inovadores jugaad valentemente traçam o seu caminho em território desconhecido, utilizando o coração como bússola.

Diane Geng e Sara Lam, por exemplo, duas sino-americanas educadas em Harvard, ansiosas para se reconectar com suas raízes ancestrais, decidiram passar um tempo em aldeias chinesas onde vivem 800 milhões de pessoas, ou 60% da população da China. Nessas aldeias, Geng e Lam observaram que quase 90% dos jovens saíam do ensino básico sem habilidades profissionais e com um claro desdém por suas comunidades. Gang e Lam também descobriram que o motivo de os jovens das áreas rurais nunca frequentarem ou não completarem o ensino médio não era dificuldade financeira e sim (1) irrelevância do currículo escolar para suas necessidades de vida e (2) a ineficácia do ensino que incentivava a aprendizagem mecânica em vez do pensamento criativo. Assim, as aldeias chinesas ficavam privadas de jovens trabalhadores qualificados que, de outra forma, poderiam encontrar maneiras criativas de sustentar o crescimento socioeconômico de suas comunidades.[4]

Geng e Lam perceberam que essa questão seria um grande problema para a China, considerando a população em rápido envelhecimento (até 2030, 16% da população chinesa estará com mais de 65 anos, acima dos 10% em 2011). Movidas pela empatia, decidiram agir. Sua intuição lhes dizia que a solução estava em melhorar o "software" do sistema de educação rural, como o currículo e a qualidade dos professores, em vez de consertar o "hardware", como construir mais escolas e oferecer bolsas (como fazem a maioria das ONGs e das agências do governo na China). Assim, Geng e Lam lançaram a RCEF (Rural China Education Foundation), iniciativa popular, com base na comunidade, que recruta e trabalha com professores locais nas aldeias. A RCEF cria novos currículos relevantes centrados nos alunos, utilizando métodos de aprendizagem com base na prática, que estimulam a criatividade e mantêm os alunos engajados. Ao proporcionar à juventude rural uma educação de qualidade, prática e relevante para suas necessidades de vida e habilidades, a RCEF espera assegurar a estabilidade futura da economia chinesa.

Quando perguntada o que motiva empreendedores jugaad como ela a fazer algo arrojado como a RCEF, Lam respondeu: "Um senso de urgência e de missão. Um sentimento de que algo precisa ser feito. Compaixão e intolerância pela injustiça. A disposição de dar o primeiro passo e fazer o possível com o que você tem. Seria fácil pensar 'Tudo de que preciso é deste financiamento a mais, ou esse tanto de pessoas a mais, e então posso começar'."[5]

Os inovadores jugaad também têm sucesso ao seguir seus corações porque dependem fortemente da inteligência social para guiar suas decisões. Os inovadores jugaad são pessoas práticas e possuem "fluência cognitiva" muito elevada – em vez de confiar em planilhas de cálculo para tomar decisões, eles rapidamente processam grandes quantidades de informações sensoriais do mundo real e improvisam decisões de modo intuitivo e dinâmico com base nos padrões que surgem.[6] Jan Chipchase e Ravi Chhatpar, que trabalham para a frog (empresa de consultoria em design e inovação) e que têm interagido amplamente com inovadores em mercados emergentes, também concordam. Chipchase é diretor executivo de criação de ideias globais da frog, e Chhatpar é diretor de estratégia da frog e fundador do estúdio em Xangai. Ambos destacam, por exemplo, que muitos inovadores chineses no setor de produtos eletrônicos que praticam o *zizhu chuangxin*, a versão chinesa do jugaad, não usam grupos de discussão para determinar previamente quais recursos incluir nos novos produtos.[7] Na verdade, eles passam grande parte do tempo nas ruas, observando quais produtos os clientes realmente usam e descobrindo quais produtos dos concorrentes estão vendendo bem e por quê. Esses inovadores usam então seu profundo conhecimento do cliente para priorizar e rapidamente decidir quais recursos incluir nos próprios produtos. No processo, ganham uma percepção intuitiva sobre o que os clientes querem e assim conseguem antecipar suas necessidades.

Seu profundo conhecimento dos clientes também permite que os empreendedores jugaad se conectem com eles em nível emocional e estabeleçam no processo maior intimidade. Kevin Roberts, CEO da agência mundial de publicidade Saatchi & Saatchi, discute exatamente esta conexão em seu livro *Lovemarks.*[8] Ao notar que a intimidade é um ingrediente fundamental para conquistar os consumidores e ao ressaltar a importância de empatia, compromisso e paixão para obtê-la, Roberts diz: "É o toque atencioso, as surpresas, que estabelecem a conexão com o coração de um consumidor."[9] Os inovadores jugaad aproveitam essa intimidade com o cliente, baseada na empatia, para obter conhecimento mais profundo sobre as questões fundamentais com as quais os clientes se debatem e o contexto socioeconômico mais amplo em que vivem. Essas informações valiosas permitem então que os inovadores jugaad encontrem soluções que tenham impacto significativo na vida diária dos clientes.

Anil Jain, por exemplo, diretor administrativo da Jain Irrigation Systems Ltd., chegou a uma série de soluções inovadoras que melhoraram enormemente a produtividade de pequenos agricultores indianos, grande segmento da população da Índia. Ele atribui o sucesso ao elevado quociente emocional dos funcionários: "Intencionalmente contratamos vendedores a quem chamamos de 'filhos da terra'"; isto é, pessoas com origem agrícola que podem focar e se relacionar com os clientes da empresa: os agricultores.[10] Esses funcionários ajudam a elevar as relações comerciais com os clientes para relações transformadoras. Por exemplo, nas interações iniciais com clientes agricultores, os vendedores da Jain Irrigation não tentam "vender" soluções; tentam incutir orgulho nos agricultores por criar soluções inovadoras em conjunto. Essa inovação compartilhada é sustentável porque é moldada pela empatia e paixão compartilhadas por todos os stakeholders. Jain explica que, graças à abordagem de engajamento centrada no cliente, a empresa tem conseguido mudar com sucesso seu modelo de negócios, de "contrato agrícola" para "*contato* agrícola", modelo que oferece um valor desproporcionalmente maior aos agricultores.

Embora os inovadores jugaad confiem em sua intuição, eles também conduzem uma rápida experimentação para validá-la. Em vez de fazer previsões ou prognósticos, os inovadores jugaad testam suas intuições no mundo real para obter rápido feedback. Assim, usam a aprendizagem prática (isto é, aprender fazendo) para aprimorar a intuição e inovar continuamente ao longo do tempo. Considere o Programa Hapinoy, de Bam Aquino, nas Filipinas, apresentado no Capítulo 3. O programa capacita donas de lojas sari-sari (pequenas lojas familiares) nas ilhas rurais das Filipinas, identificando novas oportunidades de negócios e dando-lhes as ferramentas e habilidades necessárias para aproveitar as oportunidades. Aquino nos disse que, embora confie na intuição para identificar quais serviços adicionais pode trazer para as mulheres da rede do programa Hapinoy, ele também se baseia em uma prototipagem rápida para validar sua intuição: "Fazemos muitos pilotos de pequeno porte. Abandonamos logo as ideias ruins e identificamos as boas, que tenham perspectiva, e concentramos esforços em ampliá-las."[11] Por exemplo, o Programa Hapinoy recentemente fez um projeto-piloto com uma grande companhia farmacêutica para oferecer seu remédio de venda livre em algumas lojas sari-sari em vilarejos distantes que pertencem à rede Hapinoy. O piloto foi bem-sucedido e agora está sendo ampliado para toda a rede. Por outro lado, Aquino teve forte intuição de que as remessas móveis (enviar dinheiro a pessoas da família por celular) seriam um excelente serviço que o Programa Hapinoy poderia oferecer através da rede de lojas sari-sari, mas o projeto-piloto revelou algumas limitações. A organização constatou que a adoção do serviço de remessa móvel dependia do nível de acesso aos serviços bancários, que variava muito de região para região. Assim, a remessa móvel foi implantada seletivamente, apenas em algumas áreas. Aquino explica: "Usamos a prototipagem rápida para validar nossas ideias intuitivas e chegamos a uma de três decisões possíveis: acabar com a ideia, implantá-la seletivamente em algumas partes da rede ou implantá-la em toda a rede." Agir com sentimentos intuitivos (e permanecer fiel à sua paixão) dá a inovadores jugaad, como Kishore Biyani, Diane Geng, Sara Lam, Anil Jain e Bam Aquino, vantagem sobre os concorrentes, que, no fim, pode levar ao sucesso no mercado.

MANTENDO A CHAMA ACESA

Como os inovadores jugaad conseguem manter a sua paixão? Praticando o que se poderia chamar de "engajamento desprendido". Embora profundamente engajados em seus projetos de inovação, os inovadores jugaad permanecem

158 *A inovação do improviso*

desapegados dos resultados. Eles não deixam que o sucesso ou o fracasso afetem sua paixão. Kishore Biyani, por exemplo, não permitiu que o fracasso do primeiro modelo de negócio para o varejo amortecesse sua paixão por fornecer melhor experiência de varejo aos clientes indianos; ele seguiu em frente e testou outros modelos de negócios.

Os inovadores jugaad são incansáveis na busca de seus interesses porque sua paixão transcende as esferas emocional e intelectual: eles geralmente acreditam que estão realizando uma missão crucial, que atende a um propósito maior. Em termos filosóficos indianos, os inovadores jugaad acreditam que estejam seguindo seu *dharma* – obrigações ou deveres pessoais que alguém é incumbido de desempenhar com dedicação e desprendimento durante a vida. O Dr. Prasad Kaipa, coach de CEO e pesquisador sênior na Indian School of Business, explica: "Mahatma Gandhi disse a famosa frase 'Felicidade é quando o que você pensa, diz e faz estão em harmonia'. Ao alinhar esses três elementos – pensamentos, palavras e ações – com coração e espírito, os empreendedores jugaad obtêm um sentimento de satisfação por servir a uma causa maior. Esse é verdadeiramente o segredo de sua paixão eterna."[12]

Veja o caso do Dr. Devi Shetty, renomado cirurgião cardíaco da Índia, que tratou de Madre Teresa. O Dr. Shetty é o fundador do Narayana Hrudayalaya, um hospital do coração de Bangalore, na Índia, onde centenas de pessoas de baixa renda passam por cirurgias cardíacas a cada semana. O Dr. Shetty inaugurou o hospital porque acredita que, como médico, tenha o dever moral de tornar os cuidados com a saúde baratos e acessíveis para todos, independentemente de casta, credo, religião ou renda.[13] É um sentimento compassivo de dever que sustenta sua paixão e a de seus colegas médicos no Narayana Hrudayalaya. Ao realizar seu dever e ser fiel à profissão, o Dr. Shetty está claramente seguindo seu coração (visite o site JugaadInnovation.com para saber mais sobre o Dr. Devi Shetty e seu modelo compassivo de prestação de serviços de saúde).

Além de sustentar sua própria empatia e paixão, os inovadores jugaad buscam ativamente inflamar a paixão e a empatia nos outros. Essas qualidades podem ser contagiosas: os empreendedores jugaad são muito bons em inspirar funcionários, clientes e parceiros a se reunir em torno de uma causa, formando assim "redes de paixão". Por exemplo, para garantir a adesão de gerentes às suas ideias visionárias, Kishore Biyani, do Big Bazaar, não confia nas ferramentas tradicionais de comunicação empresarial, como as apresentações em PowerPoint. Em vez disso, ele tem um "diretor de crença", Devdutt Pattanaik, que inventa histórias inspiradas pela rica tradição de mitos indianos para inflamar a paixão dos gerentes e obter seu apoio para as mudanças transformadoras da empresa.[14] De forma semelhante, impulsionado pela própria paixão, Bam Aquino inflama a paixão de mulheres empreendedoras nas Filipinas, por meio do Programa Hapinoy, que as incentiva a sonhar grande e a ampliar as pequenas lojas familiares. As mulheres que têm sucesso ao fazê-lo se tornam, por sua vez, defensoras apaixonadas da ideia de Aquino (e do Programa Hapinoy) e evangelizam outras proprietárias de empresas nos vilarejos vizinhos, formando assim uma "rede de paixão", cujos efeitos-cascata são sentidos por todo o país.

O MUNDO É MUITO COMPLEXO PARA APENAS A MENTE ENTENDER

Nos próximos anos, os líderes de empresas ocidentais, acostumados com análises baseadas em dados e decisões racionais, acharão útil, se não crucial, seguir seus corações tanto quanto seus cérebros. Nesta seção, discutiremos os motivos pelos quais acreditamos que provavelmente será este o caso.

A lógica pura não será suficiente. Em um ambiente imprevisível, as empresas ocidentais não conseguem resolver problemas mal definidos utilizando dados quando não há informações suficientes. Conforme argumenta Dan Pink em *O cérebro do futuro*, o pensamento linear, analítico, parecido com o de um computador do lado direito do cérebro, controlado pelo que chamamos de "mente", é insuficiente para nos ajudar a decifrar, quanto mais navegar, no mundo cada vez mais complexo e ambíguo.[15] Portanto, em vez de se basear puramente na lógica, os executivos ocidentais devem aprender a inovar aproveitando também o que Jack Welch chama de "inteligência intuitiva", ou seja, intuição criativa aperfeiçoada por anos de experiência.[16]

Pesquisas em neurociência, psicologia cognitiva e economia comportamental mostram cada vez mais que as emoções desempenham um grande papel para ajudar os homens a resolverem problemas complexos em situações de ambiguidade e incerteza. Em vez de indignas de confiança, a emoção e a intuição podem realmente ajudar as pessoas a tomar decisões mais sábias do que se fossem guiadas somente por considerações racionais. Conforme Malcolm Gladwell mostra em *Blink*, em vários casos as decisões espontâneas podem ser tão boas, se não melhores, que as cuidadosamente planejadas e consideradas.[17]

A geração Y busca um sentido. Os empregados ocidentais, especialmente os da geração Y ou do milênio, não são mais motivados apenas pelo dinheiro: eles querem trabalhar para uma organização que coloque suas habilidades criativas em prol de uma causa maior. As empresas que aproveitam o poder da mente da geração Y só para agradar os acionistas provavelmente perderão para concorrentes que canalizem o *poder do coração* da geração Y em projetos inovadores, que ativamente os engajem e beneficiem a empresa bem como a sociedade em geral. Em uma recente pesquisa conduzida pela EuroRSG, 92% dos integrantes da geração do milênio concordam que o mundo precisa mudar, e 84% consideram seu dever conduzir esta mudança. Quase 82% acreditam ter o poder de fazer a mudança acontecer.[18] Com 50% da população do mundo com idade inferior a 27 anos, é imperativo que as empresas ocidentais encontrem formas criativas de aproveitar a paixão e o dinamismo empreendedor de jovens impelidos a fazer a diferença no mundo.

Os clientes anseiam por relacionamentos autênticos. Segundo a Forrester Research, apenas 5% dos consumidores concordam com as afirmações das propagandas; os outros 95% as consideram desonestas e inautênticas. Forrester também constatou que um número crescente de consumidores (fortalecidos pelas ferramentas de mídia social, como os blogs e o Facebook) confia *mais* em outros consumidores que nas marcas.[19] Na era de conexão total do Twitter e Facebook, os clientes podem rapidamente punir as marcas que maliciosamente tentam "vender" em vez de envolvê-los em um relacionamento respeitoso e empático. A boa notícia, segundo Josh Bernoff e Charlene Li, autores de *Fenômenos sociais nos negócios: groundswell*, é que os consumidores ocidentais confiam nas marcas que verdadeiramente compreendem suas necessidades. Os autores argumentam que cabe às empresas demonstrar uma compreensão genuína nas interações com os clientes, engajando-os respeitosamente como valiosos colaboradores na criação em vez de usuários passivos das ofertas.[20] De fato, 96% dos consumidores americanos são mais propensos a adquirir produtos de uma empresa que ouve seus conselhos (e agem em conformidade com isso).[21]

Infelizmente, muitas empresas ocidentais não percebem que, ao incentivar ou mesmo permitir que seus empregados sigam seus corações e ao criar experiências que envolvam emocionalmente os clientes, elas podem ajudar a impulsionar a inovação e a criação. As empresas que efetivamente reconhecem isso podem achar difícil institucionalizar tal cultura e torná-la fundamental para a organização e suas práticas.

AS PRÁTICAS DOS NEGÓCIOS NA ERA INDUSTRIAL
MANTÊM OS CORAÇÕES FECHADOS

Na economia pós-industrial, em que a complexidade é a norma, os clientes buscam relacionamentos próximos e autênticos com as marcas, e os funcionários da geração Y procuram sentido em seu trabalho, vale a pena ser empático, intuitivo e apaixonado e tirar proveito do "poder do coração" de sua organização. Contudo, as empresas ocidentais têm problemas para cultivar (e demonstrar) o "poder do coração" porque permanecem ligadas às práticas de negócios e abordagens estruturadas de inovação da Era Industrial. Essas práticas e abordagens, que sobrevalorizam o pensamento do lado direito do cérebro e o comportamento racional, prejudicam a capacidade de os líderes ocidentais tomarem decisões intuitivas e impedem que as empresas construam conexões empáticas com clientes e que inflamem e aproveitem a paixão dos funcionários criativos.

P&D: isolados e desconectados dos clientes do mundo real. Os engenheiros de P&D que atuam em laboratórios isolados não ficam imersos no mundo dos clientes e, assim, não conseguem criar empatia para com eles. Além disso, em muitas empresas ocidentais o desempenho do P&D é medido pelo número de patentes produzidas (um indicador da proeza do lado esquerdo do cérebro) em vez de pela qualidade da experiência oferecida para o cliente (um indicador da criatividade empática do lado direito do cérebro). No entanto, conforme observa Matt Bross, americano que dirige o P&D da Huawei: "Não existem tecnologias de ponta, somente *aplicações de mercado* inovadoras."[22] As invenções de P&D, inovadoras ou não, fracassarão no lançamento, se não resolverem a bem definida fonte de sofrimento do cliente. A compreensão das dificuldades dos clientes requer empatia e colaboração. Infelizmente, as ferramentas e técnicas de P&D, utilizadas para descobertas científicas em laboratório, não foram concebidas para captar as percepções dos consumidores, como necessidades latentes do comprador, muito menos para se envolver dinamicamente com os usuários finais na concepção e teste de novos produtos. Isso explica por que 80% dos novos produtos de consumo fracassam após o lançamento; muitas vezes não têm relevância para o mercado, levando Tim Brown, CEO da IDEO, uma das principais consultorias em design e inovação, a concluir: "O design [de P&D] pode ter maior impacto quando sai das mãos dos designers e chega às mãos de todos."[23]

162 *A inovação do improviso*

As empresas costumam buscar refúgio nos números – e afastam a intuição. O mundo dos negócios abomina surpresas e anseia pela previsibilidade: previsões, planos e orçamentos são concebidos para "controlar" o futuro e conferir uma sensação de estabilidade, não deixando espaço para a improvisação intuitiva. É mais fácil para um CEO justificar a investidores a decisão de investir em um novo produto ou serviço se ele tem muitos dados para apoiá-lo. Mas os investidores ficarão menos propensos a aceitar um projeto de inovação se souberem que você está apenas ouvindo sua intuição.

O excesso de confiança das empresas nos dados, em detrimento da intuição, as faz cometerem dois erros estratégicos. O primeiro é tender a interromper muitos projetos cedo demais porque não conseguem encontrar dados suficientes para justificar a viabilidade comercial (por outro lado, não percebem que quando tiverem finalmente reunido todos os dados necessários para justificar um projeto de inovação, a janela da oportunidade de comercialização já poderá estar fechada). Em segundo lugar, as empresas preferem investir em inovações incrementais em vez de nas revolucionárias porque as primeiras são fáceis de justificar aos investidores. Essa atitude explica por que quase 90% dos projetos de P&D em empresas de bens de consumo têm como objetivo sustentar os produtos existentes (desenvolvendo, por exemplo, extensões da linha de produtos) em vez de investir em produtos novos no mercado,[24] o que deixa a porta aberta para concorrentes invadirem o mercado com ofertas realmente inovadoras.

Os executivos de marketing não se conectam emocionalmente com os clientes. Os profissionais de marketing muitas vezes querem que os clientes entendam sua proposição de valor, quando deveria ser o contrário. Por exemplo, os consumidores estão enviando a seguinte mensagem aos fornecedores de bens de consumo sofisticados: "Meus valores mudaram. Agora valorizo a simplicidade e a acessibilidade: você consegue fornecê-las?" No entanto, falta às empresas de bens de consumo a empatia para reagir positivamente a esse apelo; em vez disso, continuam a fabricar e vender bens com preços elevados para a classe média americana. Consequentemente, os consumidores frugais se deparam com fornecedores insensíveis às suas dificuldades econômicas e vão procurar produtos em outros lugares. Kevin Roberts alerta os profissionais de marketing: "Na [velha] Era do Novo marketing, tudo girava em torno do produto. Na Idade do Agora, tudo gira em torno do domínio da comunicação emocional; não da manipulação, mas de relacionamentos. Na Idade do Agora, tudo gira em torno da única pergunta que os consumidores têm: 'Como você vai melhorar minha vida?' Responder a essa pergunta é fornecer um valor inestimável."[25]

A gestão ultrapassada de Recursos Humanos não consegue engajar os funcionários da próxima geração. As empresas continuam a contar principalmente com os incentivos financeiros (tais como bônus) para motivar os funcionários, em vez de lhes dar tempo e espaço para buscar sua paixão de forma construtiva. Assim, não surpreende que, de acordo com os resultados de uma pesquisa Gallup, apenas 29% dos americanos trabalham com paixão, e um total de 52% diz que não se sente envolvido no emprego. John Hagel, presidente-adjunto do Deloitte Center for the Edge e um dos autores do livro *The Power of the Pull: How Small Moves, Smartly Made, Can Set Big Things in Motion*, oferece o seguinte conselho aos chefes de gestão de recursos humanos: "O que eu faria é começar a sistematicamente medir os níveis de paixão de meus funcionários. Desenvolvi a convicção de que uma das chaves para motivar os indivíduos é ajudá-los a se conectar com sua paixão pela profissão. O acompanhamento dos níveis de paixão lhe capacita a propiciar rápida melhoria de desempenho. Pessoas apaixonadas são profundamente motivadas a se aperfeiçoar e passar para o próximo nível de desempenho."[26]

COMO AS EMPRESAS OCIDENTAIS PODEM SEGUIR SEUS CORAÇÕES

Em um ambiente que favorece abordagens de inovação mais estruturadas e baseadas em dados, seguir o coração nos negócios atuais representa vários desafios para gestores e empresas ocidentais. Considerando a experiência dos empreendedores jugaad, porém, há várias maneiras de os líderes ocidentais desenvolverem uma cultura de empatia e paixão nas empresas.

Envie a alta administração a "campos de treinamento para desenvolvimento de empatia". A empatia é como um músculo; pode ser desenvolvida nos altos executivos ao colocá-los em situações diversas. A Allianz Global Investors, por exemplo, administra um centro de treinamento interno, com sede em Munique, na Alemanha, onde altos executivos da Allianz, bem como de empresas clientes, participam de programas de treinamento em comunicação, formação de equipes e liderança, todos conduzidos por instrutores com

164 *A inovação do improviso*

deficiência visual, no escuro, ou por instrutores com deficiência auditiva em um espaço à prova de som.[27] O objetivo desses programas é aumentar a autoconsciência entre os altos executivos, com a ideia de que não se pode ter empatia pelos outros a menos que se tenha conhecimento direto sobre eles e se perceba e reconheça os próprios limites.

Ignore pesquisadores de mercado e investidores para inovar radicalmente. Os altos executivos precisam de coragem moral para seguir seus corações, o que implica ignorar pesquisadores de mercado e investidores quando se trata de inovações revolucionárias. Especificamente, para evitar ser pego em uma teia inflexível de estrutura e demandas por dados, os altos executivos não devem depender exclusivamente da aprovação dos stakeholders externos quando do lançamento de produtos e serviços verdadeiramente inovadores. A dependência da aprovação externa pode atrasar ou impedir os líderes empresariais de buscar ideias verdadeiramente revolucionárias. Por exemplo, ao desenvolver novos produtos ou formular novas estratégias, Steve Jobs raramente se preocupou em obter validação de analistas financeiros, especialistas da mídia ou até mesmo dos consumidores. Ele estava mais interessado em seguir seu coração do que apenas procurar agradar os analistas e observadores do mercado.

Adote princípios centrados no cliente. Os engenheiros e cientistas de P&D precisam sair dos laboratórios e mergulhar no ambiente dos clientes para verdadeiramente entender suas necessidades: essa é a base do design centrado no cliente. Conforme observamos anteriormente, empresas como a Nokia e a Intel empregam antropólogos que passam meses vivendo com clientes carentes em mercados emergentes para identificar suas necessidades latentes e projetar soluções que façam sentido e que possam causar significativo impacto na sua vida cotidiana. Essas soluções (tais como o Nokia 1100 que vendeu mais de 250 milhões de unidades em todo o mundo) podem se transformar em produtos revolucionários com enorme potencial de vendas. As empresas, ansiosas para desenvolver suas competências internas em design centrado no ser humano, podem fazê-lo contratando consultorias especializadas, como IDEO, frog, LUNAR ou Continuum. As empresas que não conseguem arcar com os custos desses consultores de design podem usar ferramentas de mídia social, como o Facebook, e técnicas de *crowdsourcing* (terceirização para multidões) para engajar "usuários líderes" (isto é, os usuários pioneiros entre os consumidores),

Princípio 6 165

que podem ajudar as empresas a identificarem necessidades pouco claras dos clientes tradicionais e a criarem conjuntamente produtos, serviços e experiências que atendam a essas necessidades.[28]

Envolva os clientes com uma conversa de coração para coração. Os pesquisadores nos campos de neurociência, psicologia, economia comportamental e marketing concordam que as emoções são motivadores tão poderosos do comportamento do consumidor quanto o cálculo e a racionalidade. Em muitos casos, as emoções podem até mesmo representar o único motivador do comportamento do consumidor. Em outros, podem ser mais dominantes. Em outros ainda, as emoções podem desempenhar papel complementar e de reforço ao da razão.[29] Tudo isso tem profundas implicações para diretores e profissionais de marketing de maneira geral. Em um mundo onde as marcas atingiram paridade com as características, preço, distribuição e até mesmo design, envolver as emoções dos clientes se tornou uma forma essencial para os profissionais de marketing diferenciar suas ofertas das dos concorrentes.

Kevin Roberts, da Saatchi & Saatchi, há alguns anos se apaixonou pela prática de envolver as emoções dos clientes. Roberts diz que um grande avanço de seu pensamento veio da ideia de que a razão leva a conclusões, enquanto a emoção leva à ação. Seguindo esse conceito, Roberts teve a certeza de que fatores emocionais, não racionais, seriam a chave para a próxima rodada da competição, e que o futuro seria conquistado com base em relacionamentos e não apenas em operações. Essa convicção levou Roberts a criar o conceito de "lovemarks", em substituição às "marcas". Ele tinha certeza de que "se as pessoas amassem em vez de apenas gostar de algo, elas seriam leais independentemente da razão, do preço e da recessão". Daí a noção de lovemarks: um "futuro para além das marcas, repleto de mistério, sensualidade e intimidade, propiciando margens adicionais porque as pessoas não apenas gostam delas, mas porque as amam".[30]

A Starbucks oferece outro exemplo deste tipo de conexão emocional com os consumidores. A empresa revolucionou a forma como o café era comprado e vendido, envolvendo os clientes pela emoção, não pelo preço ou conveniência. Antes da Starbucks, o mercado de massa se referia principalmente a "café instantâneo", padronizado e com reduções de preços. Mas depois de uma viagem a Milão, Howard Schultz, da Starbucks, que ingressou na empresa como diretor de operações de varejo e marketing em 1982, percebeu que o café tinha muito mais a ver com paixão, emoção e estilo de vida que com preço,

166 *A inovação do improviso*

conveniência e bebida quente. Ao criar um "terceiro espaço" entre a casa e o trabalho, usando o café como meio de preencher esse espaço, a Starbucks conseguiu envolver emocionalmente os consumidores e criar um negócio global no processo.

A Lululemon Athletica também envolve os consumidores emocionalmente. A empresa tem usado esse espírito para desenvolver seguidores, como se fosse um culto para suas roupas esportivas sofisticadas de ioga, e gerar vendas extraordinárias: crescimento anual composto de mais de 52% na economia montanha–russa entre 2005 e 2009. Ela conseguiu esse feito, em grande parte, pela criação de uma cultura original centrada no cliente (construída dentro de lojas e por meio de uma abordagem de marketing baseada na comunidade), rapidamente copiada pela Nike, Gap e Nordstorm, entre outros. A empresa identifica embaixadores locais de ioga que incorporem o "estilo de vida lulu" e os veste com suas roupas. Toda semana, a loja afasta os balcões e prateleiras e desenrola esteiras para que esses embaixadores possam dar aulas gratuitas de ioga. As sacolas de compra vermelhas, facilmente identificáveis, são decoradas com frases e aforismos como "respire profundamente" ou "amigos são mais importantes que dinheiro". Embora a ioga exista há milênios, a Lululemon gerou uma tendência que faz os praticantes de ioga se sentirem parte de uma comunidade e de uma visão maior (e mantém os consumidores sempre leais).

Crie "centros de paixão" por toda a organização. As empresas devem capacitar funcionários para publicamente compartilharem e discutirem ideias pelas quais são apaixonados, por mais polêmicas e perturbadoras que possam ser. Além disso, para dar vida a essas ideias, elas devem ajudar a construir comunidades de clientes e parceiros em torno dos funcionários. A frog, por exemplo, lançou "centros de paixão" por toda a rede global de estúdios de design, onde os funcionários podem livremente discutir ideias do lado esquerdo do cérebro e se reunir com colegas, clientes ou parceiros externos que compartilham paixões semelhantes. Robert Fabricant, vice-presidente de criação da frog e a força motriz por trás desta iniciativa, explica: "Queremos transformar a paixão de um funcionário individual em uma 'comunidade de paixão', em que pessoas com diferentes perspectivas possam identificar maneiras de converter suas paixões pessoais em realidade. Essas paixões são as sementes de soluções transformadoras que podem ser usadas para melhorar as iniciativas existentes ou lançar áreas inteiras de uma nova prática. O objetivo é criar um movimento de baixo para cima dentro da frog, pela polinização e fertilização cruzadas de paixões pessoais por toda a organização."[31]

A frog criou um site no qual os funcionários podem compartilhar suas paixões com o mundo. Em um desses vídeos, Denise Burton, funcionária da frog, descreve sua paixão:

> Conectar as pessoas sempre foi minha paixão. Mesmo quando criança, sempre que havia uma briga no playground eu era a que intermediava a paz entre as crianças briguentas e as reconectava. Quando cresci, percebi como as tecnologias do tipo da internet e RFID podiam não só ajudar a conectar [milhões de] pessoas como também [bilhões de] dispositivos. Sempre tive o sonho de uma "experiência conectada": um mundo homogêneo onde pessoas e dispositivos estivessem interligados. Mesmo após ingressar na frog, esse sonho permaneceu por muito tempo. Mas agora acho que os clientes da empresa estão finalmente prontos para meu sonho: ele não é mais uma ideia irrealista e impraticável. Chegou o momento de transformar a "experiência conectada" em realidade comercialmente viável.[32]

Incentive os funcionários a confiar em seus instintos – e a validá-los com uma rápida experimentação. Os CEOs precisam seguir a liderança de Kip Tindell, CEO da The Container Store, uma das principais redes de utilidades domésticas dos Estados Unidos que, além de confiar na *própria* intuição para guiar as decisões em seu negócio, também consagra a intuição como um dos "Princípios Fundamentais" da empresa. Conforme explica Tindell: "Mendigamos, imploramos e tentamos fazer os funcionários acreditarem que a intuição efetivamente tem um lugar no trabalho. Afinal, a intuição é apenas a soma total de nossa experiência de vida. Então por que você deveria deixá-la em casa quando vem trabalhar de manhã?"[33]

Tanto a Google quanto o Facebook incentivam os funcionários a confiar em suas intuições, fazendo testes beta de suas ideias e depois adotando as que alcançam significativa aprovação dos clientes na linha de produtos normais. Apesar do poder da intuição, é importante notar que, por mais que você confie em sua intuição, é improvável que ela *sempre* esteja certa. Portanto, a melhor maneira de minimizar os riscos de investir nos produtos e serviços errados é testar logo suas ideias intuitivas no mercado e usar o feedback do cliente para continuamente melhorar o projeto ou abandoná-lo completamente caso o cliente não demonstre interesse.

168   *A inovação do improviso*

APPLE: UMA EMPRESA MOVIDA PELO CORAÇÃO

Steve Jobs, um dos fundadores e ex-CEO da Apple, foi talvez o praticante mais eficaz do mundo do princípio "siga o seu coração". Jobs ajudou a Apple a continuamente revolucionar o setor de tecnologia voltada para o consumo, primeiro com o iPod e o iTunes, depois com o iPhone e mais recentemente com o iPad. Mas a Apple não fez amplas pesquisas de marketing para gerar a ideia do iPad, o que pode ter sido bom, pois muitos consumidores, analistas e especialistas da mídia estavam convencidos de que não havia mercado para o produto. Mas Jobs tinha um talento especial para a leitura do mercado e era bem conhecido por antever as necessidades dos clientes, sem confiar nas previsões dos analistas ou nos grupos de discussão.

Ainda mais importante, Jobs dependia do poder do coração da empresa, medido pela qualidade da experiência fornecida ao cliente, em vez de pela capacidade intelectual, medido pelo número de patentes registradas. De fato, é significativo que a Apple apareça na posição 81 no ranking de 2010 da Booz & Company, que classifica as empresas por gastos em P&D. Como percentual de receitas, a Apple gasta *um quinto* do que gasta a Microsoft. Ainda assim, é a marca mais valiosa do mundo atualmente; e, no mesmo estudo da Booz & Company mencionado anteriormente, a Apple foi classificada como a empresa mais inovadora do mundo.[34] O mérito vai para três qualidades que Jobs sempre demonstrou ao longo da carreira na Apple.

Jobs era intuitivo. Steve Jobs sempre foi um sonhador que previu o futuro da tecnologia bem antes dos concorrentes, ou até mesmo dos clientes. Ele deixa sua intuição identificar grandes oportunidades e revelar os caminhos para se apoderar delas (curiosamente, segundo o biógrafo de Jobs, Walter Isaacson, Jobs aprendeu a confiar na intuição durante uma viagem introspectiva para a Índia, em 1974).[35] Assim, ele conseguiu seguidamente moldar e liderar mercados inteiramente novos. Por exemplo, quando retornou a Apple, em 1997, após 12 anos, acabou conhecendo um designer chamado Jonathan Ive, que estava desanimado porque sua última invenção, um monitor monolítico com todas as funções do computador integradas, havia sido rejeitada pelos gestores da Apple, que a consideraram avançada demais. Mas Jobs ficou imediatamente apaixonado pela invenção de Ive; nela, ele via o futuro. Jobs prometeu a Ive que eles iniciariam uma parceria de longo prazo que mudaria para sempre o mundo da informática. Ive se tornou depois chefe de design da Apple; a invenção que Jobs ajudou a trazer ao mercado foi o iMac.[36]

Pelo fato de sempre ter seguido a intuição, Jobs nunca buscou ou confiou na validação externa de suas decisões (nem de investidores nem de clientes). De fato, em uma entrevista para a revista *Inc.*, em 1989, Jobs disse: "Você não pode perguntar aos clientes o que eles querem e depois tentar lhes dar o que desejam. No momento em que conseguir construí-lo, eles irão querer algo novo."[37] Jobs praticava a inovação *pensando* no cliente, ajustada pela intuição, em vez da inovação *conduzida* pelo cliente, moldada pela racionalidade.

Jobs tinha empatia. Steve Jobs nunca teve de intencionalmente ouvir os usuários finais para entender suas necessidades. Sua identificação com os usuários era tão grande que ele se considerava o primeiro cliente da Apple. E ele foi muitas vezes o cliente do futuro, não do presente, o que o ajudou a conceber experiências superlativas dos clientes, não tanto para agradar os usuários externos, mas a si mesmo. De fato, parece que passou toda a carreira tentando resolver suas *próprias* necessidades como usuário de tecnologia, em vez de pensar e agir como fornecedor de tecnologia, como faz a maioria dos concorrentes da Apple. Você poderia chamar isso de empatia ou compaixão voltada para si próprio.

Jobs era obsessivamente apaixonado. Steve Jobs não era apenas um líder com paixão; era um líder *obsessivamente* apaixonado. Ele estava obcecado por encantar os clientes com produtos incríveis, que unissem facilidade de uso e desempenho técnico superior; e com um serviço de excelência ao cliente. Sua paixão despudorada pela excelência em tudo forçou os empregados da Apple a se superar e procurar atender suas rigorosas expectativas de qualidade. O perfeccionismo de Jobs está consagrado nos princípios de desenvolvimento de produtos da Apple, como "Pixel Perfect Mockup"* (qualquer protótipo precisa ser projetado de forma extremamente realista para ficar o mais parecido possível com o produto final) e "10 para 3 para 1" (para cada novo recurso, os engenheiros da Apple projetavam, sem restrições, 10 maquetes completamente diferentes, depois restringiam para três e, no fim, se decidiam por uma).[38] Naturalmente, os detratores de Jobs achavam que sua paixão pela excelência beirava a insanidade (o mármore do chão da loja da Apple em Nova York foi supostamente enviado primeiro para seu escritório na Califórnia, para que ele pudesse examinar os veios). Mas como diz o ditado, a diferença entre genialidade e loucura é o sucesso.

---

* *Nota do Tradutor*: "Maquete com Perfeição Absoluta", em tradução livre.

Em seu discurso como paraninfo na Stanford University, em 2005, Jobs disse aos formandos: "Você não consegue interligar os pontos olhando para o futuro. Você só consegue interligá-los olhando para trás; então é preciso confiar que, de alguma forma, os pontos se interligarão em seu futuro. Você tem de confiar em algo – seu instinto, destino, vida, carma, seja o que for – porque a crença de que os pontos se interligarão ao longo do processo lhe dará a confiança para seguir seu coração, mesmo quando ele o leva para fora do caminho tradicional; e isso fará toda a diferença."[39]

Tim Cook, sucessor de Steve Jobs, se concentra mais nas operações, dada a sua experiência na cadeia de suprimentos, e parece mais preocupado em gerenciar o presente que em prever o futuro. Entretanto, Cook pode ser exatamente o que a Apple precisa, agora que a função de diretor de empatia e diretor de intuição passou de um único indivíduo – Steve Jobs – para milhares de apaixonados inovadores jugaad da Apple. Para ajudar esses funcionários a canalizar sua engenhosidade para moldar o futuro da informática, mantendo o legado de sucesso da Apple, você precisa de um líder que esteja solidamente ancorado no *presente*. Tim Cook pode muito bem ser esta pessoa.

CONCLUSÃO

Inovadores jugaad, como Kishore Biyani e Steve Jobs, são verdadeiramente corajosos em muitos aspectos: eles têm a coragem e a disposição de assumir riscos, confiam na própria intuição e são apaixonados pelo que fazem, acreditando que estão buscando uma causa maior no processo.

Seguir o seu coração, o lugar da empatia, da intuição e da paixão, é o último dos seis princípios adotados pelos inovadores jugaad. Porém, seguir esses princípios por si só não basta para que uma empresa consiga implantar a abordagem jugaad de inovação. Conforme analisaremos no próximo capítulo, para sustentar a adoção da jugaad e dos seis princípios, os líderes empresariais precisam entender quais mudanças são necessárias, em termos *organizacionais* e individuais.

CAPÍTULO 8

Integrando a jugaad
à empresa

As culturas de empresas são iguais às de países.
Nunca tente mudar uma. Tente trabalhar com o que você tem.
PETER DRUCKER

té agora, mostramos as muitas maneiras pelas quais a prática dos seis
princípios da inovação jugaad – buscar oportunidade na adversidade, fazer mais com menos, ser flexível, simplificar, dar chance aos excluídos
e seguir o seu coração – pode ajudar as empresas ocidentais a gerar e sustentar
o crescimento inovador no complexo ambiente de hoje em dia. No entanto, a
inovação jugaad não é uma panaceia a ser aplicada a todos os problemas de inovação em todas as situações; apesar dos claros benefícios, ela também tem claras
limitações. De fato, a jugaad não é um *substituto* para as abordagens tradicionais
estruturadas para a inovação, mais comumente utilizadas em empresas ocidentais; na verdade, a jugaad é um *complemento* útil para essa abordagem.

Neste capítulo, discutiremos as vantagens e limitações da inovação jugaad
e os contextos em que melhor se aplica. Descreveremos como as empresas ocidentais conseguem combinar o espírito ágil e flexível da jugaad com abordagens mais estruturadas para a inovação e como podem priorizar os princípios
jugaad que precisam adotar com mais urgência.

QUANDO A JUGAAD FUNCIONA MELHOR?

A relevância (e sucesso) de qualquer nova ferramenta, prática ou abordagem
de negócios depende do contexto em que é aplicada. Ao adotar qualquer nova

172   *A inovação do improviso*

ferramenta ou abordagem, as empresas não devem aplicá-la indiscriminadamente em todas as circunstâncias, mas seletivamente em situações nas quais a ferramenta ou abordagem seja mais apropriada. As empresas devem demonstrar este tipo de discernimento ao implantar a inovação jugaad, aplicando-a em contextos específicos que se prestem melhor à abordagem. Descobrimos que a inovação jugaad fornece resultados mais impressionantes quando praticada em ambientes complexos e voláteis, com as seguintes características:

• *Mudanças rápidas.* A jugaad é especialmente eficaz em cenários altamente voláteis, em que os ciclos de vida dos produtos são mais curtos, os padrões demográficos se alteram, a concorrência pode vir de qualquer lugar ou os governos estejam constantemente mudando políticas e desencadeando novas regulamentações. O setor de ritmo acelerado de aparelhos eletrônicos, por exemplo, com produtos de vida útil curta, requer pensamento flexível e ação rápida, que a inovação jugaad consegue facilmente oferecer.

• *Escassez generalizada de recursos.* A jugaad é mais relevante para empresas, setores ou países onde o capital é limitado, e o acesso a recursos naturais, restrito. O setor de bebidas e alimentos, faminto por recursos, por exemplo, bem como o setor automotivo (que enfrenta escassez de água e petróleo) precisam da inovação jugaad para renovar suas cadeias de suprimento para que possam fazer mais com menos.

• *Clientes frugais e diversificados.* A jugaad pode ser mais eficaz em mercados onde clientes preocupados com custos estejam buscando produtos a preços acessíveis e que estejam adaptados às suas necessidades específicas. Os setores de bens de consumo e de cuidados com a saúde, por exemplo, precisam de inovação jugaad para descobrir maneiras de permitir a inclusão de segmentos excluídos e construir empatia e relacionamentos personalizados com seus diversificados clientes.

• *Imaturidade do setor de atividade.* A jugaad é importante em atividades ainda em estágio de concepção e nas quais os mecanismos de mercado e os padrões do setor ainda não foram estabelecidos. Em setores novos, altamente imprevisíveis, como os de tecnologia limpa e biotecnologia, a inovação jugaad pode ajudar as empresas a buscarem oportunidades na adversidade, utilizando-a em seu proveito.

• *Explosão de interconectividade.* A jugaad tem relevância em setores em revoluções tecnológicas e nos quais ferramentas gratuitas de mídia social e celulares onipresentes estejam tornando as comunicações mais baratas e a colaboração mais fácil. Os bancos, por exemplo, podem aplicar a inovação jugaad para elaborar modelos de negócios que permitam a inclusão social e aproveitem tecnologias móveis para atender, a custos reduzidos, segmentos excluídos como os 60 milhões de americanos sem conta bancária nem acesso a bancos.

Essas condições extremas normalmente são mais presentes em mercados emergentes, como Índia, China e Brasil, que nos Estados Unidos e na Europa. Porém, conforme já discutimos em capítulos anteriores, as economias ocidentais também têm começado a mostrar muitos desses aspectos de escassez, diversidade, imprevisibilidade e interconectividade. Considerando esses desdobramentos, a jugaad poderia muito bem ser o que o médico também receitaria às empresas ocidentais: uma pílula para estimular o sistema imunológico, repelir a complexidade e ajudá-las a crescer e inovar. Mas como as empresas com abordagem estruturada da inovação já estabelecida deveriam lidar com a jugaad? Será que deveriam abandonar completamente a abordagem estruturada? Ou deveriam integrar a jugaad à estrutura existente? Se escolherem a última, como deveriam integrar as duas abordagens?

O MARTELO *VERSUS* A CHAVE DE FENDA

Apesar dos limites da abordagem estruturada da inovação, principalmente em contextos complexos e imprevisíveis, as empresas não deveriam abandonar essas estruturas e processos tradicionais, pois ainda possuem valor em certas condições. Na verdade, as empresas com abordagens estruturadas de inovação, que exigiram enormes orçamentos, grandes equipes de P&D e processos padronizados e lineares de desenvolvimento de produtos, deveriam expandir seu kit de ferramentas de inovação com a jugaad. À medida que o ambiente global for ficando mais complexo, as empresas necessitarão de mais de uma única ferramenta para lidar com a complexidade. Em vez de sempre usar um martelo para lidar com os problemas, uma chave de fenda também pode ser útil de tempos em tempos. Se a abordagem estruturada para a inovação é o martelo, a jugaad poderia muito bem ser a chave de fenda.

A questão fundamental para as empresas, portanto, é saber quando usar o martelo e quando usar a chave de fenda. Para tanto, elas precisam entender os recursos e as vantagens de ambas as ferramentas e como elas se complementam.

174 *A inovação do improviso*

A abordagem tradicional estruturada para a inovação traz três grandes benefícios:

1. *Economias de escala voltadas para volume*: grandes equipes de P&D e vastos recursos da cadeia de suprimento permitem às empresas ampliar a produção de novos produtos e distribui-los indiscriminadamente para milhões de clientes. Assim, a inovação estruturada, quando executada com sucesso, fornece economias de escala voltadas para volume para produtos e serviços padronizados em mercados homogêneos.

2. *Infusão de capital "patrimonial"*: a inovação estruturada favorece projetos de P&D de "grandes riscos, grandes recompensas", realizados por empresas que dispõem de vastos recursos. Conforme explicamos anteriormente, muitos projetos com orçamentos gigantescos fracassam. No entanto, os poucos bem-sucedidos podem ocasionalmente levar a tecnologias inovadoras ou produtos revolucionários (tais como medicamentos com sucesso de vendas) que podem ajudar as empresas a aumentar receitas e lucros e a expandir a participação de mercado, gerando capital "patrimonial" e ativos tangíveis, refletidos nos balanços contábeis da empresa.

3. *Eficiência*: os processos padronizados como o Seis Sigma podem ajudar as empresas a executar projetos de inovação de forma mais eficaz e eficiente, *desde que o ambiente seja estável.*

A abordagem jugaad estende esses benefícios, trazendo valor adicional das seguintes maneiras:

1. *Economias de escopo voltadas para valor*: à medida que as populações ficam cada vez mais diversificadas, e os mercados, mais fragmentados, a jugaad permite que as empresas adaptem soluções para as necessidades específicas de vários segmentos de clientes. A inovação jugaad ajuda a fornecer mais *valor* para clientes individuais em mercados heterogêneos.

2. *Infusão de capital "não patrimonial"*: estamos ingressando numa era pós-material, em que funcionários e clientes estão mais em busca de um sentido que de benefícios materiais. Adotando a jugaad, as empresas podem dar margem à paixão dos empregados e envolver os clientes em relacionamentos que tenham

significado. Desta maneira, as empresas conseguem acumular capital "não patrimonial", ou seja, maior produtividade dos funcionários e lealdade dos clientes. Esses ativos intangíveis sustentarão a vantagem competitiva da empresa, pois são mais difíceis de os concorrentes imitarem que ativos mais tangíveis, como a tecnologia.

3. *Flexibilidade*: em um ambiente de negócios cada vez mais volátil, os gestores precisam pensar rapidamente para superar dificuldades inesperadas. A mentalidade jugaad flexível pode ajudá-los a superar restrições graves, improvisando soluções robustas com recursos limitados.

Em suma: a jugaad é como um reforço, estendendo a capacidade de a empresa lidar com a volatilidade e fazer mais com menos em cenários altamente limitados. Em última análise, para simultaneamente lidar com ambientes de baixa volatilidade e com riqueza de recursos, bem como com as circunstâncias opostas, as empresas necessitam ter ambos os conjuntos de capacitações: as economias de escala voltadas para volume, capital patrimonial e eficiência da abordagem estruturada para a inovação, bem como as economias de escopo voltadas para valor, capital não patrimonial e flexibilidade da jugaad.

O desafio para as empresas é saber quando aplicar cada abordagem; ou seja, quando usar o martelo ou a chave de fenda. Esse discernimento, por sua vez, requer que os líderes criem um contexto organizacional em que ambas as abordagens consigam existir em harmonia sem o favorecimento de uma em detrimento da outra o tempo todo. Tim Leberecht, diretor de marketing da frog, observa: "As empresas precisam se dar a liberdade de caminhar para ambas as extremidades (isto é, da inovação altamente estruturada para a jugaad de fluxo livre), em vez de se estabelecer no meio tentando obter um 'equilíbrio' ambíguo."[1]

A flexibilidade organizacional pode ser visualizada metaforicamente como um pêndulo, cujo movimento dinâmico permite que as empresas explorem uma ampla gama de opções para atender às exigências de inovação de um mercado em rápida evolução. Para os líderes, significa que precisam cultivar a sabedoria para identificar quando agir como Miles Davis, e improvisar uma inovação, e quando agir como Leonard Bernstein e orquestrá-la.

Gerenciar a tensão criativa entre a inovação jugaad e a abordagem estruturada pode ser perturbador. A introdução da nova abordagem pode entrar em conflito com as estruturas organizacionais e práticas existentes na empresa, como modelos de P&D intensivo em recursos, processos demorados de desenvolvimento de produtos, técnicas de marketing de massa e estruturas hierárquicas de gestão. No entanto, essa tensão criativa existente entre os aspectos "yin" (estruturado) e "yang" (não estruturado) da inovação é saudável e digna de incentivo: ela pode até mesmo produzir enormes benefícios às organizações. Em um mundo cada vez mais complexo, a gestão de polaridades está rapidamente se tornando uma competência essencial para os líderes ocidentais. Além disso, não há melhor maneira de desenvolvê-la que integrando a jugaad às organizações e aprendendo a equilibrar e integrar várias e conflitantes abordagens para a inovação.

COMO A GE INTEGROU COM SUCESSO A JUGAAD AO SEIS SIGMA

A GE, grande conglomerado que se baseia fortemente em abordagens estruturadas como o Seis Sigma, conseguiu integrar a abordagem jugaad à sua organização existente e, no processo, aprendeu a oscilar neste "pêndulo da inovação". Há um motivo estratégico por trás disso. O gigante industrial de US$150 bilhões, que emprega 300 mil pessoas em todo o mundo, está se esforçando muito para se tornar ágil e flexível diante da crescente complexidade, mudando seu modelo de negócios de empresa movida por P&D para a de uma organização focada no cliente.

A transformação radical da GE vem sendo conduzida pelo CEO Jeffrey Immelt. Ao contrário dos predecessores, como o lendário Jack Welch, com experiência em engenharia ou na área de operações, a de Immelt é em vendas e marketing; trata-se do primeiro CEO com essa formação nos 120 anos de história da GE. Por ter passado a maior parte da carreira interagindo com clientes, Immelt entende intuitivamente a importância de ser ágil, focado no cliente e capaz de responder às demandas. Em especial, por meio de uma ampla interação com os clientes, Immelt teve a seguinte importante percepção: os clientes da GE não valorizam apenas os projetos dos produtos, mas a forma como são *atendidos* durante o ciclo de vida do produto. Além disso, eles esperam que a GE forneça produtos e serviços de qualidade de forma mais rápida e barata.

Para a GE, significa que a capacidade de sentir e de responder rapidamente às exigências dos clientes é tão fundamental para o sucesso quanto as proezas de engenharia, se não mais. Reconhecendo que essa nova realidade de

Integrando a jugaad à empresa

mercado exige maior velocidade, agilidade e eficácia nos custos, Immelt está incentivando cada empregado da GE a inovar e pensar de forma diferente, adotando os princípios frugais e democráticos da jugaad. Conforme veremos a seguir, a pressão está funcionando.

A GE Healthcare, uma das unidades da GE, é um exemplo claro da enorme transformação cultural pela qual a empresa está passando e dos benefícios resultantes. A GE Healthcare atua no Ocidente e nos mercados emergentes, em um setor de atividade extremamente complexo, competitivo, altamente regulamentado e que passa por uma grande mudança. Apesar desses desafios, a GE Healthcare está conseguindo inovar com sucesso, praticando os seis princípios da jugaad para competir e vencer em um complexo mundo de adversidade, escassez e imprevisibilidade.

A GE busca oportunidades na adversidade. Os scanners PET/CT, produzidos pela GE Healthcare (daqui por diante, apenas GE), são dispositivos sofisticados utilizados para diagnóstico e tratamento de câncer. Os dispositivos em si são onerosos, pois exigem também um cíclotron (tão caro quanto um scanner PET/CT) para gerar um radioisótopo chamado FDG (fludesoxiglicose), injetado nos pacientes para ajudar a produzir as imagens de diagnóstico que conseguem localizar a doença com precisão. Na Índia, os grandes hospitais têm tradicionalmente importado o FDG para uso no equipamento PET/CT. Mas o processo é caro e demorado, além de bastante fora do alcance de hospitais em pequenas cidades e na área rural. Percebendo uma oportunidade nessas condições adversas, a GE trabalhou com centros particulares de diagnóstico e companhias aéreas locais para produzir internamente o FDG e entregá-lo em poucas horas aos hospitais em pequenas cidades por todo o país.[2] Atualmente, essa cadeia de suprimento just-in-time para entrega do FDG está em operação total e segue sendo ampliada. Além disso, a GE se associou à Nueclear Healthcare, empresa indiana, para implantar uma rede de 120 centros avançados de imagem molecular por toda a Índia até 2015. Esses tipos de soluções baratas e acessíveis para detecção precoce do câncer são de enorme valor para a Índia, onde a doença é uma das principais causas de morte, e sua incidência cresce de forma alarmantemente rápida. A expectativa é que a quantidade de doentes com câncer na Índia, que atualmente está em 2,5 milhões de pessoas, deva ficar cinco vezes maior até 2025.[3]

Apesar das dificuldades de trabalhar em um país como a Índia, onde a logística pode ser muito pouco confiável, a GE tem obtido sucesso em disponibilizar o diagnóstico e tratamento de qualidade do câncer até mesmo às comunidades de baixa renda por todo o país. Terri Bresenham, presidente e CEO da GE Healthcare India, diz: "Nossos estudos e programas-piloto nos ajudaram a imaginar e inovar soluções adequadas e acessíveis. Contudo, nossas inovações 'jugaad' não estão limitadas a tecnologias. Também nos concentramos nas necessidades paralelas à prestação de serviços de saúde: a escassez de capital a preço acessível, a digitalização para colocar em rede centros urbanos de excelência com pequenas cidades e vilarejos e parcerias importantes com fornecedores locais, faculdades de medicina e governos estaduais."[4]

A GE faz mais com menos. A GE percebeu que seus aparelhos de eletrocardiograma (ECG), volumosos e caros, estavam fora do alcance de médicos em mercados emergentes, como Índia, China e África. A empresa também constatou que os aparelhos não eram práticos nesses mercados, pois os médicos não conseguiam carregá-los em suas motos ou bicicletas ao visitar pacientes em vilarejos distantes. Além disso, os vilarejos muitas vezes não tinham eletricidade, necessária para o uso do equipamento. Reconhecendo o problema e cientes da necessidade dos aparelhos em áreas rurais, os pesquisadores da GE na Índia inventaram, em 2008, o MAC 400, eletrocardiograma portátil que custa um décimo e pesa um quinto do equivalente atual em mercados ocidentais. O compacto MAC 400, no valor de US$1 mil, possui uma bateria de vida bastante longa e utiliza vários componentes já existentes no mercado. Sua impressora, por exemplo, é uma versão adaptada da máquina portátil de compra de passagens, utilizada em quiosques de ônibus indianos. Em função disso, o MAC 400 é de fácil uso e manutenção em ambientes rurais empoeirados e fornece mais valor a um custo menor.[5]

Após implantar com sucesso o MAC 400 em mercados emergentes como a Índia e a China, a GE lançou o equipamento, aprovado pelo FDA (Food and Drug Administration – agência governamental americana que regula e fiscaliza a fabricação de comestíveis, drogas e cosméticos nos Estados Unidos) para aplicações como aparelho de emergência em estradas.[6] Após o lançamento do MAC 400, em 2008, a GE se superou em 2010, lançando o MAC i, aparelho de ECG ainda mais leve que o MAC 400 e com preço em torno de US$500, e que pode reduzir o custo dos exames ECG a apenas US$0,20 cada.[7]

A GE é flexível. Os clientes da GE, cansados da recessão, relutam em pagar milhões de dólares adiantados por itens caros, como turbinas, motores de avião e equipamentos médicos. Essa realidade tem forçado a empresa a pensar com flexibilidade. Assim, ela transformou seu modelo de negócios, de fornecedora de produtos a provedora total de soluções, oferecendo mais opções de financiamento aos clientes no processo. Em especial, em vez de vender diretamente os produtos, a GE agora também os aluga, utilizando um modelo de preço "pague conforme o uso". Alternativamente, a empresa trabalha com parceiros para operação e manutenção dos produtos, por uma taxa contratada para o serviço baseada no desempenho. Na Índia, por exemplo, a GE implantou um modelo de preço flexível, conhecido como "pay per scan", que permite que centros de diagnóstico médico aluguem equipamentos da GE, como os de tomografia computadorizada (em vez de pagar caro por eles), e que paguem uma taxa variável, dependendo da quantidade total de exames realizados a cada ano.[8]

A GE também vem demonstrando seu pensamento flexível ao reformular o relacionamento com órgãos governamentais. Enquanto muitas empresas ocidentais reclamam das crescentes regulamentações governamentais, considerando o governo como barreira ao aumento dos negócios, a GE vem formando PPPs (Parcerias Público-Privadas) com governos de todo o mundo, em que todos ganham. Na Índia, por exemplo, ela formou parcerias com governos municipais, estaduais e fornecedores de serviços especializados, que operam instalações de diagnóstico por imagens, equipadas com aparelhos GE em hospitais públicos, especialmente em áreas rurais. O modelo PPP tem ajudado a aumentar a eficiência de hospitais dirigidos pelo estado, poupando a necessidade de investir em equipamentos caros ou de passar pela dificuldade de recrutar técnicos qualificados; e ainda assim fornecendo cuidados com a saúde a preços acessíveis e de alta qualidade para pacientes da zona rural.[9]

Além de capacitar seus executivos para pensar com flexibilidade, a GE também os permite *agir* com flexibilidade. De fato, a empresa começou a redesenhar sua estrutura organizacional rígida e pesada para permitir que os inovadores jugaad nas unidades regionais sintam e respondam mais rapidamente às oportunidades locais. Em especial, os chefes de operações da GE em mercados emergentes estão tendo autonomia para tomar decisões estratégicas sem buscar aprovação ou recursos da sede.[10] Agora, esses líderes regionais podem rapidamente financiar e executar ideias jugaad promissoras, como a entrega just-in-time de FDG a hospitais e clínicas equipadas com scanners PET/CT.

A GE simplifica. Tradicionalmente conhecida por elaborar produtos excessivamente sofisticados, as equipes de P&D da GE estão agora aprendendo as virtudes da simplicidade. Os principais engenheiros da empresa constataram que os médicos em áreas rurais de mercados emergentes como a Índia, que utilizam apenas um termômetro e um estetoscópio, não tinham como aproveitar as máquinas de ultrassom volumosas e difíceis de operar, apesar de não serem contra o uso de tecnologia, pois todos possuem celulares. Com essa informação, os engenheiros jugaad tiveram uma ideia própria dessa mentalidade: e se conseguissem projetar um aparelho de ultrassom tão compacto e simples de usar como um celular? O resultado foi o Vscan, um aparelho portátil de ultrassom que pesa apenas 500 gramas, tão pequeno quanto um celular e possui a interface tão simples quanto a de um iPod. O Vscan tem feito enorme sucesso, tanto nos países desenvolvidos quanto nos mercados emergentes. Immelt acredita que esse aparelho simples, porém eficaz, um dia se tornará tão indispensável aos médicos quanto o termômetro e o estetoscópio. De fato, estudo conduzido pela Scripps Health validou a capacidade do Vscan de diagnosticar com precisão doenças cardíacas estruturais. O estudo considerou o aparelho a maior invenção desde o estetoscópio, de 200 anos atrás (inventado em 1816), porque permite que o médico "veja" o coração do paciente, resultando em diagnósticos mais precisos. O Dr. Eric J. Topol, diretor acadêmico do Scripps Health e principal pesquisador do estudo, explica: "Aproximadamente 20 milhões de ecocardiogramas são realizados nos Estados Unidos a cada ano, cada um a US$1.500 ou mais, e exigem uma consulta de retorno ao hospital ou clínica para uma sessão longa, de aproximadamente 45 minutos. Um ecocardiograma de bolso [como o Vscan] pode reduzir significativamente os custos e melhorar a qualidade do atendimento ao paciente."[11]

A GE dá chance aos excluídos. Em 2009, a GE lançou o Healthymagination, iniciativa estratégica supervisionada por Immelt, que visa tornar baratos e acessíveis os cuidados com a saúde de alta qualidade para mais pessoas, especialmente comunidades carentes em todo o mundo, incluindo os Estados Unidos. Como parte do Healthymagination, a GE formou, por exemplo, parcerias com a P&G, Johnson & Johnson, Anthem e UnitedHealthcare para um programa comunitário piloto financiado pelo governo de Cincinnati, que visa melhorar a prestação de serviços de saúde, ao mesmo tempo que reduz custos. As estatísticas de saúde de Cincinnati são alarmantes: mais de 12% da população não possui seguro-saúde, e a taxa de mortalidade é maior que a média nacional, aumentando os gastos com saúde 8% ao ano. O programa Beacon Community criará um sistema de saúde municipal eletronicamente interligado, chamado HealthBridge, que visa reduzir o custo dos cuidados com a saúde e melhorar a qualidade e eficiência de medidas voltadas para o diabete, cuidados básicos, asma infantil e insuficiência cardíaca congestiva. Se o modelo comunitário de Cincinnati for bem-sucedido, a GE pretende aplicá-lo a outras comunidades em todos os Estados Unidos, tornando os cuidados com a saúde acessíveis para segmentos marginalizados. Como parte da iniciativa Healthymagination, a GE está disponibilizando de forma mais abrangente os aparelhos de baixo custo e fáceis de usar, como o MAC 400 e o Vscan, a agentes de saúde comunitários menos especializados, como os das áreas rurais dos Estados Unidos.[12]

A GE segue o próprio coração. A GE tem tradicionalmente atendido clientes empresariais, como companhias aéreas, hospitais, fábricas e governos. Porém, dada a experiência em vendas, Jeff Immelt percebeu a importância de desenvolver empatia pelos *usuários finais*: àqueles que seus clientes empresariais atendem. Para esse fim, Immelt encarregou Beth Comstock, diretora de marketing da GE, de aumentar o quociente emocional da empresa, se envolvendo com os usuários finais em um diálogo significativo. Comstock está agora conectando mais estreitamente o lado esquerdo do cérebro dos engenheiros de P&D da GE com os usuários finais, por meio de uma iniciativa de construção de empatia chamada "do mercado para trás" (*market back*); isto é, identifique primeiro as necessidades dos usuários finais e depois crie conjuntamente novas soluções, por meio de parcerias com clientes empresariais e outros parceiros. Essas soluções "do mercado para trás" são concebidas desde o início em mercados locais, em vez de serem forçadas de cima para baixo por altos executivos na sede central, para que se ajustem melhor aos contextos locais específicos. Elas são rapidamente implantadas e testadas pelo feedback imediato do cliente. Os engenheiros de P&D da GE, por exemplo, estão se envolvendo pessoalmente em clínicas de vilarejos na Índia e em Bangladesh para desenvolver empatia pelos pacientes rurais e entender como gerar soluções de cuidados com a saúde, baratas e acessíveis a comunidades de baixa renda em todo o mundo. Comstock observa: "A percepção e as expectativas globais em relação à inovação estão mudando, e as empresas teriam falta de visão se não mudassem com elas, o que significa buscar a inovação tanto em laboratórios científicos quanto em laboratórios da 'vida real'. De cima para baixo e das massas para cima. Da busca do lucro pelo lucro e do lucro com um propósito. As empresas que adotarem hoje o novo modelo para a inovação estarão mais bem posicionadas para o crescimento de amanhã."[13]

182 *A inovação do improviso*

Ao adotar os seis princípios da jugaad, a GE está desenvolvendo a mentalidade flexível e de inclusão, necessária para improvisar soluções empáticas acessíveis e sustentáveis para maior número de pessoas. Mas onde o Seis Sigma se encaixa em tudo isso? O Seis Sigma aumenta (e ajuda a ampliar) o valor das invenções jugaad da GE. Em especial, a GE aproveita os processos estruturados Seis Sigma, primeiramente para melhorar a *qualidade* das invenções jugaad, para que atendam aos padrões internacionais (da mesma maneira que obteve a aprovação do FDA para os aparelhos MAC 400 e Vscan) e, em seguida, para rapidamente *aumentar a escala* dessas invenções jugaad, tirando proveito da impressionante capacidade de fabricação e distribuição globais da GE, para que possam ser disponibilizadas a mais pessoas em todo o mundo, acelerando assim a adoção de invenções jugaad pelo mercado.

Em suma, a GE é um exemplo bem-sucedido de como uma empresa ocidental, que adote a jugaad, pode pensar de forma flexível, agir rapidamente e aproveitar a engenhosidade da ampla base de funcionários, clientes e parceiros para gerar inovações revolucionárias e crescimento. Além disso, a empresa tem mostrado como misturar a abordagem pouco estruturada de baixo para cima da inovação jugaad com uma abordagem estruturada mais tradicional para a inovação, no contexto de uma organização global avançada.

Mas a GE não está sozinha na realização desta sinergia. Centenas de organizações estão integrando com eficácia a jugaad a suas organizações, permitindo-lhes inovar mais rápido, barato e melhor. O mesmo vale também para você e sua empresa. Contudo, para poder extrair o máximo da jugaad, você precisa estabelecer prioridades em seus esforços para adotar essa nova abordagem frugal e flexível da inovação.

COMEÇANDO COM A JUGAAD

A jugaad pode revolucionar positivamente os negócios tradicionais. Entretanto, como em qualquer mudança revolucionária, as empresas podem adotar a jugaad de duas maneiras: de uma só vez ou em pequenas etapas. As grandes corporações comandadas por líderes visionários, como a 3M, GE, PepsiCo e Procter & Gamble, têm os recursos e a força de vontade para reestruturar a organização *inteira* em torno dos seis princípios da jugaad. No entanto, a maioria das empresas ocidentais e seus líderes pode se sentir intimidada com o pensamento dessa adoção no atacado. Para essas empresas e seus executivos, oferecemos duas sugestões:

1. *Priorizar os princípios jugaad que precisa adotar.* Nem todos os princípios têm a mesma importância para todas as organizações. Em termos empresariais, você precisa deixar que as dinâmicas do setor e as exigências estratégicas de sua empresa determinem quais dos seis princípios da jugaad são mais fundamentais para o sucesso da empresa. Por exemplo, se você é um varejista sofisticado, que vende artigos de luxo, fazer mais com menos e dar chance aos excluídos pode não ter importância fundamental; entretanto, simplificar pode ser crucial para otimizar a experiência com o serviço de clientes sofisticados. Se você é um fornecedor de bens de consumo, como a Procter & Gamble ou a Whirlpool, pode principalmente optar por fazer mais com menos, criando novos produtos frugais para compradores cujo poder aquisitivo está diminuindo. Do mesmo modo, para as empresas ocidentais em setores em grande turbulência, como o farmacêutico e o automotivo, seria aconselhável buscar oportunidades na adversidade e ser mais flexível para radicalmente reinventar os modelos de negócios obsoletos.

Em termos individuais, seu cargo na empresa pode determinar a mistura fundamental de princípios jugaad que acrescente mais em sua carreira. Por exemplo, sugeriríamos a executivos de marketing e a diretores de P&D (que tendem a pensar com o lado direito lógico do cérebro) que sigam o próprio coração para engajar os clientes e criar, em conjunto, soluções que os satisfaçam. Os gestores de recursos humanos também podem achar relevante o princípio "siga o seu coração". Em uma época em que 71% dos trabalhadores nas empresas dos Estados Unidos se sentem pouco envolvidos com seus empregos, os gestores de RH precisam criar um ambiente de trabalho que os estimule, especialmente os da geração do milênio, com espírito livre, a buscar sua paixão na atividade profissional, exatamente como fazem empresas como a Apple, Google e frog.

2. *Para cada princípio que você escolher adotar, vise primeiro os frutos mais fáceis de colher.* Quando decidir os princípios estrategicamente importantes, você pode adotar cada um em pequenas etapas administráveis. Se o princípio "simplifique" o atrair mais, você pode começar simplificando o design dos produtos, facilitando o uso e a manutenção, como a Siemens fez ao lançar a iniciativa SMART. Se, por outro lado, você estiver disposto a ousar, poderá fazer o mesmo que a Philips: simplificar *todos* os processos de negócio e a organização *inteira*, mas especialmente as interações com os clientes. Do mesmo modo, se estiver tentando "fazer mais com menos", poderá demonstrar a frugalidade

184 *A inovação do improviso*

ao primeiro *reutilizar* componentes de todas as linhas de produtos existentes, assim como a GM, em sua iniciativa de "plataformas globais (de veículos)". Mais tarde, você pode desenvolver a mentalidade frugal imitando a GE; isto é, pela concepção de produtos inteiramente novos, bastante acessíveis e de alta qualidade. Finalmente, se você for um banco esclarecido, disposto a "dar chance aos excluídos" (isto é, os 60 milhões de americanos sem conta bancária nem acesso a bancos) poderá primeiramente formar uma parceria com uma organização como a CSFI (Center for Financial Services Innovation) e testar soluções de inclusão financeira em algumas cidades americanas, antes de ampliá-las nacionalmente. Naturalmente, você tem de ser ágil, pois startups mais ágeis e o Walmart já estão invadindo seu território, oferecendo serviços bancários básicos para comunidades carentes.

Em nosso site (JugaadInnovation.com), mostramos ferramentas adicionais que podem ajudá-lo a estabelecer as prioridades para a implantação da jugaad e orientá-lo a fazê-lo de forma eficaz.

O estabelecimento de prioridades e a adaptação dos seis princípios mais importantes para o seu negócio irão ajudá-lo a desenvolver a aceitação da jugaad em toda a organização e a integrar com sucesso os princípios mais relevantes para a empresa, permitindo que você utilize a jugaad como ferramenta poderosa para acelerar a inovação e o crescimento. O fator mais fundamental, porém, e que pode facilitar ou dificultar a adoção bem-sucedida da jugaad, é a liderança. Sem um forte compromisso e apoio dos líderes mais seniores, começando pelo CEO, uma abordagem potente mas perturbadora como a jugaad pode não se firmar em organizações acostumadas com a abordagem estruturada de inovação.

CONDUZINDO A ADOÇÃO DA JUGAAD: A AGENDA DO CEO

Em última análise, a jugaad não se firmará em uma empresa sem apoio ativo da alta administração. Os CEOs que buscam crescimento têm papel fundamental na condução da adoção da jugaad em toda a empresa. Com base em nosso conhecimento de experiências em muitas empresas, criamos uma lista de prós e contras para os CEOs que buscam integrar a jugaad às organizações.

Não tente implantar a jugaad de modo sistemático de cima para baixo. Nesses tempos de recessão, os CEOs podem considerar a jugaad uma solução mágica para estimular o crescimento pela inovação. Eles podem ficar muito tentados a adotar (ou mesmo impor) a jugaad como uma nova "melhor prática", que pode rapidamente ser implantada de cima para baixo. No entanto, essa tentativa tem maior probabilidade de fracassar que de dar certo. Não se implanta a jugaad em toda a organização da mesma forma que um processo Seis Sigma ou uma ferramenta de software empresarial. A jugaad não é um processo, ferramenta ou um método científico que possa ser implantado de cima para baixo. Conceitualmente e na prática, a jugaad está mais próxima de uma arte fluida e de uma cultura do que de uma ciência rigorosa. Além disso, uma *organização* não pratica a jugaad; na verdade, são os *indivíduos* da organização que o fazem. Os CEOs precisam de certa moderação para permitir que a engenhosidade que jaz adormecida em cada funcionário surja por conta própria e floresça de baixo para cima.

Parabenize seus atuais inovadores jugaad. Em vez de tentar institucionalizar a jugaad, os CEOs devem buscar identificar e parabenizar os funcionários dissidentes, que já pensam e agem como inovadores jugaad. Esses rebeldes são os "diferentes", que desafiam as políticas e diretrizes da empresa para chegar a invenções revolucionárias. Ao publicamente parabenizar suas realizações, os CEOs podem enviar um sinal para outros funcionários de que é bom ser flexível, fazer mais com menos ou dar chance aos excluídos. Mas eles também devem reconhecer e parabenizar os fracassos dos inovadores jugaad, para também enviar um sinal de que não há problema em fracassar na busca pela inovação. Por exemplo, a cultura Google parabeniza tanto o sucesso quanto o fracasso. O presidente executivo da empresa, Eric Schmidt, explica que se trata de uma organização tolerante ao risco, em que "absolutamente não há problema em tentar algo difícil, fracassar e aprender com o erro".[14]

Convença os funcionários céticos a criar um sentimento de urgência. Os CEOs podem achar difícil convencer alguns funcionários nos Estados Unidos e na Europa a adotarem a inovação jugaad. Pode lhes faltar o contexto adequado para apropriadamente apreciar esses princípios e sua relevância no mundo complexo de hoje. Por exemplo, as equipes de P&D no Ocidente, acostumadas com fartos recursos e dedicadas a ampliar a fronteira tecnológica, podem achar difícil conviver com os princípios jugaad de fazer mais com menos e simplificar. Eis uma historinha que ilustra bem essa questão: após participar de nosso seminário sobre jugaad, um alto executivo de uma empresa da lista da *Fortune 500* apontou para as centenas de carros no amplo estacionamento de sua empresa e disse: "Olha: só vejo abundância, não escassez. Por que eu deveria me incomodar em fazer mais com menos?"

Entretanto, os engenheiros e cientistas adoram desafios, e os CEOs podem recorrer a esse espírito competitivo definindo desafios às equipes de P&D, ao mesmo tempo socioeconômicos e tecnológicos. Esses desafios vão fomentar um sentimento de urgência por meio da criação de restrições artificiais que favoreçam a emergência de ideias jugaad e de soluções "suficientemente boas". Por exemplo, inspirado por Ratan Tata (que trouxe a ideia de um carro a US\$2 mil), o CEO Carlos Ghosn, da Renault-Nissan, famoso por cunhar a expressão "engenharia frugal" em 2006, está desafiando seus engenheiros franceses e japoneses a igualar, ou até superar, o custo, desempenho e velocidade dos engenheiros indianos. Em uma situação, Ghosn pediu a três equipes diferentes de P&D (da França, do Japão e da Índia) para trazer uma solução de engenharia para o mesmo problema técnico. As equipes trouxeram soluções de mesma qualidade, mas as dos engenheiros indianos custavam apenas um quinto do que as dos franceses e japoneses.[15] Jean-Philippe Salar, francês que chefia o Design Studio da Renault em Mumbai, observa que os líderes de P&D e marketing da Renault, na sede da empresa, estão aprendendo a apreciar a mentalidade frugal e flexível dos engenheiros indianos, que pensam e agem da mesma forma que os inovadores jugaad.[16] Na verdade, à medida que a engenharia frugal se torna fundamental para competir e vencer nas economias recessivas do Ocidente, os executivos da Renault querem adotar os princípios jugaad na França.

Não patenteie invenções jugaad; transforme-as em dinheiro. À medida que a cultura jugaad floresce nas empresas, acaba desencadeando uma torrente de invenções concebidas por milhares de funcionários engenhosos. Em vez de tentar patentear todas elas, o que só custaria tempo e dinheiro, as empresas devem se concentrar em *transformar em dinheiro* as ideias mais promissoras, comercializando-as velozmente. Nessa área, as empresas asiáticas estão à frente das ocidentais na percepção e abordagem da propriedade intelectual, conforme exemplificado pela Neusoft, maior provedor de serviços e soluções de TI da China. O Dr. Liu Jiren, presidente e CEO da Neusoft, explica: "Quando lançamos nosso primeiro software na China, ele foi imediatamente copiado por concorrentes chineses. Foi quando percebemos que mesmo que tivéssemos patenteado a ideia, alguém poderia surgir em seguida com uma melhor. Assim, mudamos nosso foco, de patentear uma única grande ideia para gerar várias e depois executá-las o mais rápido possível. Quanto mais rápido pudéssemos transformar as ideias em dinheiro, mais bem posicionados ficaríamos em relação aos concorrentes."[17] Compare a atitude do Dr. Liu com as práticas mais usuais das empresas de tecnologia no Vale do Silício, que tendem a dar maior ênfase em patentear uma única grande ideia e desesperadamente tentar defendê-la; uma obsessão que muitas vezes leva a processos intermináveis e ações judiciais para quebra de patentes. A jugaad não se refere a quem tem as melhores ideias, mas a quem as *executa* melhor.

Use "intermediadores de inovação" para fazer polinização cruzada e criar sinergias de ideias jugaad. Embora "deixar florescer centenas de ideias jugaad" seja uma excelente maneira de aproveitar a engenhosidade de todos os funcionários, há o perigo de as empresas acabarem perdendo as maiores oportunidades que poderiam surgir pela recombinação e integração de várias ideias em uma solução sinérgica. Para evitar a formação de "ilhas de criatividade", os CEOs precisam criar uma função de "intermediação de inovações", encarregada por polinizar e fertilizar ideias jugaad entre as equipes.

Após incursionar pelo Seis Sigma e descobrir que ele sufoca a inovação, a 3M rapidamente retomou uma abordagem de inovação mais jugaad (ver Capítulo 2). O atual diretor de tecnologia Fred J. Palensky supervisiona a fertilização cruzada de ideias jugaad produzidas por inventores fortemente independentes espalhados por toda a empresa. De acordo com Palensky, a 3M permite que todos os membros técnicos do grupo de P&D invistam 15% de seu tempo e esforço em programas, interações, ensino e aprendizagem em áreas totalmente distintas de suas atividades principais. Para permitir a colaboração e a polinização cruzada de ideias, a 3M lançou mais de 300 programas de inovações conjuntas que abarcam várias divisões. Palensky ressalta: "Tudo isso cria uma comunidade de colaboração e assegura que todos participem do jogo da inovação. Pelo fato de nossos líderes mais seniores terem vivido nesta cultura, continuam a alimentar e proteger o ambiente altamente colaborativo e empreendedor."[18]

Aplique a jugaad para formular estratégias sólidas. Quando John F. Kennedy deu voz à ousada visão de levar o homem à Lua, se absteve de formular os meios precisos pelos quais alcançaria esse objetivo. Em vez disso, permitiu que os meios surgissem organicamente pela contribuição criativa e interação da comunidade científica. Da mesma forma, os CEOs devem desenhar uma visão ousada para o futuro da empresa e depois confiar que os funcionários aproveitem o espírito jugaad para chegar à estratégia adequada para a realização da visão. Por exemplo, embora a visão da Best Buy de se expandir globalmente fosse impulsionada pela alta administração, os meios precisos para executá-la foram desenvolvidos por funcionários ansiosos por levar a Best Buy a mercados estrangeiros.

Utilize ferramentas de colaboração da Web 2.0 para aproveitar a criatividade de clientes e parceiros. Os CEOs devem estender a adoção da jugaad além dos limites da organização e também buscar ideias brilhantes de inovadores jugaad nas comunidades de clientes e parceiros. Para tanto, devem investir em tecnologias de mídia social para envolver clientes e parceiros em um diálogo sobre questões fundamentais de relevância para a empresa. A colaboração comunitária pode ajudar a identificar problemas desafiadores e a gerar soluções contra a intuição.

A IBM, por exemplo, regularmente conduz sessões de "improvisação" envolvendo centenas de clientes e parceiros, que ajudam a identificar grandes problemas socioeconômicos, bem como ideias promissoras que podem ser desenvolvidas para enfrentar os problemas. De forma semelhante, consultorias de design, como a frog e a IDEO, estão agora praticando o uso da sabedoria das multidões: utilizando ferramentas de mídia social, convidam inovadores jugaad no ciberespaço para unir seus cérebros para resolver problemas difíceis, que afligem as empresas e a sociedade em todo o mundo.[19] Essas questões vão desde a exploração mundana de "como fazer uma geladeira amigável ao usuário" até assuntos bem mais graves, sobre como aumentar o número de doadores registrados de medula óssea para ajudar a salvar mais vidas.

Uma liderança ousada e criativa é vital para o sucesso na adoção (e integração) da jugaad em uma organização. Em vez de impor a jugaad como a melhor prática *do dia*, os CEOs devem se esforçar para *facilitar* sua adoção como um movimento comunitário que evolua de forma orgânica e voluntária. Assim, os CEOs aumentam a adesão à jugaad na organização para que possa fornecer um valor sustentável à empresa.[20]

CONCLUSÃO

Centenas de corporações, como a GE e a PepsiCo, estão adotando as práticas jugaad e as integrando às abordagens existentes de inovação. No entanto, acreditamos que a jugaad não se aplica apenas às empresas; também é relevante para ONGs, governos e a sociedade em geral. De fato, nações inteiras, especialmente as economias desenvolvidas do Ocidente, têm a ganhar com a adoção da abordagem jugaad para a inovação. A boa notícia é que um número crescente de pequenos empreendedores no Ocidente, especialmente cidadãos comuns e pessoas da geração Y, já começou a aplicar a jugaad para tratar de questões importantes relacionadas com áreas como saúde, energia e educação. Em função disso, todo um *ecossistema* jugaad está surgindo nos Estados Unidos e na Europa, com o apoio de agências governamentais com visão de futuro e instituições acadêmicas.

No próximo capítulo, descreveremos como as empresas podem ativamente apoiar e se beneficiar da onda de movimento de inovação que se desenvolve pelas sociedades ocidentais, movimento emblemático de um retorno às raízes jugaad e do renascimento como *nações* jugaad.

CAPÍTULO 9

Construindo nações jugaad

A maior e melhor forma de eficiência é a
cooperação espontânea de um povo livre
WOODROW WILSON

O movimento jugaad está rapidamente ganhando força no Ocidente. Embora algumas organizações ocidentais estejam adotando a jugaad para catalisar inovação e crescimento, a jugaad está cada vez mais sendo praticada por um amplo espectro de grupos e indivíduos no Ocidente. Liderado por cidadãos criativos, jovens da geração do milênio, empreendedores com visão de futuro, capitalistas de risco e organizações sem fins lucrativos, surge todo um ecossistema de inovação jugaad para ajudar as sociedades ocidentais a improvisar soluções frugais e flexíveis para problemas de complexidade e escassez.

Instituições maiores nos Estados Unidos e na Europa, como governos e universidades, estão ativamente apoiando o surgimento deste ecossistema e contribuindo para sua sustentabilidade. Além de criar um ambiente para empreendedores comunitários prosperarem, esse ecossistema também ajuda as empresas ocidentais em sua própria tentativa de praticar a inovação jugaad. De fato, líderes empresariais que buscam adotá-la em suas organizações conseguem aprender com outros inovadores jugaad em economias ocidentais. Ao se juntar a esse movimento popular *externo*, as empresas ocidentais aceleram a adoção *interna* da jugaad e lucram consideravelmente com isso.

A ECONOMIA DA ENGENHOSIDADE

O mundo desenvolvido, assim como os países emergentes, está enfrentando seus próprios problemas em áreas como saúde, educação, finanças e desenvolvimento comunitário. Os governos ocidentais, com seus robustos orçamentos e burocracias, e diante da crise financeira, estão fortemente limitados em esforços para resolver esses problemas. Portanto, cidadãos empreendedores de todos os setores de atividades do Ocidente estão cada vez se responsabilizando mais pela solução dos problemas. Com mentalidade flexível e frugal, esses cidadãos buscam resolver os problemas prementes enfrentados por suas sociedades em vez de esperar que os governos o façam.

Por exemplo, por todos os Estados Unidos, cidadãos comuns americanos estão criando soluções inovadoras para lidar com problemas nas áreas de saúde, energia e educação. Esses cidadãos inovadores são os "Ben Franklins" e os "Cyrus McCormicks" do século XXI: eles contam com a pura engenhosidade americana para improvisar soluções simples e práticas para os problemas que afligem as comunidades. Eles não inovam em modernos laboratórios de P&D, mas nas casas e nas ruas, fazendo mais com menos. Podemos citar como exemplos de cidadãos inovadores no Ocidente:

• *A Construtora Frugal de Habitações*: depois da passagem do Furacão Katrina, Zach Rosenburg e Liz McCartney fundaram o St. Bernard Project, em New Orleans, para otimizar a construção de casas, "sem ficar tolhido por processos e estruturas anteriores, reduzindo o tempo de construção em 30%, e os custos, em até 15%".[1]

• *A Médica da Inclusão Social*: A Dra. Vivian Fonseca, professora de Medicina da Tulane University, em New Orleans, ajudou a desenvolver uma solução com base em SMS para o controle de diabete em pacientes idosos e de baixa renda, simples de usar e de baixo custo.[2]

• *O Advogado Flexível*: após se formar na faculdade de Direito, Brooke Richie lançou o Resilience Advocacy Project, para treinar jovens de comunidades carentes em Nova York para dar conselhos jurídicos gratuitos aos colegas, permitindo-lhes descobrir novas oportunidades econômicas e ajudando-os a sair da pobreza de várias gerações.

• *A Educadora Apaixonada*: Lily Lapenna criou o MyBnk, o primeiro programa independente do Reino Unido de operações bancárias para jovens, aprovado pelo regulador do sistema financeiro americano. Assim, Lapenna está desenvolvendo a próxima geração de cidadãos empreendedores com educação financeira, fundamental, à medida que o Reino Unido luta para evitar outra recessão. Em apenas cinco anos, graças às parcerias com dezenas de escolas e organizações de jovens, o MyBnk evoluiu, de um projeto piloto para chegar a 35 mil jovens de 11 a 25 anos em bairros desfavorecidos de Londres. Esses jovens com conhecimentos de tecnologia aprendem os conceitos básicos de empreendedorismo e gestão de finanças por meio de jogos para celulares.[3]

A GERAÇÃO DO MILÊNIO LANÇA A REVOLUÇÃO "FAÇA VOCÊ MESMO" NO OCIDENTE

A onda do movimento jugaad, que se desenvolve por todos os Estados Unidos e pela Europa, está recebendo apoio específico e participação ativa dos jovens da geração Y. Esses jovens americanos e europeus, que testemunharam demissões e escândalos empresariais em massa, são céticos em relação às grandes empresas e não acreditam mais em estabilidade de emprego. Preferem começar suas próprias empresas e serem seus próprios chefes, tornando-se assim uma geração do "faça você mesmo". De acordo com pesquisa conduzida pela The Affluence Collaborative, 40% dos jovens da geração Y planejam fundar as próprias empresas, e 20% já o fizeram.[4] Mas eles são frugais e pensam e agem com flexibilidade, como o MacGyver da ficção. Eles acreditam muito no fazer mais com menos. Em vez de montar grandes departamentos de P&D, a nova geração das startups que adotam o conceito "faça você mesmo" usa intensamente ferramentas de mídia social, como o Facebook, em um modelo de código-fonte aberto para criar novos produtos e serviços em conjunto com amigos em todo o mundo.

Ninguém incorpora melhor a mentalidade frugal e flexível da geração "faça você mesmo" que a jovem Limor "Ladyada" Fried. Engenheira formada no MIT, Fried é pioneira do movimento de hardware em fonte aberta (OSHW).[5] Adeptos do movimento, principalmente engenheiros conhecedores de tecnologia, disponibilizam gratuitamente na internet o código-fonte dos produtos eletrônicos que projetam: qualquer pessoa pode baixar a codificação e utilizá-la para construir seus próprios produtos, utilizando componentes já existentes no mercado. Quaisquer melhorias ou adições à codificação são compartilhadas com outros membros da comunidade, que melhora a codificação modificada e compartilha novamente com outros membros, gerando um ciclo virtuoso. Esse método de colaboração para a criação permite que toda uma comunidade faça mais por menos; isto é, crie mais produtos a um custo baixo e com cronograma reduzido, pois não precisam codificar a partir do zero toda vez que iniciam um novo projeto – eles podem reutilizar uma codificação já disponibilizada gratuitamente.

O apelido de Fried, "Ladyada", é uma homenagem a Lady Ada Lovelace, condessa inglesa do século XIX, com aptidão para a matemática. Lovelace é amplamente considerada a primeira programadora de computador do mundo, tendo escrito talvez o primeiro algoritmo destinado ao processamento por uma máquina (a Máquina Analítica de Charles Babbage).[6] Da mesma forma que Lovelace, Fried é uma rebelde. Quando a Microsoft lançou o Kinect, dispositivo de entrada sensível ao movimento, para o console de video game Xbox 360, Fried organizou um desafio de US$2 mil para um código aberto dos drivers Kinect. Quando a Microsoft reagiu considerando o desafio uma modificação inaceitável de seu produto, Fried reagiu aumentando o preço para US$3 mil. A Microsoft finalmente cedeu e reconheceu que os drivers Kinect desenvolvidos pela comunidade de fonte aberta eram de alta qualidade e muito provavelmente mais baratos de desenvolver que investir milhões de dólares em P&D. Comentando essa inovação de baixo para cima, a revista *Wired* escreveu: "Quando o pessoal do 'faça você mesmo' combina essas ferramentas baratas e poderosas com o potencial de colaboração da internet, eles podem surgir com um tipo de inovação que antes só era possível em laboratórios de P&D com grandes orçamentos."[7]

Fried é o protótipo do inovador jugaad. Em seu modesto escritório em Manhattan, Fried (que se autodenominava "engenheira cidadã") lançava dispositivos de alto impacto cujo código fonte era imediatamente disponibilizado em seu site pessoal, www.ladyada.net. Entre suas notáveis invenções, incluem-se o Minty MP3, aparelho portátil de música tão pequeno quanto uma caixa de balas Altoids (você tem músicas "refrescantes" com ele), e o relógio MONOCHRON, dispositivo que exibe o "velho pingue-pongue para dois" (à la PONG, o popular video game dos anos 1970), enquanto informa as horas.

Fried também opera um site de e-commerce (adafruit.com) que vende os kits e peças para os projetos apresentados no ladyada.com, junto com outros produtos eletrônicos de fonte aberta. Em agosto de 2011, o adafruit.com atingiu a marca de 100 mil clientes. Em função desse marco, Fried e seus colegas escreveram no site: "Gostaríamos de agradecer a todos os clientes que nos trouxeram até aqui e estamos ansiosos pelas próximas 100 mil oportunidades de tornar o mundo melhor e mais inteligente por meio da eletrônica, da engenharia e do compartilhamento!"

Em 2011, Fried recebeu uma homenagem dupla: foi considerada uma das Mulheres Mais Influentes em Tecnologia pela revista *Fast Company* e foi capa da revista *Wired*.[8] Foi a primeira engenheira mulher (e talvez a primeira inovadora jugaad do mundo) a aparecer na capa da revista. Como muitos da geração

Y, Ladyada tem uma inclinação natural pela inovação jugaad, que lhe permite improvisar soluções frugais e flexíveis até mesmo para os problemas mais complexos. Fried teria deixado orgulhosa a Lady Ada verdadeira.

EMPREENDEDORES DA PRÓXIMA GERAÇÃO REESTRUTURAM INDÚSTRIAS INTEIRAS

Uma nova onda de inovadores jugaad com mentalidade flexível nos Estados Unidos e na Europa, muitos dos quais da geração Y, está derrubando as práticas convencionais de muitos setores econômicos e, no processo, criando produtos e serviços baratos e sustentáveis, acessíveis a mais pessoas. Seguem algumas das maneiras pelas quais os empreendedores jugaad no Ocidente estão reestruturando indústrias inteiras.

Tornando a educação lúdica. Vários empreendedores ocidentais estão tentando restaurar a diversão na educação, tornando os cursos mais atrativos, se não totalmente divertidos. Essas tentativas visam principalmente a geração Z, que fica mais à vontade jogando Nintendo e interagindo no Facebook do que aprendendo pelos velhos e chatos livros didáticos.

A Khan Academy, por exemplo, está tornando lúdico a intimidante matemática para milhares de alunos em todo o mundo. A "academia" é, na verdade, um *campus* virtual, fundado por Sal Khan, ex-analista de fundos de hedge formado pelo MIT. Em 2006, para ajudar a prima de New Orleans com a lição de casa de matemática, Khan criou e colocou no YouTube alguns vídeos rudimentares com aulas de álgebra. Os vídeos rapidamente se tornaram virais. Em poucos dias, haviam sido baixados por milhares de pessoas (alunos, professores e pais) de todo o mundo. Motivado pelo sucesso, Khan começou a postar mais aulas de matemática no YouTube. Dezenas de milhares de usuários as devoraram em pouco tempo. No fim, Khan deixou o cômodo emprego de analista financeiro para se dedicar em tempo integral à Khan Academy. Sua missão era fornecer "educação gratuita de qualidade para todo mundo, em qualquer lugar". Atualmente, a Khan Academy oferece mais de 2.400 aulas curtas (com duração de 10 a 20 minutos cada) sobre uma série de temas, desde álgebra a capital de risco. Qualquer pessoa com um navegador pode acessar todas elas gratuitamente![9]

Estudantes de West Virginia, Uganda ou Vietnã estão baixando os vídeos de Khan (todos produzidos por ele mesmo) em 10 idiomas diferentes. O enorme sucesso das aulas on-line se deve a cinco fatores:

A inovação do improviso

1. São gratuitas e de fácil acesso.
2. São simples de usar.
3. Não consomem tempo; vendo os vídeos de Khan, você consegue aprender, em menos de 20 minutos, noções básicas de álgebra que poderiam levar 2 horas numa sala de aula.
4. São muito envolventes, dado o estilo coloquial de Khan.
5. Você pode assisti-las e aprender em seu próprio ritmo, sem a sensação de estar aprendendo mais devagar ou com mais dificuldades, como acontece numa sala de aula física.

Em resumo, a academia Khan fornece mais valor a um custo mais baixo a mais alunos em todo o mundo; algo que o sistema tradicional de educação tem tido dificuldade de conseguir. Não chega a ser uma surpresa que Bill Gates tenha chamado a Khan Academy de "um vislumbre do futuro da educação".

Ntiedo Etuk é outro empreendedor que está tornando a educação divertida e envolvente a pessoas jovens. Etuk fundou a DimensionU, em Nova York, para criar jogos de computador com base na internet, que ensinam os fundamentos de matemática, literatura e outros assuntos essenciais. A natureza competitiva desses jogos incentiva os estudantes a jogarem mesmo após as aulas. Assim, fazem a lição de casa sem perceber![10]

Prestação de cuidados com a saúde de qualidade para milhões. No momento em que estamos escrevendo, 50 milhões de americanos não possuem seguro-saúde. Os Estados Unidos gastam anualmente, por pessoa, duas vezes mais em cuidados com a saúde que Japão, Canadá ou Alemanha e, ainda assim, possuem indicadores mais baixos. Percebendo uma oportunidade, um número crescente de empreendedores jugaad em organizações públicas e privadas está tentando oferecer cuidados com a saúde de maior qualidade a mais pessoas a um custo inferior nos Estados Unidos.

Por exemplo, os Centros de Serviços Medicare e Medicaid (dirigidos até recentemente por Donald Berwick, médico formado em Harvard)* estão tentando enxugar o inchado sistema de assistência médica estatal. Berwick conseguiu

---

* *Nota do Tradutor*: Medicare e Medicaid são programas do governo federal dos Estados Unidos destinados à assistência médica. O Medicare é um programa de previdência social, que oferece cuidados médicos e hospitais para idosos (a partir dos 65 anos) e pessoas com determinadas deficiências físicas. O Medicaid é um programa estatal de assistência médica para determinados indivíduos e famílias com baixa renda.

isso recompensando hospitais e médicos não pela quantidade dos procedimentos ou medicamentos e exames que recomendam, mas por trazerem melhorias tangíveis à saúde dos pacientes. Conforme ele mesmo explicou: "O *quanto* os médicos e hospitais fazem se tornou mais importante que *a qualidade* do que fazem." Berwick tentou mudar essa situação. Graças às suas iniciativas, só no ano passado os Centros economizaram US\$36 milhões para o Medicare e pagaram US\$29 milhões aos médicos em bônus e economias de custos.

Berwick também ajudou a melhorar a qualidade dos cuidados com a saúde ao torná-los mais seguros. Por exemplo, um em cada sete pacientes do Medicare sofre danos durante uma internação no hospital. "Muitos americanos são prejudicados pelos cuidados que, supostamente, deveriam ajudá-los", destacou Berwick. Em vez de impor quaisquer soluções para tornar mais segura a prestação de serviço de saúde, Berwick incentivou os hospitais a apresentarem inovações jugaad para manter os pacientes seguros. Por exemplo, elogiou a unidade de cuidados intensivos cardíacos do Hospital Infantil de Atlanta, em Egleston, por implantar uma inovação jugaad aparentemente de baixa tecnologia: uma área tranquila, onde os enfermeiros podem fazer pedidos de medicamentos sem serem interrompidos, mesmo durante emergências. A área foi criada depois que o hospital descobriu que funcionários distraídos vinham cometendo erros perigosos ao pedir medicamentos. Berwick acredita que as inovações simples e frugais são necessárias para tornar os cuidados com a saúde mais seguros, melhores e acessíveis a mais americanos.[11]

Permitindo a inclusão financeira. Conforme já mencionamos, 60 milhões de americanos não possuem conta bancária nem acesso aos serviços financeiros tradicionais. Os bancos tradicionalmente não têm incentivos para atender a esses grupos financeiramente excluídos, pois são considerados não rentáveis. Além disso, a recessão econômica global tem tornado os bancos ainda mais conservadores. Mesmo com Wall Street se afastando ainda mais de clientes com poucos recursos, grupos de empreendedores de startups estão enfrentando o desafio de elaborar lucrativos modelos de negócios com inclusão para fornecer serviços financeiros aos americanos sem acesso a bancos.

Conforme diz Ryan Gilbert, CEO de uma dessas startups: "Os bancos 'grandes demais para falir' estão, hoje, 'com muito medo de emprestar dinheiro' a clientes merecedores, devido aos altos custos associados ao atendimento de clientes que não sejam de primeira linha. Há esperanças, no entanto..."[12] A startup BillFloat, de Gilbert, representa precisamente esta esperança. Ao oferecer crédito de baixo custo e de curto prazo ao consumidor, para pagamento de contas, desde 2009, a BillFloat tem ajudado milhares de consumidores por todo o país a evitar multas exorbitantes por atraso de pagamento, juros de contas a descoberto (cheques especiais), interrupção de serviços e empréstimos com juros elevados sobre salários. A contínua crise econômica, combinada com a contração do montante de crédito disponibilizado pelos bancos, tornam cada vez maior a necessidade de serviços como os da BillFloat para a classe média americana.

A Plastyc é outra startup que disponibiliza serviços financeiros acessíveis às massas. Aproveitando o poder da internet e das redes sociais, a Plastyc oferece acesso 24 horas, 7 dias da semana, a contas bancárias virtuais com seguro do FDIC e a cartões de crédito Visa pré-pagos. Os titulares dos cartões não ficam a descoberto, pois só podem gastar o dinheiro depositado de antemão. Consequentemente, não há multas por atraso nem risco de saldo devedor. As contas virtuais da Plastyc podem ser acessadas de qualquer lugar, por internet ou celular. Seu portal iBankUP e cartões pré-pagos UPside oferecem serviços melhores (a preços mais baixos) que contas-correntes em bancos de cimento e tijolos, com mais maneiras de receber dinheiro e nenhum risco de gastar mais do que se tem.

O mais impressionante é que os inovadores jugaad de serviços financeiros estão catalisando uma mudança sísmica nas sociedades ocidentais: estão incutindo o pensamento e comportamento frugais nos perdulários consumidores ocidentais ao tornar o fato de "economizar" mais recompensador e divertido que o de "gastar". Por exemplo, os cartões pré-pagos da Plastyc possuem economias automáticas embutidas (apoiadas por generosas recompensas e pela ausência de taxas de manutenção) para incentivar até mesmo as pessoas com orçamentos apertados a poupar mais.

Conforme diz Patrice Peyret, CEO da Plastyc: "Pessoas sem acesso a bancos e com baixa renda têm mais dificuldades de poupar dinheiro porque não têm muito à disposição, possuem acesso limitado às contas tradicionais de poupança, e as taxas de juros são muito baixas para gerar recompensas significativas. Nosso objetivo é transformar a poupança em um hábito, tornando-a simples, automática e compensadora."[13]

Para consumidores sem motivação ou capacidade para poupar sozinhas e que desejam poupar com amigos ou parceiros para um objetivo em comum, a PiggyMojo oferece ferramentas de poupança com base na internet que utiliza mensagens de texto, redes sociais e transferências vinculadas de contas-correntes para contas de poupança que estabelece um sistema de "poupança por impulso", em vez de gastos por impulso. Primeiro você estabelece um objetivo para a poupança; por exemplo, um fundo sério para emergências ou um mais divertido, como "adote um animal de estimação". Então você começa a economizar para esse objetivo. Sempre que vence o impulso de comprar (um cappuccino de US$5, por exemplo), você manda uma mensagem de texto ou um tweet, "acabei de economizar US$5", para amigos e familiares, que o elogiam. Quando os amigos e familiares economizam, você também recebe a mensagem, criando assim um estímulo e um ciclo virtuoso. Ao fim de cada semana, você transfere a quantia "economizada" da conta-corrente para a poupança. Ao lhe incentivar a economizar "no ato" e reforçar sua decisão com feedback positivo de várias fontes, a PiggyMojo torna a poupança gratificante e divertida.[14]

Elevando o entretenimento à grande arte; sem quebrar o banco. As chamadas indústrias da criação, como a de jogos eletrônicos e Hollywood, muitas vezes produzem sequelas relativamente pouco inspiradoras, que consomem orçamentos enormes. Por outro lado, artistas frugais estão agora fazendo jogos e filmes verdadeiramente criativos, cujo desenvolvimento é muito mais barato.

Considere o caso de Jason Rohrer, desenvolvedor de jogos. Rohrer vive com a esposa e três filhos em um rancho modesto em Las Cruces, no meio do deserto do Novo México, onde cria jogos engenhosos e expressivos, que oferece gratuitamente ou por uma módica quantia para download, e que geram experiência valiosa. Rohrer e sua família não possuem carros; andam de bicicleta. Não têm seguro ou hipotecas; possuem uma geladeira, mas a desligam durante o inverno. A família de cinco pessoas voluntariamente reduziu as despesas anuais a US$14.500, o valor total anual do orçamento familiar. A renda altamente variável de Rohrer, gerada pelas vendas modestas de seu software e por doações, está muito longe dos salários de seis dígitos dos principais desenvolvedores de software em grandes empresas de jogos como a Zynga.

A frugalidade de Rohrer também se estende à vida profissional. Seu "estúdio" é na verdade um escritório minúsculo em sua casa, onde tem alguns computadores velhos (incluindo um laptop de 11 anos dado pela irmã) para desenvolver seus jogos inteligentes. "Frugalidade", ele nos disse, "é na verdade uma decisão de negócio para mim. Sempre que estou em um ambiente de empresa, fico transtornado pela enorme quantidade de resíduos que fazem parte da rotina diária!".[15]

200   *A inovação do improviso*

Os admiradores de Rohrer amam seus jogos porque parecem "reais", não por causa de gráficos hiper-realistas (que custariam uma fortuna para serem desenvolvidos), mas porque as histórias parecem verdadeiras. Rohrer infunde seus jogos com as próprias experiências de vida, o que dá autenticidade aos personagens e aos enredos. Suas criações lidam com complexos temas socioculturais, como o casamento, o desejo de se tornar um artista ou equilibrar aspirações pessoais com os compromissos familiares. Enquanto nos jogos comerciais heróis sobre-humanos atiram estupidamente em monstros, alienígenas e criminosos, os personagens reflexivos de Rohrer lutam para suplantar seus demônios internos e lidar com dilemas pessoais.[16]

A sofisticação das histórias nos jogos de Rohrer está em flagrante contraste com a simplicidade frugal de sua interface, geralmente minimalista, até mesmo ligeiramente "antiquada", sem nenhum efeito especial impressionante como 3D. Seus jogos são processados em gráficos de baixa resolução (os mesmos encontrados em jogos de fliperama), com personagens que parecem gnomos com pixels. A aparência e sensação frugais dos jogos de Rohrer não os impediram de rapidamente alcançar o status de *cult* entre os usuários do mundo todo. Em 2007, poucos meses após o lançamento gratuito on-line, Passage (primeiro grande jogo de Rohrer, que abordava a mortalidade como tema principal), se tornou viral e atingiu o status de *cult* entre os principais desenvolvedores de jogos. O jogo chegou a ser celebrado pelo *Wall Street Journal* e pela *Esquire,* ambos saudando Rohrer como pioneiro de um gênero completamente novo de jogos, mais próximos da "grande arte" que de entretenimento.

Clint Hocking, diretor de criação da Ubisoft, o quarto maior desenvolvedor de jogos do mundo, é um grande admirador de Rohrer. Hocking criticou publicamente o setor por não inovar de forma independente, como fazem desenvolvedores como Rohrer, que estão fazendo "jogos importantes". Conforme diz Hocking: "Eles utilizam um elemento intrínseco – interatividade – para fazer uma declaração sobre a condição humana. E nós, do setor, aparentemente não somos capazes de fazer o mesmo."[17]

Indivíduos ponderados com mente jugaad, como Jason Rohrer, vivem frugalmente enquanto criam jogos da "grande arte", ricos em significado: eles oferecem uma experiência de maior valor a menor custo a mais usuários. Esse movimento popular na direção do "faça você mesmo" e de fazer mais com menos está se ampliando para além dos indivíduos no Ocidente e sendo apoiado por um grupo improvável: os governos.

OS GOVERNOS OCIDENTAIS ADEREM
AO MOVIMENTO JUGAAD

Em várias nações ocidentais, governos que costumavam promover projetos muito caros de P&D e políticas de inovação de cima para baixo estão reconhecendo os limites dessas estratégias de crescimento, especialmente em um momento recessivo. Em função disso, os políticos visionários americanos e europeus estão investindo e apoiando programas de inovação de baixo para cima, concebidos especificamente para fortalecer e aproveitar a engenhosidade de inovadores jugaad no âmbito das comunidades, para tratar de problemas socioeconômicos prementes.

Nos Estados Unidos, o governo de Obama tem lançado várias iniciativas para estimular inovações conduzidas pela comunidade. Talvez a mais significativa seja o SICP (White House Office of Social Innovation and Civic Participation – Escritório da Casa Branca de Inovação Social e Participação Cívica), criado pelo presidente Obama no início de 2009, com a missão explícita de permitir a inclusão e estimular inovações de baixo para cima de empreendedores comunitários nas áreas de saúde, educação e energia. O presidente Obama observou: "As melhores soluções não vêm de cima para baixo, não vêm de Washington; vêm de baixo para cima das comunidades."[18] O SCIP age como catalisador para permitir essas soluções geradas nas comunidades.

Por exemplo, o SCIP colabora com agências federais para desenvolver ferramentas com base em incentivos (tais como fundos para inovações, prêmios e outras estruturas sociais do mercado de capitais) para canalizar recursos na direção de soluções da comunidade que já alcançaram comprovado sucesso, com o objetivo de ajudar a ampliá-las. Além disso, o SCIP também atua como corretor de inovações, facilitando a polinização cruzada das melhores práticas comprovadas nas comunidades. Finalmente, o SCIP ajuda a moldar novos modelos de parcerias público-privadas que pavimentarão o caminho para o governo envolver criativamente o setor privado na criação conjunta de soluções inovadoras que enfrentem problemas compartilhados no âmbito das comunidades.

O SCIP coordena, por exemplo, o Fundo Social de Inovação; trata-se de um modelo de parceria público-privada lançado com US$50 milhões de capital semente, injetados pelo Congresso dos Estados Unidos. O fundo identifica e apoia os mais promissores programas comunitários voltados para resultados, conduzidos por inovadores jugaad populares, e que possam ser replicados em

202 *A inovação do improviso*

outras comunidades com dificuldades semelhantes.[19] Ele se concentra em áreas de alta prioridade para o desenvolvimento socioeconômico do país: educação, saúde, desenvolvimento da juventude e oportunidade econômica. O fundo também forma parcerias com fundações e corporações que invistam recursos, financiamento e assistência técnica equiparáveis. Um dos primeiros premiados com o fundo foi o VPP (Venture Philanthropy Partners), fundado por Mario Marino, com o intuito de aplicar uma abordagem de risco para a filantropia. O VPP lidera a iniciativa youthCONNECT, rede pioneira que reúne governo, filantropia privada e organizações sem fins lucrativos para melhorar radicalmente as oportunidades socioeconômicas disponíveis a jovens de baixa renda (com idade entre 14 e 24 anos) na região de Washington, D.C.

Sonal Shah, primeira diretora do SCIP, explica:

> Os Estados Unidos têm tradicionalmente abordado a inovação com políticas de cima para baixo que se concentram em melhorar as *entradas* no sistema de inovação (como gastos com P&D) sem se preocupar em melhorar as *saídas*, isto é, o impacto da inovação no desenvolvimento socioeconômico. O SCIP foi criado para catalisar um novo paradigma de inovação de baixo para cima e com base em incentivos. Em vez de legislar políticas de inovação de cima para baixo (a antiga abordagem), o SCIP cria *incentivos* para promover mudanças positivas no âmbito das bases comunitárias. As inovações nos mercados emergentes estão acontecendo de baixo para cima, conduzidas por inovadores comunitários, como os inovadores jugaad na Índia. Estamos ajudando a desenvolver um modelo popular semelhante nos Estados Unidos, para tratar com eficácia as questões socioeconômicas mais urgentes. Em vez de discutir se os Estados Unidos merecem um governo grande ou pequeno, devemos concentrar esforços na construção de uma "democracia" com "d" minúsculo: a democracia das bases; é isso que define os Estados Unidos.[20]

Os esforços do governo federal americano, como o SCIP, estão sendo acompanhados por projetos realizados por governos municipais e estaduais. Por exemplo, os formuladores de políticas em cidades com dificuldades econômicas estão promovendo incentivos para atrair e reter inovadores jugaad que possam ajudar a revitalizar economias locais em crise. O Merrimack Valley, em Massachusetts, uma das regiões com maiores dificuldades econômicas nos Estados Unidos, formou parceria com a Deshpande Foundation para lançar o Merrimack Valley Sandbox, organizado pela University of Massachusetts, em

Lowell. O Sandbox reúne faculdades locais, organizações sem fins lucrativos e empresas para fomentar o empreendedorismo entre alunos e profissionais e para cultivar a liderança local, por meio de programas de orientação e fundos de risco. Esses líderes e empreendedores jugaad trabalham com autoridades locais para identificar e desenvolver soluções altamente relevantes, que tragam benefícios para as comunidades. Gururaj "Desh" Deshpande, empreendedor de tecnologia que chefia a Deshpande Foundation, diz: "Para que a inovação tenha impacto, precisa ser relevante. Inovação mais relevância é igual a impacto. A inovação está ficando presa no MIT e em círculos intelectuais. [Mas] nem todo mundo precisa tentar ser MIT ou Harvard; podem definir um novo papel de desenvolver relevância e trazer benefícios aos negócios locais."[21]

Do outro lado do Atlântico, o governo britânico também está interessado em incentivar inovadores jugaad. Em meados de 2010, fomos convidados a uma reunião, na Downing Street, com Rohan Silva, assessor sênior de política do Primeiro-Ministro David Cameron. Silva lera nosso blog na *Harvard Business Review* sobre a jugaad e queria nossa opinião sobre como o governo britânico poderia "fazer mais com menos", tema dominante na política do Reino Unido, pois Cameron tentava substituir o "Grande Governo" pela "Grande Sociedade" e fortalecer comunidades e cidadãos no processo.[22] Silva explicou que Cameron queria ver mais empreendedores jugaad florescendo no Reino Unido e estimular soluções de baixo para cima para tornar a saúde, a energia e a educação mais baratas e acessíveis a todos.

As razões por trás disso são óbvias. No Reino Unido, a dívida do setor público subiu para £175 bilhões (US$274 bilhões) ou 12,4% do PIB em 2009; recorde em tempo de paz e o maior nível de endividamento de todas as economias desenvolvidas.[23] Essa terrível situação tem forçado o governo do Reino Unido a lançar várias iniciativas, especialmente em áreas como saúde e educação, que busquem fornecer mais valor aos cidadãos a um custo menor e "dar chance aos excluídos". A iniciativa "Free Schools" (Escolas Livres), por exemplo, capacita grupos populares e cidadãos locais a formarem as próprias escolas, tornando as decisões em matéria de pessoal e projeto curricular independentes das autoridades locais. Essas escolas receberão fundos públicos com base na quantidade de alunos matriculados; os de origem mais humilde receberão um valor adicional. O objetivo é tornar o dinheiro público mais abrangente e sacudir o sistema estatal e, ao mesmo tempo, promover a inclusão social.

Para não ficar para trás dos britânicos, o governo francês também está incentivando mais cidadãos a se tornarem inovadores jugaad e catalisar o

204 *A inovação do improviso*

crescimento. Com o desemprego estagnado na casa de 10%, o governo francês está expandindo esforços para liberalizar a economia altamente regulamentada da França e facilitar a vida dos empreendedores (afinal, a palavra *entrepreneur* é francesa). Assim, em 1º de janeiro de 2009, o governo francês lançou a iniciativa "autoempreendedor" para permitir aos profissionais registrar seus pequenos negócios on-line em apenas poucos minutos e se beneficiar de uma estrutura tributária simplificada e generosa, contornando assim a labiríntica burocracia da França e o complicado sistema de impostos. Desde o lançamento, mais de 700 mil cidadãos franceses se tornaram inovadores jugaad, inscrevendo-se no programa autoempreendedor.[24]

A França já está familiarizada com o *Système D*, a expressão francesa para inovação improvisada no estilo jugaad. O "D" é a abreviatura para *débrouillard*, que se refere a uma pessoa flexível, engenhosa e de pensamento rápido, que consegue se sair bem em qualquer situação.[25] O Système D é um tributo aos empreendedores franceses que contam com sua engenhosidade e desenvoltura para construir novos negócios, a despeito da notória burocracia da França. Agora, com a iniciativa autoempreendedor sancionada pelo próprio governo francês, o país está prestes a ver a inovação jugaad se difundir mais amplamente na próxima década.

Essas iniciativas lideradas pelos governos para catalisar o crescimento, ao permitir a abordagem jugaad, estão recebendo generoso apoio de filantropos e órgãos de financiamento. A NEI (New Economy Initiative) para o Sudeste de Michigan, por exemplo, é uma iniciativa filantrópica inédita, lançada em 2008 pela Fundação Ford e outros. Os parceiros NEI empenharam juntos US$100 milhões a serem gastos durante um período de oito anos para acelerar a transformação (impulsionada por ágeis empreendedores jugaad) da economia industrial da região metropolitana de Detroit (lar das antigas poderosas montadoras americanas) em uma economia baseada na inovação. A NEI também está sendo apoiada pela Fundação Kauffman, uma das maiores fundações dos Estados Unidos dedicadas ao desenvolvimento do empreendedorismo. Seguindo um caminho semelhante, a VFA (Venture for America), fundada em 2012, oferece US$100 mil a cada graduado das principais universidades para abrirem suas startups em cidades no interior da Louisiana e Tennessee e contribuir para o desenvolvimento econômico local. Finalmente, sites de "financiamento por multidões", como o Kickstarter.com, capacita pequenos empreendedores em todos os Estados Unidos a levantar fundos on-line do público em geral, em questão de dias ou semanas.

Construindo nações jugaad

A jugaad tem o potencial para representar a expressão mais verdadeira e criativa de uma democracia, na qual a inovação é conduzida pelo povo, para o povo e com o povo. Pode-se chamá-la de Democracia 2.0, forma de governo em que a interconexão e a diversidade são aproveitadas para construir sociedades resilientes, imparciais e sustentáveis, que conseguem enfrentar todos os desafios da complexidade. Um número crescente de políticos nos Estados Unidos e na Europa vem incentivando o florescimento da Democracia 2.0, por meio da criação dos sistemas corretos de incentivos e de instituições de base, para promover a inovação jugaad e o crescimento.

FORMANDO FUTUROS INOVADORES JUGAAD

As principais universidades americanas e europeias também estão fazendo sua parte na criação de nações jugaad, por meio de programas que impregnam a próxima geração de engenheiros e gestores com uma mentalidade jugaad e seus princípios associados. Especificamente, esses programas estão criando futuros líderes, que conseguem ser flexíveis, fazer mais com menos, simplificar e dar chance aos excluídos. Ao internalizar os princípios da jugaad, esses futuros líderes conseguirão conceber e fornecer soluções acessíveis e sustentáveis, relevantes não apenas às nações em desenvolvimento como às economias desenvolvidas no Ocidente. Esses programas acadêmicos estão treinando os jovens ocidentais a pensar e agir como inovadores jugaad.

O "Entrepreneurial Design for Extreme Affordability", da Stanford University. Na Stanford University, um dos cursos mais populares na escola de negócios ensina os aspirantes a empreendedores a levantar capital para suas startups. Mas um número crescente de profissionais com MBAs também está se matriculando no "Entrepreneurial Design for Extreme Affordability", curso sobre inovação frugal ministrado pelo Professor James Patell e seus colegas David Beach e Stuart Coulson.

Conforme observado por Paul Polak, autor de *Out of Poverty*, 90% dos produtos e serviços do mundo são concebidos para 10% da população, visando atender aos desejos, em vez de às necessidades reais, das pessoas mais ricas do planeta.[26] O curso do Dr. Patell visa corrigir este desequilíbrio. Ao longo de seis meses, alunos de várias disciplinas (Engenharia, Negócios, Medicina, Políticas Públicas e até Direito) trabalham intensamente em equipes para conceber, fazer protótipos e comercializar produtos que custem uma fração dos disponíveis no mercado americano, e atender às necessidades reais de 90% da população mundial. Em vez de reinventar a roda, os alunos são incentivados a utilizar materiais baratos, facilmente disponíveis e ecologicamente adequados no desenvolvimento dos produtos. Por exemplo, uma equipe utilizou peças locais recicláveis para fazer bombas de infusão para hospitais com restrição de recursos em Bangladesh, com custo 30 vezes menor que o atual no Ocidente. Além de ser barata, também tem a qualidade exigida pela FDA. Jane Chen, Linus Liang, Naganand Murty e Rahul Panicker, apresentados no Capítulo 3, são ex-alunos do programa do Dr. Patell e fundadores da Embrace, que desenvolveu aquecedores infantis de baixo custo para uso em mercados emergentes, como a Índia, e em economias desenvolvidas, como a dos Estados Unidos.

O Professor Patell nos explicou como essas técnicas de projeto frugal podem ser aplicadas aos Estados Unidos. Por exemplo, uma das equipes está utilizando práticas arquitetônicas sustentáveis para construir estufas solares acessíveis para a tribo apache White Mountain, no leste do Arizona. Todos os materiais que vão para essas estruturas são 100% de origem local, tornando a construção das estufas mais barata. Os jovens americanos as usam para plantar frutas e legumes, utilizando práticas agrícolas tradicionais. Assim, além de revitalizarem a economia local, as estufas ajudam a preservar a história da cultura local. O Professor Patell diz com orgulho: "O que quer que meus alunos façam pode parecer barato, mas garantimos a elegância, utilidade, sustentabilidade e alta qualidade."[27] Em suma, a abordagem proporciona muito mais com menos (veja em JugaadInnovation.com os vídeos de entrevistas com o Professor Patell, com os alunos que participaram do projeto da tribo apache, em White Mountain, e com Jane Chen, CEO da Embrace).

Laboratórios de inovação frugal da Santa Clara University. No coração do Vale do Silício, a Escola de Engenharia e o Centro de Ciência, Tecnologia e Sociedade da Santa Clara University estão treinando conjuntamente, nos recém-fundados Laboratórios de Inovação Frugal, uma nova geração de engenheiros que não correrão para o Facebook ou Google em busca de empregos após se formarem. Esses alunos estão adquirindo novas competências em Engenharia e Gestão para ajudá-los a conceber soluções simples, baratas e acessíveis baseadas em tecnologias, como a computação móvel para atender às necessidades socioeconômicas de comunidades subdesenvolvidas, como energia limpa, água potável e saúde pública. Os alunos aprendem a inovar sob fortes restrições, fazendo mais com menos. Também são treinados a elevar o grau de "adequação" de suas soluções frugais, considerando as necessidades específicas de comunidades carentes, bem como seu contexto sociocultural específico.

Por exemplo, uma equipe de estudantes trabalhou em estreita colaboração com a Healthpoint Services India para melhorar o fornecimento de água potável em comunidades rurais. A Healthpoint Services possui e opera uma rede de clínicas médicas, conhecida como EHPs (E Health Points), e pontos de acesso à água potável, conhecidos como Waterpoints. As EHPs oferecem serviços básicos de saúde às famílias em vilarejos indianos pela telemedicina. Embora muitos Waterpoints estejam ligados às EHPs, alguns são estações independentes, localizadas longe das EHPs, em lugares mais acessíveis aos usuários. A venda comercial de água potável por meio dos Waterpoints gera um fluxo constante de receitas que ajudam a subsidiar os serviços de saúde fornecidos nas clínicas. Infelizmente, os Waterpoints são atualmente operados manualmente, por operadores locais, que nem sempre estão atentos ou são honestos na gestão das estações. A equipe de alunos da Santa Clara University está ajudando a resolver o problema, concebendo e implantando uma solução de telemetria que pode automatizar totalmente a distribuição de água nos Waterpoints, permitindo que a Healthpoint Services consiga ampliar rapidamente o número de EHPs, bem como de Waterpoints, por toda a área rural da Índia.[28]

Radha Basu, que dirige os Laboratórios de Inovação Frugal na Santa Clara University, aponta que essas soluções acessíveis desenvolvidas pelos alunos podem ser implantadas não só em mercados emergentes, mas em nações desenvolvidas como os Estados Unidos, que enfrentam cada vez mais problemas de escassez. "Para a maioria das empresas ocidentais, mais de 50% do crescimento na próxima década virá de mercados emergentes. No entanto, nenhuma dessas tecnologias [mais tradicionais] desenvolvidas aqui no Vale do Silício é apropriada às necessidades dos consumidores dos mercados emergentes", observa Basu. "As empresas ocidentais precisam adquirir novas competências essenciais, que ensinamos aqui, para, além de conceber produtos de elevada qualidade e baixo custo, desenvolver também *modelos de negócios* apropriados e estratégias de parcerias para fabricar e distribuir esses produtos frugais às massas dos mercados emergentes. Ao desenvolver essas novas competências, as empresas ocidentais podem ter sucesso tanto nos mercados emergentes quanto em economias desenvolvidas, que enfrentam a escassez devido ao aprofundamento da recessão econômica."[29]

208   *A inovação do improviso*

Programa de design com inclusão da University of Cambridge. No Reino Unido, o Engineering Design Centre, do Departamento de Engenharia da University of Cambridge, está à frente dos companheiros do outro lado do Atlântico. Em vez de meramente treinar alunos de graduação para projetar produtos acessíveis e úteis a consumidores marginalizados no Ocidente (como os idosos), o Centro, em parceria com a faculdade de educação da University of Cambridge, fez programas-piloto, para alunos de 11 a 14 anos, em algumas escolas.

Ian Hosking, pesquisador sênior associado do Centro, explica:

> Temos visto que alunos muito jovens conseguem genuinamente se envolver com a questão do envelhecimento e criar soluções altamente inovadoras. Estudos têm demonstrado que crianças são especialmente boas em pensamento divergente; isto é, são capazes de combinar conceitos não relacionados de diversos domínios e chegar a soluções inusitadas. O pensamento divergente é fundamental para a resolução criativa de problemas. Infelizmente, esta capacidade parece se perder, à medida que as crianças crescem e avançam por um sistema educacional que nem sempre fomenta habilidades criativas. Formamos uma parceria muito bem-sucedida com Bill Nicholl, da faculdade de Educação, um dos principais especialistas em criatividade. Trabalhando juntos, esperamos reverter um pouco o processo e trazer a centelha criativa de volta à vida dessas crianças.[30]

Batizado de DOT (Designing Our Tomorrow – Projetando Nosso Amanhã), este programa inovador tem desenvolvido recursos para professores ensinarem design com uma abordagem de inclusão, com o auxílio de elementos da Caixa de Ferramentas de Design com Inclusão Social (www.inclusivedesign-toolkit.com), que universitários (bem como os designers nas empresas) podem utilizar para desenvolver produtos e serviços que atendam às necessidades de consumidores marginalizados da população mais velha. Portanto, o DOT além de preparar as crianças nas escolas para a educação superior, também as prepara para o mercado de trabalho.

Além disso, o DOT não para na educação em sala de aula. O resultado de uma das escolas-piloto foi tão elevado que a equipe de Hosking organizou os alunos para apresentarem o trabalho (concepção de soluções de talheres para idosos) a uma grande loja de varejo do Reino Unido. Hosking diz: "Quando vi o que as crianças estavam fazendo, fiquei pasmo. Sua compreensão sobre as questões relacionadas com a velhice foi bastante impressionante. Eu quis que eles apresentassem o trabalho àquela loja não apenas por ser uma boa experiência, mas porque suas ideias tinham genuíno potencial comercial para o varejista. É algo que queremos ampliar no futuro para tornar o ensino mais relevante."[31]

O potencial do DOT está se espalhando, com interesse de outros países, e a equipe está atualmente fazendo uma experiência-piloto com os recursos em um desses países que está pensando em implantar nacionalmente o programa.

Design for America. O DFA (Design for America) é uma rede de estúdios comandados por estudantes, de universidades americanas, como Columbia, Stanford, Northwestern e Oregon, em Eugene, que vem usando projetos interdisciplinares para revitalizar cidades americanas. O objetivo do DFA é formar uma "nova geração de 'ativistas criativos' munidos da mentalidade e habilidades para criar impacto social em comunidades locais por todos os Estados Unidos".[32] Um total de 50 estúdios DFA deve surgir nos Estados Unidos nos próximos cinco anos, para enfrentar grandes desafios em educação, saúde e meio ambiente.

Yuri Malina, uma das fundadoras do DFA, de 21 anos, disse:

> O DFA começou pela observação de que, se você é um jovem engenheiro ou designer, não há necessidade de pagar uma passagem de avião de US$1 mil para ir à Índia ou África fazer trabalho de desenvolvimento. Há problemas suficientes para resolver bem aqui em nosso quintal, seja tornando os cuidados com a saúde mais seguros e acessíveis, seja uma educação melhor ou encontrando soluções de energia renovável. Morando em San Francisco, Boston ou Chicago, você pode aplicar ideias criativas não apenas para projetar o próximo iPod ou um moderno par de óculos de sol, mas para corrigir problemas na própria vizinhança.[33]

Os membros do DFA trabalham em projetos "bastante locais", o que significa que todos os projetos realizados estão localizados em bairros num raio de alcance de 15 minutos de bicicleta do estúdio. No primeiro projeto, por exemplo, Malina trabalhou com um hospital local em Chicago para projetar um desinfetante portátil para as mãos de médicos e enfermeiros ocupados, para que possam limpar as mãos enquanto se movimentam de um lugar para outro. É uma inovação muito prática, dado que, segundo o Centro de Controle e

Prevenção de Doenças, aproximadamente 2 milhões de pessoas nos Estados Unidos contraem infecção hospitalar a cada ano. Desses, cerca de 100 mil morrem prematuramente em decorrência disso.[34]

Muitos engenheiros e designers que se formam nos programas acadêmicos descritos provavelmente se tornarão os empreendedores sociais de amanhã. Os alunos provavelmente utilizarão suas habilidades de engenharia frugal para lidar com as necessidades básicas de comunidades carentes, corrigindo problemas de energia elétrica pouco confiável e de redes de transporte, tornando mais inclusiva a prestação de serviços de saúde e desenvolvendo sistemas sustentáveis de água e saneamento. Mas uma quantidade crescente desses graduados provavelmente também ingressará em empresas listadas na *Fortune 500* e ajudará a inflamar o espírito jugaad nessas organizações, à medida que elas permitam a inovação de baixo para cima para lidar com as necessidades dos mercados globais, com a escassez cada vez maior de recursos no Ocidente e com a crescente complexidade global de forma mais geral. De qualquer maneira, esses inovadores jugaad da próxima geração não atuarão isoladamente. Dado o grande apreço e destreza para com as redes sociais, esses inovadores certamente se ligarão a inovadores de mesma mentalidade em outros lugares, incluindo o mundo emergente, acelerando assim o surgimento de uma comunidade global de inovadores jugaad.

SURGIMENTO DE UMA COMUNIDADE GLOBAL DE INOVADORES JUGAAD

À medida que inovadores americanos se conectam com inovadores jugaad em outras partes do mundo, especialmente em mercados emergentes, esse processo ajuda a polinização cruzada de ideias criativas entre diversas regiões. Com o tempo, essa comunidade global de inovadores jugaad poderá combinar, por exemplo, a engenhosidade americana e indiana para resolver de forma frugal e sustentável os grandes desafios enfrentados pela humanidade. Nesta seção, vamos destacar apenas algumas das muitas organizações e iniciativas que trabalham atualmente na criação da rede globalmente integrada de inovadores jugaad.

Ashoka e Fundação Skoll. Essas duas organizações sem fins lucrativos apoiam ativamente milhares de empreendedores jugaad em todo o mundo, dando-lhes financiamento e treinamento para enfrentar grandes desafios socioeconômicos. Ao investir milhões no desenvolvimento da capacitação desses empreendedores individuais, a Fundação Skoll e a Ashoka estão agora interessadas em promover a colaboração entre esses empreendedores, integrando-os a comunidades virtuais. Para isso, têm ativamente investido em plataformas de rede social (tais como a AshokaHub, da Ashoka, e a Social Edge, da Fundação Skoll) para fazer a polinização cruzada de ideias e melhores práticas entre empreendedores jugaad em cinco continentes.

Endeavor. Esta organização sem fins lucrativos tem desenvolvido uma rede global incomparável de líderes experientes de negócios que fornecem orientação e aconselhamento estratégico a empreendedores jugaad de alto impacto em todo o mundo, especialmente em economias emergentes. Linda Rottenberg fundou o Endeavor, há 14 anos, após um taxista argentino com PhD em Física lhe perguntar: "Como eu poderia começar minha própria empresa se nem tenho uma garagem?"[35]

O Programa Stanford-India Biodesign. Esta iniciativa reúne médicos, engenheiros e designers dos Estados Unidos e da Índia para criar em conjunto dispositivos médicos a preços acessíveis e amigáveis ao usuário, que possam ser implantados não só na Índia, onde centenas de milhões de cidadãos não possuem acesso aos cuidados básicos de saúde, como também nos Estados Unidos, onde 50 milhões de americanos não possuem seguro-saúde. Recentemente, uma equipe de médicos, engenheiros e designers de Stanford colaborou com colegas do Indian Institute of Tecnology e do All India Institute of Medical Sciences, em Nova Delhi, para conceituar e desenvolver uma broca de ossos de baixo custo (um dispositivo que, em menos de um minuto, injeta fluidos diretamente na medula óssea de vítimas de acidentes cujas veias se romperam). Esse dispositivo custa apenas US$20, em comparação com os US$300 para dispositivos equivalentes disponíveis no mercado dos Estados Unidos.[36]

Competição de inovação "Next Idea", da cidade de Nova York. Ativamente promovida pelo Prefeito Michael Bloomberg, da cidade de Nova York, a Next Idea (Próxima Ideia) é uma competição anual que convida equipes de alunos das principais escolas de Negócios e de Engenharia da Europa, Ásia e América Latina a desenvolver planos de negócios para projetos jugaad arrojados, executados na Cidade de Nova York e com grandes benefícios socioeconômicos para

212 *A inovação do improviso*

a cidade. A edição 2009-2010 do NYC Next Idea foi vencida por uma equipe empreendedora do IIT-M (Indian Institute of Technology, em Madras), que desenvolveu um novo sistema para permitir que empresas de serviço público e produtores de energia armazenem e distribuam a energia, de forma segura e eficiente, em lugares remotos em cinco bairros de Nova York, ajudando assim a evitar a repetição do apagão de 2003, que prejudicou a cidade.

A competição Next Idea da cidade de Nova York, bem como as outras iniciativas mencionadas (Ashoka, Skoll, Endeavor, Stanford-India Biodesign), visa interligar inovadores jugaad nos Estados Unidos a colegas em outros países, propiciando a polinização cruzada de ideias promissoras através de fronteiras geográficas, para tratar de problemas socioeconômicos em comum. Um entusiasta deste esforço é Alec Ross, assessor sênior de inovação da Secretária de Estado, Hillary Clinton. Ex-empreendedor, Ross é o "guru de tecnologia" da Secretária Clinton. Com mais de 370 mil seguidores no Twitter, Ross está liderando os esforços do Departamento de Estado dos Estados Unidos para encontrar soluções técnicas práticas para alguns dos problemas mais inquietantes do mundo, nas áreas de saúde, pobreza, direitos humanos e conflitos étnicos.

Falando conosco, Ross disse: "Todo mundo está falando sobre a mudança de poder do Ocidente para o Oriente. Porém, a real mudança de poder agora é das grandes para as pequenas instituições. As estruturas de poder hierárquico e os modelos de inovação de cima para baixo estão sendo substituídos por estruturas de poder em rede e abordagens de inovação de baixo para cima. Para prosperar no novo mundo multipolar, os Estados Unidos devem abandonar sua posição isolada de inovação e começar a intermediar e facilitar redes globais de inovadores populares, que possam criar soluções em conjunto para problemas globais que todos compartilhamos."[37]

COMO AS EMPRESAS PODEM LUCRAR COM A ONDA DO MOVIMENTO JUGAAD

O ecossistema jugaad das bases que está surgindo (constituído por cidadãos ativistas, empreendedores voltados para o social, governos com visão de futuro, universidades e órgãos de financiamento de inovações) pode ajudar as empresas a acelerar sua própria adoção da jugaad. Eis algumas formas de as empresas contribuírem para a *onda* do movimento jugaad e de lucrar com isso.

Apoiar inovadores jugaad das bases para revitalizar economias locais. Os CEOs ocidentais que se queixam do crescimento econômico anêmico na América do Norte e na Europa não percebem que têm o poder de estimular a demanda por bens e serviços, apoiando inovadores das bases que estão lutando para revitalizar as economias locais. Para tanto, as empresas ocidentais deveriam formar parcerias com órgãos governamentais, como o SICP da Casa Branca, e com organizações sem fins lucrativos para aproveitar o poder criativo de inovadores jugaad para catalisar o desenvolvimento da comunidade. O Charles Schwab Bank, por exemplo, formou parceria com o CFSI (Center for Financial Services Innovation) para lançar o Laboratório Bay Area Financial Capability Innovators Development.[38] Essa iniciativa oferece oportunidades de aprendizagem e análise entre pares a empreendedores jugaad populares de San Francisco, que estejam usando abordagens inovadoras para tornar os serviços financeiros disponíveis aos 60 milhões de americanos sem conta bancária nem acesso a bancos. De forma semelhante, a Microsoft e a Google estão financiando o Code for America, organização apolítica que oferece bolsas de estudo a profissionais de internet para desenvolver aplicativos que possam ajudar prefeituras financeiramente prejudicadas nos Estados Unidos a se tornarem mais abertas e eficientes em resposta às necessidades dos cidadãos. O Code for America replicará os aplicativos bem-sucedidos por várias cidades americanas, como forma de melhorar a governança e o desenvolvimento socioeconômico em todo o país.

Utilizar o poder social para inovar mais rápido, barato e melhor. A onda do movimento jugaad é facilitada pelas ferramentas de mídia social, como o Facebook e o Twitter, que permitem que cidadãos ativistas, especialmente os da geração do milênio, se organizem instantaneamente em grandes comunidades on-line que provocam grandes mudanças em velocidades alucinantes (como derrubar governos no Oriente Médio ou expor as corporações que se dedicam a práticas de negócios inapropriadas). Muitas empresas ocidentais se sentem ameaçadas pelo poder social das comunidades virtuais de inovadores jugaad. Mas conforme escreve David Kirkpatrick, autor de *O efeito Facebook*: "O poder social pode ajudar a manter sua empresa vital. Clientes e funcionários ativistas, recentemente fortalecidos, podem se tornar fontes de criatividade, inovação e novas ideias para permitir o avanço de sua empresa."[39]

A Ford é uma empresa que está aproveitando o poder social com grande benefício, pela integração da mídia social em todos os aspectos de projeção, construção e comercialização dos produtos. "O sufrágio digital está acima de

214   *A inovação do improviso*

nós", observa Venkatash Prasad, que chefia os esforços de produtos de redes sociais da Ford. "Todo mundo tem o direito a um byte de ação, e adotamos esses poder na Ford, pela utilização de redes sociais internas e externas."[40] Por exemplo, antes do lançamento do compacto carro Fiesta, em 2010, a Ford convidou 100 blogueiros ativos (muitos da geração do milênio) para testar o carro e regularmente postar vídeos e impressões verdadeiras no YouTube, Twitter e nos blogs individuais. A inovação jugaad em marketing da Ford (apelidada de "Fiesta Movement") valeu a pena: gerou 7 milhões de visualizações no YouTube e 40 milhões de tweets (em sua maioria, favoráveis). A campanha de mídia popular gerou grande sensibilização entre os jovens compradores de carro para com o Fiesta; também ajudou a Ford a mudar sua imagem indigesta e a se reposicionar como montadora "bacana". Desde então, o Fiesta se tornou um dos carros mais vendidos da montadora; passados 10 meses do lançamento, o Fiesta havia conquistado 20% do segmento de carros compactos nos Estados Unidos. Scott Monty, chefe de mídia social da Ford, explica: "A Ford não tem uma estratégia de mídia social; trata-se de uma estratégia de negócio apoiada pela mídia social."[41]

Recrutar inovadores jugaad de *campi* dos Estados Unidos e da Europa. As empresas ocidentais que buscam fortalecer suas habilidades jugaad (fazer mais com menos e incluir os marginalizados) podem encontrar essas habilidades valiosas na próxima geração de estudantes americanos e europeus, formados em programas como o Entrepreneurial Design for Extreme Affordability, de Stanford, e Inclusive Design, da University of Cambridge. As empresas ocidentais deveriam contratar esses estudantes com mentalidade flexível para criar soluções frugais e sustentáveis, visando atender à quantidade crescente de consumidores ocidentais conscientes em relação aos custos e à ecologia. Por exemplo, grandes organizações de saúde conseguiram engajar alunos da rede Design for America para desenvolver soluções inovadoras com a intenção de tornar os cuidados com a saúde mais seguros e acessíveis a comunidades carentes das partes mais antigas das cidades dos Estados Unidos.

Aproveitar a engenhosidade para além das fronteiras com redes globais de inovação. A economia global está cada vez mais interligada, graças a ferramentas de mídia social como o Facebook, que permite que inovadores jugaad no Ocidente e em mercados emergentes criem em conjunto soluções revolucionárias que nenhuma região isolada poderia desenvolver por conta própria.

O Programa Stanford-India Biodesign, descrito anteriormente, exemplifica esse modelo de inovação sinérgico e *policêntrico*.[42] As empresas devem se integrar às redes globais de inovadores jugaad para aproveitar as habilidades únicas, ideias e oportunidades disponíveis em várias regiões. A Xerox e a Procter & Gamble, por exemplo, organizaram redes globais de inovação que integram a criatividade de empreendedores jugaad na Ásia ao talento das equipes de P&D na Europa e nos Estados Unidos para criar em conjunto produtos e serviços de alta qualidade a preços acessíveis para os mercados globais.[43]

Ao se integrar ao ecossistema de inovação de base em suas sociedades, e por meio de parcerias com os diversos stakeholders deste ecossistema, as empresas ocidentais podem acelerar a adoção da jugaad nas próprias organizações. Ao aderir a esses ecossistemas, elas acrescentarão mais dinamismo e se beneficiarão enormemente da onda do movimento jugaad em curso no Ocidente.

O MUNDO PRÓSPERO DA JUGAAD

O Ocidente está cada vez mais diante da escassez e imprevisibilidade. À medida que governos em dificuldades financeiras ficam cada vez mais impossibilitados de lidar com esses desafios por conta própria, cidadãos comuns, empreendedores com visão de futuro, capitalistas de risco e organizações sem fins lucrativos estão ocupando espaços. Os inovadores jugaad populares utilizam seu pensamento flexível para improvisar soluções frugais que ataquem os complicados problemas socioeconômicos na saúde, educação, serviços financeiros e desenvolvimento da comunidade. Entretanto, conforme descrito neste capítulo, os governos não estão de braços cruzados. Dos Estados Unidos ao Reino Unido e França, governos centrais e locais estão ocupados, iniciando programas para apoiar e acelerar o movimento jugaad das bases. As universidades também estão se unindo nesses esforços. Plenamente cientes dos problemas de escassez e volatilidade que afligem as economias ocidentais, várias instituições de ensino superior nos Estados Unidos e na Europa estão treinando engenheiros e gestores para conceber a próxima geração de produtos e serviços para lidar com a escassez de maneira frugal e sustentável.

Tudo isso poderia levar à conclusão de que a jugaad está chegando ao Ocidente. Mas uma perspectiva em mais longo prazo sugere que, na verdade, a jugaad nunca deixou o Ocidente. Ao contrário, o movimento jugaad de base que descrevemos é emblemático do *retorno* do Ocidente às raízes jugaad. Os

Estados Unidos foram, são e, na verdade, sempre serão a terra dos inovadores jugaad: indivíduos resilientes, que empregam o pensamento flexível para desenvolver soluções engenhosas com recursos limitados. O que pode ter mudado, na verdade, é que, em um mundo cada vez mais interconectado, os inovadores jugaad ocidentais agora não trabalham mais por conta própria. Por meio de ricas parcerias e plataformas de mídia social, como o Facebook e o Twitter, eles estão se interligando aos inovadores jugaad de outros lugares para resolver problemas comuns.

São boas notícias para as empresas ocidentais; agora elas podem e devem acelerar a adoção interna da jugaad, ligando-se com o movimento de inovação das bases, que se desenvolve nas nações ocidentais. Integrando suas próprias organizações às redes locais e globais de inovadores jugaad, as empresas ocidentais podem se tornar organizações flexíveis que pensam frugalmente, agem com flexibilidade e geram o crescimento vindo da inovação. Quanto mais cedo o fizerem, melhor – não só para elas, mas para um mundo em batalha contra a escassez de tempo e de recursos. Para os desafios que este admirável mundo novo nos impõe, a inovação jugaad oferece uma solução de grande eficácia.

Notas

Capítulo 1

1. Professor Anil Gupta, Indian Institute of Management em Ahmedabad; entrevista pessoal com Simone Ahuja em 9 de janeiro de 2009.
2. Mansukh Prajapati; entrevista pessoal com Simone Ahuja em 9 de janeiro de 2009.
3. "Infrastructure 2011", Urban Land Institute e Ernst & Young, 2011.
4. "Forbes Lists Top Seven 'Rural Indians'", [http://news.in.msn.com/business/article.aspx?cp-documentid=4579411], 15 de novembro de 2010.
5. "Stretching the Rupee to the Maximum", [http://indiandream.blogspot.com/2007/05/stretching-rupee-to-maximum.html], 4 de maio de 2007.
6. V. Muniz. "Campana Brothers", [http://bombsite.com/issues/102/articles/3040], 2008.
7. Segal, A. "China's Innovation Wall: Beijing's Push for Homegrown Technology". *Foreign Affairs*, 28 de setembro de 2010.
8. Daniels, S. "Making Do. Innovation in Kenya's Informal Economy", [http://www.analoguedigital.com/docs/makingdo-download-lores.pdf], 2010.
9. Neuwirth, R. "The Shadow Superpower". *Foreign Policy*, 28 de outubro de 2011.
10. No seriado "MacGyver", do fim dos anos 1980, o engenhoso agente secreto MacGyver não carrega armas e conta exclusivamente com sua engenhosidade para resolver problemas complexos, utilizando os recursos limitados que eventualmente tenha à mão – em geral fita adesiva e um canivete suíço.
11. "Cyrus McCormick", [http://web.mit.edu/invent/iow/mccormick.html]. "The 20th Century Transformation of U.S. Agriculture and Farm Policy". United States Department of Agriculture. *Economic Information Bulletin*, junho de 2005.

12. Bellis, M. "Cyrus McCormick – the Reaper". http://inventors.about.com/library/inventors/blmccormick.htm].
13. *Inventors and Inventions*, vol. 4 (Tarrytown: Marshall Cavendish, 2008).
14. "Cyrus McCormick", [http://www.pbs.org/wgbh/theymadeamerica/whomade/mccormick_hi.html].
15. "Benjamin Franklin, Entrepreneur", [http://www.benfranklin300.org/etc_article_entrepreneur.htm].
16. "Franklin Stove", [http://web.mit.edu/invent/iow/franklin.html].
17. Bellis, M. "The Inventions and Scientific Achievements of Benjamin", [http://inventors.about.com/od/fstartinventors/ss/Franklin_invent_2.htm].
18. Franklin, B. *The Autobiography of Benjamin Franklin: 1706–1757* (Bedford: Applewood Books, 2008).
19. Jaruzelski, B., Loehr, J. e Holman, R. "The Global Innovation 1000: Why Culture Is Key", *strategy+business*, inverno de 2011.
20. Jaruzelski, B., Dehoff, K. e Bordi, R. "The Booz Allen Hamilton Global Innovation 1000: Money Isn't Everything". *strategy+business*, inverno de 2005.
21. "Key Industry Facts About PhRMA", [http://www.phrma.org/about/key-industry-facts-about-phrma].
22. Hirschler, B. "'Last Chance' for Sickly Pharma to Deliver on R&D", [http://www.reuters.com/article/2011/02/10/pharmaceuticals-rd-idUSLDE71912R20110210]. 10 de fevereiro de 2011.
23. Schaper, E. V. "How Novartis Plans to Avoid the 'Patent Cliff'", [http://www.businessweek.com/magazine/how-novartis-plans-to-avoid-the-patent-cliff-08042011.html], 4 de agosto de 2011.
24. "Contribution of the Automotive Industry to the Economies of All Fifty States and the United States", [http://www.cargroup.org/pdfs/association_paper.pdf], abril de 2010.
25. Gardner, G. "GM Cars: Good December Sales Can't Make Up for Poor 2010". *Christian Science Monitor*, 5 de janeiro de 2011.
26. Isidore, C. "Big Three Want More Money in Bailout". [http://money.cnn.com/2008/12/02/news/companies/automakers_plans/index.htm], 4 de dezembro de 2008.
27. Bunkley, N. "G.M. Repays U.S. Loan, While Chrysler Posts Improved Quarterly Results". *New York Times*, 21 de abril de 2010; "The U.S. Motor Vehicle Industry: Confronting a New Dynamic in the Global Economy". Congressional Research Service, 26 de março de 2010.
28. "Six Sigma: So Yesterday?", [http://www.businessweek.com/magazine/content/07_24/b4038409.htm], 11 de junho de 2007.
29. Pascale, R. Sternin, J. e Sternin, M. *The Power of Positive Deviance: How Unlikely Innovators Solve the World's Toughest Problem.* Boston: Harvard Business School Press, 2010.
30. Gladwell, M. *Fora de Série – Outliers.* Rio de Janeiro: Sextante, 2008.

31. Hindo, B. "At 3M, a Struggle Between Efficiency and Creativity". *Bloomberg Businessweek*, 11 de junho de 2007.
32. Tellis, G. Prabhu, J. e Chandy. R. "Radical Innovation Across Nations: The Preeminence of Corporate Culture". *Journal of Marketing*, 2003, 73(1), 3–23.
33. McDonald, B. "Touching Lives, Improving Life: Why Innovation Matters and How to Make It Work", [http://www.pg.com/en_US/downloads/company/purpose_people/touching_lives_improving_life.pdf], dezembro de 2008.
34. Jana, R. "Facebook's Design Strategy: A Status Update", [http://designmind.frogdesign.com/articles/facebook-s-design-strategy-a-status-update.html].
35. Kirkpatrick, D. "Social Power and the Coming Corporate Revolution". *Forbes*, 26 de setembro de 2011, p. 72.
36. "Capitalizing on Complexity. Insights from the 2010 IBM Global CEO Study", [http://www-935.ibm.com/services/us/ceo/ceostudy-2010/].
37. Stangler, D. e Litan, R.E. "Where Will the Jobs Come From?". Ewing Marion Kauffman Foundation, novembro de 2009.
38. Censky, A. "Poverty Rate Rises in America", [http://money.cnn.com/2011/09/13/news/economy/poverty_rate_income/index.htm], 13 de setembro de 2011.
39. "The Great American Divide". *Time*, 10 de outubro de 2011, p. 29.
40. Wolf, Z. B. e Arnall, D. "Debt Debate for Dummies: Six Keys to Understanding the Issue". *ABC News*, 8 de julho de 2011.
41. Kirkup, J. "Britain's National Debt to Reach £1.4 Trillion Under 2009 Budget". *Telegraph*, 22 de abril de 2009.
42. Koch, W. "Global Warming Raises Water Shortage Risks in One-Third of U.S. Counties". *USA Today*, 20 de julho de 2010.
43. Palmer, K. "Why Gen Y May Be Too Frugal". *US News and World Report*, 2 de março de 2011.
44. May, M. "Hispanics Expected to be State's Majority by 2042: Alameda County to Have Top Proportion of Asian Americans". *San Francisco Chronicle*, 10 de julho de 2007, p. C1.
45. Pink, D. *Free Agent Nation: The Future of Working for Yourself.* Nova York: Business Plus, 2002.
46. "World Energy Outlook 2011". International Energy Agency, 2011.
47. O acrônimo BRICs (Brasil, Rússia, Índia e China) foi cunhado pelo ex-chefe de economia da Goldman Sachs, Jim O'Neill, em trabalho de 2001 intitulado "The World Needs Better Economic BRICs".
48. Wilson, D. e Purushothaman, R. "Dreaming with BRICs: The Path to 2050". *Global Economics Paper* n. 99, Goldman Sachs, 1 de outubro de 2003.
49. "Ernst & Young Rapid Growth Markets Forecast (RGMF)". [http://www.ey.com/IN/en/Newsroom/News-releases/Ernst-and-Young-Rapid-Growth-Markets-Forecast], 24 de outubro de 2011.
50. "South Asia: India". https://www.cia.gov/library/publications/the-world-factbook/geos/in.html], 21 de outubro de 2011.

220   *A inovação do improviso*

51. Dr. Liu Jiren, presidente e CEO da Neusoft; entrevista pessoal com Navi Radjou em 15 de setembro de 2011.
52. Abi Naha, CEO da Zone V; entrevista pessoal com Navi Radjou em 23 de junho de 2011.
53. A série apoiada pela Best Buy, "Indique: Big Ideas from Emerging India", foi transmitida pelas estações PBS em 2010.

Capítulo 2

1. "Access to Electricity", [http://www.iea.org/weo/electricity.asp], 2010.
2. Tulsi Tanti, presidente e diretor administrativo da Suzlon Energy; entrevista pessoal com Navi Radjou em 14 de novembro de 2011.
3. *Doing Business in a More Transparent World. Economy Profile: India.* Washington, D.C.: The World Bank and the International Finance Corporation, 2012.
4. *Doing Business in South Asia 2007.* Washington, D.C.: The World Bank, 2007.
5. *Rural Roads. A Lifeline for Villages in India.* The World Bank, 2000.
6. Majumdar, B. "India's Poor Healthcare a Threat to Growth: Report", [http://in.reuters.com/article/2009/09/16/idINIndia-42468920090916], 16 de setembro de 2009.
7. Granito, A. "80% of Indians Live on Less Than US$2 a Day: WB", [http://www.livemint.com/articles/2007/10/16235421/80-of-Indians-live-on-less-th.html], 16 de outubro de 2007.
8. "Population Below Poverty Line". *The World Factbook,* [https://www.cia.gov/library/publications/the-world-factbook/fields/2046.html].
9. Ratemo, J. "Airtel Kenya Unveils New Online Payment System". *Business Daily*, 4 de novembro de 2011; "High Costs Keep Patients Out of Hospitals". *Xinhua News Agency*, 23 de novembro de 2004.
10. "The Difference Defines Us: The DNA of the Entrepreneur". *Exceptional.* Ernst & Young, julho-dezembro de 2011.
11. Radjou, N., Prabhu, J., Kaipa, P. e Ahuja, S. "HowReframers Unleash Innovation in Their Companies (And Beyond)", [http://blogs.hbr.org/cs/2010/07/how_reframers_are_unleashing_a.html], 13 de julho de 2010.
12. Dr. Prasad Kaipa, coach de CEO; entrevista pessoal com Navi Radjou em 3 de novembro de 2011.
13. Radjou, N., Prabhu, J., Kaipa, P. e Ahuja, S. "How to Ignite Creative Leadership in Your Organization", [http://blogs.hbr.org/cs/2010/05/how_to_ignite_creative_leaders.html], 19 de maio de 2010.
14. Comentários extraídos da palestra do professor Anil Gupta na "Innovation in India and China. How to Create Value from Emerging Markets" – conferência realizada pelo Centre for India & Global Business at Judge Business School, University of Cambridge, em 19 e 20 de maio de 2009.
15. Thakor, P. "Villager from Guwahati Gave MIT Tech Ideas". *DNA*, 10 de dezembro de 2010.

Notas 221

16. Reunimos os detalhes iniciais sobre Enrique Gómez Junco e sua empresa, Optima Energia, com a entrevista com Fernando Fabre, presidente da Endeavor (organização sem fins lucrativos que fornece orientação e aconselhamento sobre estratégia para empreendedores jugaad de alto impacto em todo o mundo, como Junco). Detalhes adicionais foram fornecidos depois pelo próprio Junco.

17. "IFC Investment in Optima Energía Supports Energy Efficiency in Mexico's Hotel Sector". Comunicado de imprensa da International Finance Corporation, 21 de outubro de 2009.

18. "Our Entrepreneurs. Enrique Gómez Junco", [http://www.endeavor.org/entrepreneurs/enrique-gomez-junco/169].

19. "Mexico: Optima Energia's Novel Business Model Helps Mexican Hotels Reduce Energy Costs", [http://www.ifc.org/ifcext/gms.nsf/AttachmentsByTitle/CaseStudyOptima/$FILE/ Optima.pdf], 2010.

20. "Infosys and Wharton School Announce the Wharton Infosys Business Transformation Awards 2006 for North America and Latin America", [http://www.stage.wharton.upenn.edu/whartonfacts/news_and_events/newsreleases/2006/p_2006_11_570.html], 13 de novembro de 2006.

21. "I.M.F. Slashes Growth Outlook for U.S. and Europe", [http://www.nytimes.com/ 2011/09/21/business/global/imf-slashes-growth-outlook-for-us-and-europe.html], 20 de setembro de 2011.

22. Edgerton, J. "Automakers Agree to 54 MPG Standard". *CBS MoneyWatch*, 29 de julho de 2011.

23. Elliott, L. e Kollewe, J. "Germany Faces Up to Problem of Ageing Workforce", [http://www.guardian.co.uk/world/2011/mar/17/new-europe-germany-retirement-pensions-exports], 17 de março de 2011.

24. "Water Scarcity and Climate Change: Growing Risks for Businesses and Investors". Relatório da Ceres de autoria do Pacific Institute, fevereiro de 2009.

25. Hamel, G. *O futuro da administração*. Rio de Janeiro: Campus/Elsevier, 2007.

26. Stelter, B. e Vega, T. "Ad Money Reliably Goes to Television". *New York Times*, 7 de agosto de 2011.

27. Richardson, A. *Innovation X: Why a Company's Toughest Problems Are Its Great Advantage*. San Francisco: Jossey-Bass, 2010.

28. Menkes, J. *Better Under Pressure*. Boston: Harvard Business School Press, 2011.

29. Overby, C. S. *The Essentials of Consumer-Driven Innovation*. Best Practices Report. *Forrester Research*, 26 de maio de 2006.

30. Neff, J. "P&G's Buzz-Building Networks Thrive in Age of Social Media". *Ad Age*. 10 de outubro de 2011.

31. "New Procter & Gamble Survey of Moms Shows Teens Need More Input from Their Parents When It Comes to Spending". *New York Times*, 8 de setembro de 2011.

32. Fleschner, M. "Best Friends", [http://www.sellingpower.com/magazine/article.php?i=1168&ia=6273].

33. Hagel, J. III, Brown, J. S. e Davison, L. "Shaping Strategy in a World of Constant Disruption". *Harvard Business Review*, outubro de 2008.
34. "Salesforce.com Announces Fiscal Second Quarter Results", [http://www.salesforce.com/company/news-press/press-releases/2011/08/110818.jsp], 18 de agosto de 2011.
35. "Salesforce.com Announces Fiscal Third Quarter Results", [http://www.salesforce.com/company/news-press/press-releases/2011/11/111117.jsp], 17 de novembro de 2011.
36. Hardy, Q. "A Leader in the Cloud Gains Rivals". *New York Times*, 11 de dezembro de 2011.
37. Ried, S. e Kisker, H. "Sizing the Cloud". Relatório da Forrester Research, 21 de abril de 2011.
38. "Why Is Behind the Cloud a Great Book for These Times?", [http://www.salesforce.com/behindthecloud/].
39. "Psychological Capital: What Lies Beneath". *Rotman Magazine*, outono de 2008.
40. "Meeting of Minds", [http://www.danonecommunities.com/en/content/meeting-minds].
41. Radjou,N. e Kaipa, P. "Do Multinationals Really Understand Globalization?", [http://www.businessweek.com/globalbiz/content/aug2010/gb2010086_282527.htm], 6 de agosto de 2010.
42. "Developing Employees' Autonomy and Efficiency", [http://www.danone.com/en/axes-strategiques/developing-employees-autonomy-and-efficiency.html].
43. "Global Knowledge Management at Danone". Caso n. 9-608-107. Boston: Harvard Business School, 2008.; Shanine, K., Buchko, A. e Wheeler, A. R. "International Human Resource Management Practices from a Complex Adaptive Systems Perspective: An Exploratory Investigation". *International Journal of Business and Social Science*, abril de 2011, 2(6).
44. "Our Values", [http://www.danone.com/en/company/values.html].
45. "Back to School" Consumer Conference da Barclay – Transcrição, [http://finance.danone.com/phoenix.zhtml?c=95168&p=irol-presentations], 7 de setembro de 2011; "Sustainable Development", [http://finance.danone.com/phoenix.zhtml?c=95168&p=irol-presentations], 7 de setembro de 2011; "Sustainable Development", [http://www.danone.com/en/sustainable-development.html].
46. "2010 Growth First – Interview with Franck Riboud, CEO of Danone", [http://www.danone.com/en/company/strategy.html].
47. "The Dannon Company: Marketing and Corporate Social Responsibility", caso n. 9-410-121. Boston: Harvard Business School, 2010.
48. Maney,K. Hamm, S. e O'Brien, J. M. *Making the World Work Better – the Ideas That Shaped a Century and a Company*. Upper Saddle River: IBM Press, 2011.
49. Goldman, D. "HP Decides to Keep Its PC Business". *CNNMoney*, 27 de outubro de 2011.

Notas 223

50. Lohr, S. "Even a Giant Can Learn to Run", [http://www.nytimes.com/2012/01/01/business/how-samuel-palmisano-of-ibm-stayed-a-step-ahead-unboxed.html], 31 de dezembro de 2011.

51. "Samuel J. Palmisano. Computer History Museum", [http://www.ibm.com/ibm100/us/en/lectures/what_changes_and_what_endures.html], 4 de agosto de 2011.

52. Pierson, R. "New Pfizer CEO Slashes R&D to Save 2012 Forecast". *Reuters*, 2 de fevereiro de 2011; Krauskopf, L. "Pfizer R&D Chief Upbeat Despite Smaller Budget". *Reuters*, 31 de março de 2011.

53. Krauskopf, L. e Nagaraju, B. "Pfizer to Sell Biosimilar Insulins in Biocon Deal". *Reuters*, 18 de outubro de 2010.

54. "A Century of Innovation", [http://solutions.3m.com/wps/portal/3M/en_WW/History/ 3M/Company/century-innovation/].

55. Goetz, K. "How 3M Gave Everyone Days Off and Created an Innovation Dynamo", [http://www.fastcodesign.com/1663137/how-3m-gave-everyone-days-off-and-created-an-innovation-dynamo], 1º de fevereiro de 2011.

56. Hindo, B. "At 3M, a Struggle Between Efficiency and Creativity". *Bloomberg Businessweek*, 11 de junho de 2007.

57. Ibid.

58. Salter, C. "The Nine Passions of 3M's Mauro Porcini". *Fast Company*, outubro de 2011, p. 128.

59. Mauro Porcini, chefe de design estratégico global da 3M; entrevista pessoal com Simone Ahuja e Navi Radjou em 7 de outubro de 2011.

60. Ibid.

61. Ibid.

62. Marc Gunther, M. "3M's Innovation Revival", [http://Money.cnn.com/2010/09/23/news/companies/3m_innovation_revival.fortune/index.htm], 24 de setembro de 2010.

63. Jaruzelski B., Loehr, J. e Holman, R. "The Global Innovation 1000 Why Culture Is Key", [http://www.strategy-business.com/article/11404?pg=all], 25 de outubro de 2011.

Capítulo 3

1. Farber, D. "GE CEO Jeff Immelt: India, Globalization and the Economics of Scarcity". ZDNet, 6 de julho de 2007.

2. Gustavo Grobocopatel, CEO da Los Grobo; troca de e-mail com Navi Radjou em 26 de setembro de 2011.

3. "The World Factbook. Field Listing: Land Use", [https://www.cia.gov/library/publications/the-world-factbook/fields/2097.html]

4. "Los Grobo: Farming's Future?". Caso n. 9-511-088. Boston: Harvard Business School, 2010.

5. "Entrepreneurs Speak Out. A Call to Action for G20 Governments. Country Digest: Argentina". Relatório produzido pela Ernst & Young para o G20 Young Entrepreneur Summit, outubro de 2011.

224   *A inovação do improviso*

6. "Entrepreneurs Speak Out. A Call to Action for G20 Governments. Country Digest: Africa". Relatório produzido pela Ernst & Young para o G20 Young Entrepreneur Summit, outubro de 2011.
7. "India Lags China in R&D Spending: Sibal". *Financial Express*, 13 de março de 2008.
8. 2001 Talent Shortage Survey Results. ManpowerGroup, 2011.
9. Zeng, M. e Williamson, P. J. *Dragons at Your Door: How Chinese Cost Innovation Is Disrupting Global Competition.* Boston: Harvard Business School Press, 2007.
10. Mas, I. e Radcliffe, D. "Mobile Payments Go Viral: M-PESA in Kenya". *Capco Institute Journal of Financial Transformation*, 2011, p. 32.
11. Hughes, N. e Lonie, S. "M-PESA: Mobile Money for the 'Unbankd'". *Innovations.* Edição Especial para o GSMA Mobile World Congress 2009. MIT Press, 2009.
12. "Strategic Outsourcing at Bharti Airtel Limited". Caso n. 9-107-003. Harvard Business School. Boston: Harvard Business School, 2006.
13. Dholakia, R. R., Anwar, S. F. e Hasan, K. (orgs.), *Marketing Practices in Developing Economy: Cases from South Asia.* Nova Delhi: PHI Learning, 2010.
14. Prahalad, C. K. *A Riqueza na base da pirâmide.* Porto Alegre: Bookman, 2009.
15. FAQs, site da Hapinoy, [http://hapinoy.com/faqs.html].
16. Weinstein, J. "Awakening a 'Sleeping Giant', Microfranchise as a Distribution Platform", [http://www.nextbillion.net/blog/awakening-a-sleeping-giant]. 15 de fevereiro de 2011.
17. Bam Aquino, presidente da MicroVentures Inc.; entrevista pessoal com Navi Radjou em 16 de setembro de 2011.
18. Doggett, S. "Low Cost 'Revolo' Hybridization Kit Could Boost India's Presence in Gas-Electric Arena". Autoobserver.com, 13 de setembro de 2010.
19. Ravi Pandit, CEO da KPIT Cummins Infosystems; entrevista pessoal com Simone Ahuja e Navi Radjou em 5 de janeiro de 2010.
20. "Trailblazers, Shapers and Innovators – Model of Success from the Community of Global Growth Companies". Fórum Econômico Mundial, 2011.
21. John, S. e Sood, V. "Cleaner, Greener, Cheaper". *Mint*, 29 de julho de 2010.
22. Steen, M. "Portable Baby Warmer Goes from Classroom Project to Nascent Organization". *Stanford Business Magazine*, outono de 2011.
23. "Embrace – How It Works", [http://embraceglobal.org/main/product?section= howitworks].
24. Jane Chen, CEO da Embrace; entrevista pessoal com Navi Radjou em 2 de setembro de 2011.
25. Schrage, M. "Procurement's Best-Priced Deal May Stifle", [http://blogs.hbr.org/schrage/2011/12/killing-Innovation-in-the-proc.html], 1º de dezembro de 2011.
26. Berfield, S. "Hip Eyewear: Warby Parker's New Spectacles". *Bloomberg Businessweek*, 30 de junho de 2011.
27. John Maeda, presidente da Rhode Island School of Design, entrevista pessoal com Navi Radjou em 1º de novembro de 2011.

Notas

28. Bradner, L. "Five Ways CPG Marketers Are Fighting the Recession". Relatório da Forrester Research, 16 de julho de 2009.
29. *Redefining the Future of Growth: The New Sustainability Champions*. Genebra: Fórum Econômico Mundial, 2011.
30. Ramón Mendiola Sánchez, CEO da Florida Ice & Farm Co., entrevista pessoal com Navi Radjou em 19 de dezembro de 2011.
31. "Special Report – the Race to the Modern 5,000 Euro Car". [http://www.autobrief.com/autobrief/?lng=en-us&mode=art_one&aid=635&rid=0], 5 de junho de 2007.
32. Ghosh, R. "Ghosn Back to Praising 'Frugal Engg'". *DNA*, 30 de outubro de 2007; Sehgal, V., Dehoff, K. e Panneer, G. "The Importance of Frugal Engineering". *strategy+business*, verão de 2010.
33. Welch, D. "The Leaner Baby Boomer Economy". *Bloomberg Businessweek*, 23 de julho de 2009.
34. Binkley, C. "Beyond Bridal: Vera Wang's New Look". *Wall Street Journal*, 15 de dezembro de 2011.
35. Byron, E. "As Middle Class Shrinks, P&G Marketing Aims High and Low". *Wall Street Journal*, 12 de setembro de 2011.
36. McGregor, J. "GE: Reinventing Tech for the Emerging World". *Bloomberg Businessweek*, 17 de abril de 2008.
37. Huston, L. e Sakkab, N. "Connect and Develop: Inside Procter & Gamble's New Model for Innovation". *Harvard Business Review*, março de 2011.
38. Indra Nooyi, presidente e CEO da PepsiCo Inc.; entrevista pessoal com Navi Radjou em 21 de janeiro de 2010.
39. Jana, R. "India's Next Global Export: Innovation". *Bloomberg Businessweek*, 2 de dezembro de 2009.
40. Relatório Anual PepsiCo 2010, [http://pepsico.com/Download/PepsiCo_Annual_Report_2010_Full_Annual_Report.pdf].
41. Ibid.
42. York, E. B. "Dr. Mehmood Khan Taking on the PepsiCo Nutritional Challenge". *Chicago Tribune*, 20 de junho de 2011.
43. Tanmaya Vats, chefe do Global Value Innovation Center, PepsiCo Inc.; entrevista pessoal com Navi Radjou e Jaideep Prabhu, 3 de outubro de 2011.
44. "PepsiCo: Our Commitment to Sustainable Agriculture Practices", [http://pepsico.com/Download/PepsiCo_agri_0531_final.pdf].
45. Ibid.
46. Radjou, N. e Prabhu, J. "PepsiCo and GE Are Innovating in India". *Bloomberg Businessweek*, 9 de novembro de 2010.
47. "Frito-Lay Unveils 'Near Net Zero' Manufacturing Facility", [http://www.pepsico.com/PressRelease/Frito-Lay-Unveils-Near-Net-Zero-Manufacturing-Facility10052011.html], 5 de outubro de 2011.

Capítulo 4

1. Sinha, K. "India's Diabetes Burden to Cross 100 Million by 2030". *Times of India*, 14 de dezembro de 2011.
2. Dr. V. Mohan, presidente do Diabetes Specialities Centre Dr. Mohan; entrevista pessoal com Simone Ahuja em 15 de dezembro de 2008.
3. Dr. Harish Hande, fundador da SELCO, entrevista pessoal com Simone Ahuja em 23 de dezembro de 2008.
4. Abrar, P., "Solar Entrepreneur Harish Hande's Solar Electric Light Company Taps Rural Schools, Homes". *Economic Times*, 16 de dezembro de 2011.
5. Ravi Kant, vice-presidente não executivo da Tata Motors; entrevista pessoal com Jaideep Prabhu e Navi Radjou em 18 de junho de 2010.
6. A K Bhattacharya. "Singur to Sanand". *Business Standard*, 6 de agosto de 2011.
7. Baggonkar, S. "Tata Motors Goes on Nano Overdrive". *Business Standard*, 10 de novembro de 2011.
8. Zeng, M. e Williamson, P. J. *Dragons at Your Door: How Chinese Cost Innovation Is Disrupting Global Competition.* Boston: Harvard Business School Press, 2007.
9. Zhang, R. "Creating New Business Models", [http://www.daonong.com/g/2011EN/Columns/20110915/32691.html], 15 de setembro de 2011.
10. Ibid.
11. Colvin, G. "Zhang Ruimin: Management's Next Icon". *Fortune*, 25 de julho de 2011.
12. Madden, N. "Why It's OK to Wash Potatoes in a Washing Machine". *Ad Age*, 3 de fevereiro de 2010.
13. Backaler, J. "Haier: A Chinese Company That Innovates". *Forbes*, 17 de junho de 2010.
14. Professor Carol Dweck, da Stanford University; entrevista pessoal com Navi Radjou em 9 de setembro de 2011.
15. Dweck, C. *Mindset: The New Psychology of Success.* Nova York: Random House, 2006.
16. Dr. Prasad Kaipa, coach de CEO e especialista em liderança; entrevista pessoal com Navi Radjou em 3 de novembro de 2011; Kaipa, P. "The Flip Side of Signature Strength". *SiliconIndia*, abril de 2007.
17. Shashank Samant, presidente da GlobalLogic; entrevista pessoal com Navi Radjou em 17 de agosto de 2011.
18. Doreen Lorenzo, presidente da frog; entrevista pessoal com Navi Radjou em 24 de agosto de 2011.
19. Hammond, A., Kramer, W. J., Tran, J., Katz, R. e Walker, C. "The Next 4 Billion: Market Size and Business Strategy at the Base of the Pyramid." [http://www.wri.org/publication/the-next-4-billion], março de 2007.
20. Pfeiffer, P., Massen, S. e Bombka, U. "Serving the Low-Income Consumer: How to Tackle This Mostly Ignored Market", [http://www.atkearney.com/index.php/Publications/serving-the-low-income-consumer.html].

Notas

21. Prahalad, C. K. *A riqueza na base da pirâmide*. Porto Alegre: Bookman, 2009.
22. Christensen, C. *O dilema da inovação: quando as novas tecnologias levam as empresas ao fracasso*. São Paulo: M.Books, 2011.
23. Khaliq, A. A. e Thompson, D. M. "The Impact of Hospital CEO Turnover in U.S. Hospitals". Relatório Final preparado para o ACHE (American College of Healthcare Executives), fevereiro de 2006.
24. "Majority of American Workers Not Engaged in Their Jobs". http://www.gallup.com/poll/150383/majority-american-workers-not-engaged-jobs.aspx], 28 de outubro de 2011.
25. Hardy, Q. "Google's Innovation – and Everyone's?". *Forbes*, 16 de julho de 2011.
26. Harford, T. *Adapt: Why Success Always Starts with Failure*. Nova York: Farrar, Straus and Giroux, 2011.
27. Zhang, L. *R&D at Huawei*. Pequim: China Machine Press, 2009.
28. Hardy, Q. Google's Innovation – and Everyone's?. Pequim: China Machine Press, 2009.
29. Hemp, P. e Stewart, T. A. "Leading Change When Business Is Good". *Harvard Business Review*, dezembro de 2004.
30. Palmisano, S. "Our Values at Work on Being an IBMer". Site da IBM: [http://www.ibm.com/ibm/values/us/].
31. Lohr, S. "Can Apple Find More Hits Without Its Tastemaker?", [http://www.nytimes.com/2011/01/19/technology/companies/19innovate.html], 18 de janeiro de 2011.
32. Battelle, J. "The 70 Percent Solution". *Business 2.0*, 1 de dezembro de 2005.
33. Kirkpatrick, M. "Leader of Google Maps to Launch Multiple New Mobile Apps Inside Google". *New York Times*, 14 de janeiro de 2011.
34. Radjou,N., Prabhu, J., Kaipa, P. e S. Ahuja. "Indian Tales of Inclusive Business Models". *Harvard Business Review* Blog, 5 de janeiro de 2011.
35. Kal Patel, sócio da VantagePoint Capital Partners e ex-presidente da Best Buy Asia; entrevista pessoal com Navi Radjou e Simone Ahuja em 11 de agosto de 2011.
36. Hamm, S. "Big Blue's Global Lab". *Bloomberg Businessweek*, 27 de agosto de 2009.
37. Radjou, N., Prabhu, J., Kaipa, P. e S. Ahuja. "The New Arithmetic of Collaboration". *Harvard Business Review* Blog, 4 de novembro de 2010.
38. Levy, S. "Jeff Bezos Owns the Web in More Ways Than You Think". *Wired*, dezembro de 2011.
39. "How to Be a High-Impact Entrepreneur: Ten Rules for Defeating Risk and Launching a Successful Start-Up". Estudo conduzido pelo Center for High-Impact Entrepreneurship da Endeavor, 2011.
40. "Google to Pull Plug on Power Meter and Health Services" *Newsmax.com*, 24 de junho de 2011.

228 *A inovação do improviso*

41. "Best Buy Shuts China Stores to Focus on More Profitable Brand". *Bloomberg News*, 21 de fevereiro de 2011.
42. Fowler, G. "The Man Who Got Us to 'Like' Everything". *Wall Street Journal*, 13 de agosto de 2011.
43. Jana, R. "Facebook's Design Strategy: A Status Update". *design mind*, 2 de agosto de 2011.
44. "P&G Sets Two New Goals for Open Innovation Partnerships: Company Seeks to Triple the Impact of Connect + Develop". Comunicado de imprensa. Site da Procter & Gamble, 28 de outubro de 2010.
45. "Why U.S. Newspapers Suffer More Than Others". The State of the News Media 2011: An Annual Report on American Journalism. Pew Research Center's Project for Excellence in Journalism, 2011.
46. Strupp, J. "New York Times' R&D Team Seeks Next Big Thing". *Editor & Publisher*, 10 de dezembro de 2009.
47. Garber, M. "The New York Times' R&D Lab Has Built a Tool That Explores the Life Stories Take in the Social Space". Site da Nieman Journalism Lab, 22 de abril de 2010.
48. Fiore, J. "Welcome to beta620", [http://beta620.nytimes.com/2011/08/07/intro-beta620-post/], 7 de agosto de 2011.

Capítulo 5

1. "Neonatal Mortality and Newborn Care in India", [http://mchstar.org/pdf/neonatalMortalityAndNewbornCareInIndia.pdf].
2. "Innovative Local Technology Warms the Prospects for India's Vulnerable Infants". Site da Lemelson Foundation, [http://www.lemelson.org/programs-grants/developing-country-program/recognition-and-mentoring-programs-ramps/india/sathya-jeg].
3. Oshima, K. "Plastic Bottles Light Up Lives". *CNN World*, 30 de agosto de 2011.
4. McGeown, K. "How Water Bottles Create Cheap Lighting in Philippines". BBC, 18 de setembro de 2011.
5. "Nokia's Cheap Phone Tops Electronics Chart", [http://uk.reuters.com/article/2007/05/03/us-nokia-history-idUKL0262945620070503].
6. Keating, J. "The AK-47 of the Cell-Phone World". *Foreign Policy*, janeiro/fevereiro de 2011.
7. Lakshman, N. "One Laptop per Child Lands in India". *Bloomberg Businessweek*, 4 de agosto de 2008.
8. Raina, P. e Timmons, H. "Meet Aakash, India's US$35 'Laptop'". India Link. *New York Times*, 5 de outubro de 2011.
9. Ahmed, M. "Mobile Web Becomes a Reality". *The Financial Express*, 1 de dezembro de 2011.
10. Chima, C. "Hands On: India's US$35 Aakash Android Tablet Lands in America" (exclusivo). *MobileBeat*, 26 de outubro de 2011.

Notas

11. Ushahidi – Perguntas Mais Frequentes (FAQ), [http://www.ushahidi.com/about-us/faq].

12. Giridharadas, A. "Africa's Gift to Silicon Valley: How to Track a Crisis". *New York Times*, 13 de março de 2010.

13. "Why Do Inclusive Design?", [http://www.inclusivedesigntoolkit.com/betterdesign2/why/why.html].

14. Capps, R. "The Good Enough Revolution: When Cheap and Simple Is Just Fine". *Wired Magazine*, 24 de agosto de 2009.

15. Glock, A. "Back to Basics: Living with 'Voluntary Simplicity'". *O, the Oprah Magazine*, janeiro de 2009.

16. Markowitz, E. M. e Bowerman, T. "How Much Is Enough? Examining the Public's Beliefs About Consumption". *Analyses of Social Issues and Public Policy*. Doi:10.1111/j.1530-2415.2011.01230.x, [http://onlinelibrary.wiley.com/doi/10.1111/j.1530-2415.2011.01230.x/abstract], 2011.

17. "Corporate R&D Spending Rebounds in 2010, Finds Booz & Company Global Innovation 1000 Study", [http://www.booz.com/global/home/press/article/49852237], 24 de outubro de 2011.

18. Maeda, J. *As leis da simplicidade: vida, negócios, tecnologia, design*. Ribeirão Preto: Novo Conceito, 2010.

19. Radjou, N. "R&D 2.0: Fewer Engineers, More Anthropologists", [http://blogs.hbr.org/radjou/2009/06/rd-20-fewer-engineers-more-ant.html], 10 de junho de 2009.

20. Radjou, N. *Transforming R&D Culture*. Relatório da Forrester Research, 20 de março de 2006.

21. "The Simplicity Imperative", [http://www.newscenter.philips.com/main/standard/about/news/speechespublications/archive/2004/article-3188.wpd], 9 de janeiro de 2004.

22. Ang, J. "Philips: Sense and Simplicity", [http://designtaxi.com/article/100322/Philips-Sense-Simplicity/].

23. Tischler, L. "The Beauty of Simplicity". *Fast Company*, 19 de dezembro de 2007.

24. "Delivering 'Sense and Simplicity'". Site corporativo da Philips, [http://www.philips.com/about/company/brand/brandpromise/index.page].

25. "Simplicity Advisory Board". Site corporativo da Philips, [http://www.philips.com.my/philips5philipsmy/about/brand/simplicityadvisoryboard/index.page].

26. Tischler, L. "The Beauty of Simplicity". *Fast Company*, 19 de dezembro de 2007.

27. "The Highest Number Ever of Annual iF Product Design Awards for Philips", [http://www.newscenter.philips.com/main/design/news/press/2011/if2011.wpd], 8 de fevereiro de 2011.

28. "The Seed of Apple's Innovation". *Bloomberg Businessweek*, 12 de outubro de 2004.

230   *A inovação do improviso*

29. "Siemens 2011", [http://www.siemens.com/press/pool/de/homepage/the_company_2011.pdf], outubro de 2011.
30. "Siemens to Expand Market Share in Emerging Markets". Comunicado corporativo Siemens à imprensa, 28 de junho de 2011.
31. "Innovations for the Entry Level", [http://www.kpmg.de/WhatWeDo/26472.htm].
32. Lamont, J. "The Age of 'Indovation' Dawns". *Financial Times*, 15 de junho de 2010.
33. "New Approaches for China", [http://www.siemens.com/corporatetechnology/en/research-areas/smart-and-cost-innovation.htm].
34. "Innovations for the Entry Level". Entrevista de Jeremy Gray com Armin Bruck para KPMG, outubro de 2011.
35. Dr. Mukul Saxena, vice-presidente sênior e chefe da Siemens Corporate Research and Technologies, Siemens India; entrevista pessoal com Jaideep Prabhu e Navi Radjou em 26 de março de 2010.
36. "Innovations for the Entry Level". Entrevista de Jeremy Gray com Armin Bruck para KPMG, outubro de 2011.
37. Ibid.
38. "Siemens to Expand Market Share". Site da Siemens, 28 de junho de 2011.
39. "Less Is More". The World in 2012. *The Economist*, p. 132; Loescher, P. "Strategies to Save the Only Planet We Have", [http://blogs.reuters.com/great-debate/2011/11/03/strategies-to-save-the-only-planet-we-have/], 3 de novembro de 2011.
40. "Principles of Universal Design", [http://www.ncsu.edu/ncsu/design/cud/about_ud/udprinciples.htm].
41. "Universal Design". Site corporativo da OXO, [http://www.oxo.com/Universal-Design.aspx].
42. "OXO Gives Universal Design a Shot in the Arm", [http://www.core77.com/blog/object_culture/oxo_gives_universal_design_a_shot_in_the_arm_13772.asp], 16 de junho de 2009.
43. Gertner, J. "How Do You Solve a Problem Like GM, Mary?". *Fast Company*, 2011.
44. Ibid.
45. "Better by Design". *The Economist* Technology Quarterly, 15 de setembro de 2005.
46. "Simplicity and Enterprise Search". Documento da Google.
47. Tischler, L. "The Beauty of Simplicity", [http://www.fastcompany.com/magazine/100/beauty-of-simplicity.html], 19 de dezembro de 2007.
48. "100 Greatest Movies, TVShows, and More", [http://www.ew.com/ew/article/0,,20312226_20324138,00.html].
49. Kate Aronowitz, diretora de design do Facebook, troca de e-mail com Navi Radjou em 13 de dezembro de 2011.

Notas
231

50. Jana, R. "Facebook's Design Strategy: A Status Update". *design mind*, 2 de agosto de 2011.
51. Ibid.

Capítulo 6

1. Dr. Rana Kapoor, CEO do YES BANK; entrevista pessoal com Simone Ahuja e Navi Radjou em 7 de janeiro de 2010.
2. Anand, M. e Bhuva, R. "Banking on Innovation". *Outlook Business*, 19 de setembro de 2009.
3. Ibid.
4. Gates, B. "Making Capitalism More Creative". *Time*, 31 de julho de 2008.
5. Abhi Naha, CEO da Zone V; entrevista pessoal com Navi Radjou em 23 de junho de 2011.
6. "Visual impairment and blindness", [http://www.who.int/mediacentre/factsheets/fs282/en/], outubro de 2001.
7. Bijapurkar, R. *Winning in the Indian Market: Understanding the Transformation of Consumer India.* Singapura: John Wiley & Sons (Asia), 2008.
8. Rama Bijapurkar, consultor de marketing; entrevista pessoal com Navi Radjou e Jaideep Prabhu em 18 de novembro de 2010.
9. Rubinstein, D. "Playing Grown-Up at KidZania". *Bloomberg Businessweek*, 19 de maio de 2011.
10. Reunimos os detalhes iniciais sobre Heloísa Helena Assis (conhecida como Zica) e sua empresa, Beleza Natural, por meio da Endeavor, organização sem fins lucrativos que fornece orientação e aconselhamento sobre estratégia para empreendedores jugaad de alto impacto em todo o mundo, como Zica.
11. Smith, G. "Brazil's Coming Rebound". *Bloomberg Businessweek*, 6 de agosto de 2009.
12. "Our Entrepreneurs. Heloísa Helena Assis". Site da Endeavor, [http://www.endeavor.org/entrepreneurs/helo%C3%ADsa-helenaassis/96].
13. Os detalhes sobre o YES MONEY foram fornecidos por Ajay Desai, diretor de inclusão financeira, YES BANK.
14. "GE Healthcare and Government of Gujarat Sign MOU for First of Its Kind Public and Private Partnership Model for Healthcare in the Country". Comunicado à imprensa. GE Healthcare, 2 de agosto de 2008.
15. Prakash, S. e Velu, C. "Reuters Market Light: Business Model Innovation for Growth", [http://www.india.jbs.cam.ac.uk/opinion/pieces/downloads/2010/prakash_reuters.pdf], fevereiro de 2010.
16. Dr. Liu Jiren (ver Capítulo 1, nota 51).
17. Ibid.
18. "Neusoft Unveils Health Cloud Strategy", [http://www.sinocast.com/readbeatarticle.do?id=68980], 22 de dezembro de 2011.
19. "Emerging Focus: Ageing Population in Emerging Market Economies". *Euromonitor*, 5 de maio de 2010.

232   *A inovação do improviso*

20. Hewitt, P. S. "Depopulation and Ageing in Europe and Japan: The Hazardous Transition to a Labor Shortage Economy". [http://library.fes.de/pdf-files/ipg/ipg-2002-1/arthewitt.pdf], janeiro de 2002.

21. "The 'Grey Pound' Set to Hit £100bn Mark". Comunicado à imprensa. Age UK, 7 de abril de 2010.

22. "50+Fact and Fiction". ImmersionActive, [http://www.immersionactive.com/resources/50-plus-facts-and-fiction/].

23. Ian Hosking, pesquisador associado no Engineering Design Centre, do departamento de Engenharia da University of Cambridge, entrevista pessoal com Jaideep Prabhu e Navi Radjou em 8 de setembro de 2011.

24. Abelson, J. "Suds with Splash", [http://articles.boston.com/2011-06-12/bostonworks/ 29650542_1_hispanic-population-p-g-hispanic-consumers], 12 de junho de 2011.

25. Roberts, S. "In a Generation, Minorities May Be the U.S. Majority". *New York Times*, 13 de agosto de 2008.

26. Michaels, A. "A Fifth of European Union Will Be Muslim by 2050". *The Telegraph*, 8 de agosto de 2009.

27. Censky, A. "Poverty Rate Rises in America". *CNN Money*, 13 de setembro de 2011.

28. Eichler, A. "Middle-Class Americans Often Fall Down Economic Ladder: Study". *Huffington Post*, 7 de setembro de 2011.

29. Censky, A. "Poverty Rate Rises in America". *CNN Money*, 13 de setembro de 2011.

30. Peck, D. "Can the Middle Class Be Saved?". *Atlantic*, setembro de 2011.

31. Reich, R. "The Limping Middle Class". *New York Times*, 3 de setembro de 2011.

32. Anderson, C. *A cauda longa: do mercado de massa para o mercado de nicho*. Rio de Janeiro: Campus/Elsevier, 2006.

33. "National Survey of Unbanked and Underbanked Households". Federal Deposit Insurance Corporation, dezembro de 2009.

34. Rob Levy, gerente de pesquisa e inovação do CFSI (Center for Financial Services Innovation), entrevista pessoal com Navi Radjou, Jaideep Prabhu e Simone Ahuja em 9 de setembro de 2011.

35. Ibid.

36. Ibid.

37. Levy, A. "PayNearMe Targets 'Underbanked' Americans". *Bloomberg Businessweek*, 10 de maio de 2011.

38. Andreessen, M. "Why Software Is Eating the World". *Wall Street Journal*, 20 de agosto de 2011.

39. Ramón Mendiola Sánchez, CEO da Florida Ice & Farm Co., entrevista pessoal com Navi Radjou em 19 de dezembro de 2011.

40. Moffett, S. "Renault's Basic Car Detours". *Wall Street Journal*, 2 de fevereiro de 2011.

Notas 233

41. Ghosh, R. "Ghosn Back to Praising 'Frugal Engg'". *DNA*. 30 de outubro de 2007; Sehgal, V., Dehoff, K. e Panneer, G. "The Importance of Frugal Engineering". *strategy+business*, verão de 2010.

42. Kirkpatrick, D. "The Socialist State of ThoughtWorks". *CNNMoney*, 17 de março de 2008.

43. Roy Neville Singham, fundador e presidente da ThoughtWorks, entrevista pessoal com Navi Radjou em 26 de outubro de 2011.

44. Lallos, L. "YourEncore Keeps Retirees in the Game". *Bloomberg Businessweek*, 15 de abril de 2010.

45. Ho, A. H. "The Telehealth Promise: Better Healthcare and Cost Savings for the 21st Century". Relatório preparado para o AT&T Center for Telehealth Research and Policy da University of Texas Medical Branch, maio de 2008.

46. Sandhu, J. S. "Opportunities in Mobile Health". *Stanford Social Innovation Review*, outono de 2011.

47. Rettner, R. "U.S. Newborn Death Rate Tied with Qatar". Msnbc.com, 30 de agosto de 2011.

48. Miller, N. S. "National Texting Program for New Moms Continues Growth". *Pediatric News Digital Network*, 9 de dezembro de 2011.

49. "As Middle Class Shrinks, P&G Marketing Aims High and Low". *Wall Street Journal*, 12 de setembro de 2011.

50. Ibid.

51. Ibid.

Capítulo 7

1. Kishore Biyani, CEO do Future Group; entrevista pessoal com Simone Ahuja em 30 de outubro de 2008.

2. Smith, A., *A teoria dos sentimentos morais*. São Paulo: Martins Fontes, 1999.

3. Venkat Rangan, um dos fundadores e CEO da INXS Technologies; entrevista pessoal com Navi Radjou em 28 de dezembro de 2010.

4. "Diane Geng and Sara Lam", [http://www.echoinggreen.org/fellows/diane-geng-and-sara-lam], 2007.

5. Ibid.

6. Alter, A. L., Oppenheimer, D. M., Epley, N. e Eyre, R. N. "Overcoming Intuition: Metacognitive Difficulty Activates Analytic Reasoning". *Journal of Experimental Psychology: General*, novembro de 2007, 136(4), 569–576.

7. Jan Chipchase, diretor executivo de criação de ideias globais da frog, e Ravi Chhatpar, diretor de estratégia da frog; entrevista pessoal com Navi Radjou em 26 de agosto de 2011.

8. Roberts, K. *Lovemarks: o futuro além das marcas*. São Paulo: M.Books, 2004.

9. Roberts, K. "Magic Time", [http://www.saatchikevin.com/Magic_Time/], 14 de junho de 2011.

234   *A inovação do improviso*

10. Comentários feitos por Anil Jain, diretor administrativo da Jain Irrigation Systems Ltd., no Annual Meeting of the New Champions 2011 do Fórum Econômico Mundial em Dalian. China, 15 de setembro de 2011.
11. Bam Aquino, entrevista (ver Capítulo 3, nota 17).
12. Dr. Prasad Kaipa, coach de CEO e pesquisador sênior da Indian School of Business; entrevista pessoal com Navi Radjou em 3 de novembro de 2011.
13. Dr. Devi Shetty, fundador da Narayana Hrudayalaya; entrevista pessoal com Simone Ahuja e Navi Radjou em 14 de dezembro de 2009.
14. Radjou, N. "Future Group's Mythological Marketing". *Harvard Business Review* Blog Network, 15 de setembro de 2009.
15. Pink, D. *O cérebro do futuro: a revolução do lado direito do cérebro*. Rio de Janeiro: Campus/Elsevier, 2007.
16. Welch, J. e Byrne, J. *Jack definitivo: segredos do executivo do século*. Rio de Janeiro: Campus/Elsevier, 2001.
17. Gladwell, M. *Blink: a decisão num piscar de olhos*. Rio de Janeiro: Rocco, 2005.
18. "Millennials: The Challenger Generation". *Prosumer Report*. EURORSG, 2011, 11.
19. Kim, P. "Consumers Love to Hate Advertising". Relatório da Forrester Research, 26 de novembro de 2006.
20. Li, C. e Bernoff, J. *Fenômenos sociais nos negócios: groundswell*. Rio de Janeiro: Campus/Elsevier, 2012.???
21. "Smart CRM for CPG Manufacturers". Relatório da Forrester Research, 29 de maio de 2002.
22. Radjou, N. "Transforming R&D Culture". Relatório da Forrester Research, 20 de março de 2006.
23. Comentários feitos por Tim Brown, CEO da IDEO, na conferência 2011 State of Design, abril de 2011.
24. Liu, Y. e Cui, T. H. "The Length of Product Line in Distribution Channels". *Marketing Science*, maio-junho de 2010, 29(3), 474–482.
25. Roberts, K. "Why Lovemarks Are More Valid Than Ever, or Welcome to the Age of Now". *Ad Age*, 14 de fevereiro de 2011.
26. Ludwig, A. "John Hagel on Empowerment, Management Fears, and Social Software in Business". *Forbes*, 7 de setembro de 2011.
27. "HR Development of the Future", [https://www.allianz.com/en/press/news/company_news/human_resources/news_2011-03-29.html], 29 de março de 2011.
28. Hippel, E. v., Ogawa, S. e de Jong, J.P.J. "The Age of the Consumer-Innovator". *MIT Sloan Management Review*, outono de 2011.
29. Brooks, D. *The Social Animal: The Hidden Sources of Love, Character, and Achievement*. Nova York: Random House, 2011.
30. Roberts. "Magic Time".
31. Robert Fabricant, diretor de criação da frog, entrevista pessoal com Navi Radjou em 22 de setembro de 2011.

Notas 235

32. "Connected Experiences – Denise Burton, frog Fellow, Austin", [http://www.frogdesign.com/about/centers-of-passion.html].
33. Tindell, K. e Bryant, A. "Three Good Hires? He'll Pay More for One Who's Great". *New York Times*, 13 de março de 2010.
34. "Corporate R&D Spending Rebounds in 2010, Finds Booz & Company Global Innovation 1000 Study", [http://www.booz.com/global/home/press/article/49852237], 24 de outubro de 2011.
35. "I Learned Intuition in India: Steve Jobs", [http://www.indianexpress.com/news/i-learned-intuition-in-india-steve-jobs/864708/], 24 de outubro de 2011.
36. Kuang, C. "What Can Steve Jobs Still Teach Us?". *Fast Company*, 2011.
37. Entrevista de Steve Jobs com a *Inc.* para seu "The Entrepreneur of the Decade Award", [http://www.inc.com/magazine/19890401/5602.html], 1º de abril de 1989.
38. Walters, H. "Apple's Design Process". *Bloomberg Businessweek*, 8 de março de 2008.
39. "'You've Got to Find What You Love,' Jobs Says", [http://news.stanford.edu/news/2005/june15/jobs-061505.html], 14 de junho de 2005.

Capítulo 8

1. Tim Leberecht, diretor de marketing da frog; entrevista pessoal com Navi Radjou em 5 de agosto de 2011.
2. Radjou, N. e Prabhu, J. "PepsiCo and GE Are Innovating in India". *Bloomberg Businessweek*, 9 de novembro de 2010.
3. "NHL (Nuclear Healthcare Ltd) and GE Healthcare Join Hands in the Fight Against Cancer", [http://www.nueclear.com/NHL_GE.html], 10 de dezembro de 2011.
4. Bresenham, T. "Putting Innovation to Work for a Healthier India". *Economic Times*, 3 de fevereiro de 2012.
5. McGregor, J. "GE: Reinventing Tech for the Emerging World". *Bloomberg Businessweek*, 17 de abril de 2008.
6. Jana, R. "Innovation Trickles in a New Direction", [http://www.businessweek.com/magazine/content/09_12/b4124038287365.htm], 11 de março de 2009.
7. Chandran, R. "In India, for India: Medical Device Makers Plug In", [http://www.reuters.com/article/2010/07/05/us-india-Healthcare-feature-idUS-TRE6640F120100705], 4 de julho de 2010.
8. Joydeep Nag, CFO da GE Healthcare South Asia; entrevista pessoal com Navi Radjou e Jaideep Prabhu em 26 de dezembro de 2011.
9. Ibid.
10. Radjou, N. e Kaipa, P. "Do Multinationals Really Understand Globalization?". *Bloomberg Businessweek*, 6 de agosto de 2010.
11. "Scripps Study First to Validate Usefulness of Pocket Ultrasound Device; Could Significantly Reduce Cost and Inconvenience of Traditional Echocardiograms". *PR Newswire*, 4 de julho de 2011.

236   *A inovação do improviso*

12. "Healthymagination – 2010 Progress Report". Site da GE, [http://www.healthy-magination.com/progress/].
13. Comstock, B. "A New Blueprint for Innovation" [http://www.thedailybeast.com/articles/2011/01/27/ges-beth-comstock-a-new-blueprint-for-innovation.html], 27 de janeiro de 2011.
14. Siegler, M. G. "Schmidt Talks Wave's Death: 'We Celebrate Our Failures'". *TechCrunch*, 4 de agosto de 2010.
15. Madhavan, N. "Made in India, for the World", [http://businesstoday.intoday.in/story/made-in-india,-for-the-world.html/1/5601.html], 30 de maio de 2010.
16. Jean-Philippe Salar, chefe do Design Studio da Renault em Mumbai, Índia; entrevista pessoal com Navi Radjou em 24 de janeiro de 2011.
17. Dr. Liu Jiren (ver Capítulo 1, nota 51).
18. "3M's Open Innovation", [www.strategy-usiness.com/article/00078?gko=121c3], 30 de maio de 2011.
19. Brown, M. "OpenIDEO Helps Solve Society's Problems Together", [http://www.wired.co.uk/news/archive/2010-08/04/openideo-brainstorming], 4 de agosto de 2010.
20. Heath, C. e Heath, D. *Ideias que colam: por que algumas ideias pegam e outras não.* Rio de Janeiro: Campus/Elsevier, 2007.

Capítulo 9

1. Dickey, C. "Citizens, It's Down to You". *Newsweek*, 11 de setembro de 2011.
2. Dra. Vivian Fonseca, professora de medicina da Tulane University, entrevista pessoal com os autores em 25 de agosto de 2011.
3. "About MyBnk", [http://www.mybnk.org/about-mybnk].
4. Anand, A. "Startup Generation Ready to Fix the Economy". MSNBC.com, 8 de agosto de 2011.
5. Anderson, C. "Q&A: Open Source Electronics Pioneer Limor Fried on the DIY Revolution". *Wired*, abril de 2011.
6. "Ada Byron, Countess of Lovelace", [http://www.sdsc.edu/Science-Women/lovelace.html].
7. Tanz, J. "Kinect Hackers Are Changing the Future of Robotics". *Wired*, julho de 2011.
8. "2011: Most Influential Women in Technology. Limor Fried". *Fast Company*, 2011.
9. Thompson, C. "How Khan Academy Is Changing the Rules of Education". *Wired*, agosto de 2011.
10. Ryan, T. "Fostering a Love for Learning Through Game Mechanics [Future of Gaming]", [http://www.psfk.com/2011/12/fostering-a-love-for-learning-through-game-mechanics.html], 8 de dezembro de 2011.
11. Levey, N. "Pressing for Better Quality Across Healthcare". *Los Angeles Times*, 4 de outubro de 2011.

Notas 237

12. "BillFloat CEO Testifies 'Too Scared to Lend' a Growing Problem in Consumer Lending". *PR Newswire*, 22 de setembro de 2011.

13. "Will Plastyc Encourage the Broke to Save More?", [http://www.prweb.com/releases/prwebNew_Generation/HIgh-Reward_Savings/prweb8802732.htm], 16 de setembro de 2011.

14. "Piggymojo, 'Impulse Saving'", [http://cfsinnovation.com/financial-capability/Piggymojo].

15. Jason Rohrer, desenvolvedor independente de jogos; entrevista pessoal com Simone Ahuja, Navi Radjou e Jaideep Prabhu em 16 de agosto de 2011.

16. Thompson, M. "Playing God" [http://www.hemispheresmagazine.com/2011/07/01/playing-god/], 1 de julho de 2011.

17. Berman, J. "Can D.I.Y. Supplant the First-Person Shooter?". *New York Times*, 13 de novembro de 2009.

18. "Remarks by the President on Community Solutions Agenda". [http://www.whitehouse.gov/the-press-office/remarks-president-community-solutions-agenda-6-30-09], 30 de junho de 2009.

19. "Social Innovation Fund", [http://www.nationalservice.gov/about/programs/innovation.asp].

20. Sonal Shah, ex-diretor do White House Office of Social Innovation and Civic Participation; entrevista pessoal com Navi Radjou e Simone Ahuja em 12 de setembro de 2011.

21. Huang, G. T. "Desh Deshpande on Starting Merrimack Valley Innovation Center – and Making a Global Impact from Massachusetts to India". *Xconomy*, 6 de janeiro de 2011.

22. Radjou, N., Prabhu, J., Kaipa, P. e Ahuja, S. "The UK Could Rise to the Scarcity Challenge. Can Europe?". *Harvard Business Review* Blog, 21 de julho de 2010.

23. "Tax Rise as UK Debt Hits Record", [http://news.bbc.co.uk/2/hi/8011321.stm], 22 de abril de 2009.

24. "La Mise en Place de L'auto-Entrepreneur: Bilan au 31 Août 2011". Comunicado à imprensa da ACOSS, 21 de setembro de 2011.

25. Neuwirth, R. "The Shadow Superpower". *Foreign Policy*, 28 de outubro de 2011.

26. Polak, P. *Out of Poverty*. San Francisco: Berrett-Koehler, 2008.

27. Professor James Patell da Stanford University; entrevista pessoal com Navi Radjou em 20 de maio de 2011.

28. Colvin, B., Gandhi, M., Parker, J. e Zhang, W. "Water Telemetry – Team Soochak", [http://www.scu.edu/socialbenefit/programs/frugalinnovation/upload/team_soochak.pdf].

29. Radha Basu, diretora dos Laboratórios de Inovação Frugal na Santa Clara University; entrevista pessoal com Jaideep Prabhu, Simone Ahuja e Navi Radjou em 2 de setembro de 2011.

238 *A inovação do improviso*

30. Ian Hosking, pesquisador sênior associado do Centro de Design de Engenharia, do Departamento de Engenharia da University of Cambridge; entrevista pessoal com Jaideep Prabhu e Navi Radjou em 8 de setembro de 2011.
31. Ibid.
32. Yuri Malina, fundador do Design for America; entrevista pessoal com Navi Radjou em 4 de outubro de 2011.
33. Ibid.
34. "Monitoring Hospital-Acquired Infections to Promote Patient Safety – United States, 1990-1999", [http://www.cdc.gov/mmwr/preview/mmwrhtml/mm4908a1.htm].
35. "Our Mission", [http://www.endeavor.org/model/ourmission].
36. Dr. Rajiv Doshi, diretor executivo do Programa Stanford-India Biodesign da Stanford University; entrevista pessoal com Navi Radjou em 6 de setembro de 2011.
37. Alec Ross, assessor sênior de inovação da Secretária de Estado dos Estados Unidos, Hillary Clinton; entrevista pessoal com Jaideep Prabhu e Navi Radjou em 8 de setembro de 2011.
38. "CFSI Convenes Innovators for the First Bay Area Financial Capability Development Lab", [http://cfsinnovation.com/news/article/440974], 26 de setembro de 2011.
39. Kirkpatrick, D. "Social Power and the Coming Corporate Revolution". *Forbes*, 26 de setembro de 2011, p. 72.
40. Ibid.
41. Melin, E. "Scott Monty in Kansas City: Ford's Approach to Social Media", [http://www.spiral16.com/blog/2011/09/scott-monty-in-kansas-city-fords-approach-to-social-media/], 2 de setembro de 2011.
42. Lawrence, J. "The New Shape of Innovation", [http://http://www.i-cio.com/features/july-2010/polycentric-innovation], 19 de julho de 2010.
43. Radjou, N., Prabhu, J., Kaipa, P. e Ahuja, S. "How Xerox Innovates with Emerging Markets' Brainpower", [http://blogs..hbr.org/cs/2010/08/how_xerox_innovates_with.html], 25 de agosto de 2010.

Índice

A

Aakash (tablet de baixo custo), 107-108

Accenture, 15

Adafruit.com, 194

Adapt (Harford), 92

Adversidade: aprendendo a capitalizar a, 39–47; como a General Electric inova com sucesso na, 177– 178; como a resiliência é alimentada pela, 29–31; como o espírito jugaad da 3M superou a recessão, 48–52; como Tulsi Tanti teve êxito a partir da, 27–29; pesquisa sobre como as pessoas reagem às crises e, 30; principais fontes de adversidade enfrentadas pelas empresas ocidentais, 35–39; transformando o copo meio vazio para meio cheio, 31–35.

Ver também Capitalizando a adversidade; Buscar oportunidade na adversidade, princípio

Ahuja, Simone, 16

Akerson, Dan, 118

All India Institute of Medical Sciences (Nova Delhi), 211

Allianz Global Investors (Alemanha), 163–164

Aloft (Starwood Group), 71

Alta administração: assegurando o envolvimento para conduzir mudanças, 146; como eles podem conduzir a adoção da jugaad, 184–189; mentalidade de crescimento de líderes inovadores, 45–46; *Ver também* Jugaad, princípios

Amazon, 38, 91, 96, 142

Amazon, Kindle Fire, 108

Ancona, Xavier López, 131

Andreessen-Horowitz, 142

Andreessen, Marc, 142

Anthem, 180

Apple iPad, 15, 23, 60, 94, 108, 114, 168

Apple iPod, 16, 114, 168, 179, 209

Apple: abordagem de agradar ao cliente da, 50; abordagem do "design centrado no usuário" utilizado na,

114; concorrência de baixo custo contra a, 66; custo do iPad, 108; inovação radical praticada pela, 164; iPad criado sem pesquisas de mercado pela, 94; princípio do siga o coração conforme aplicado pela, 168–170; *Ver também* Jobs, Steve

Aquecedores infantis portáteis, 62–64

Aquino, Bam, 59, 60, 157, 157, 159

Aquino, Corazon, 59

Aronowitz, Kate, 122

As leis da simplicidade (Maeda), 111

AshokaHub da Ashoka, 210

Assis, Heloísa Helena (Zica), 131–132

"Ativos básicos", modelo de negócio, 54, 58

Austeridade, fatores: clientes cada vez mais frugais, 65; concorrência de concorrentes com baixo custo, 65–66; concorrência de startups ocidentais mais ágeis, 66; diminuição de recursos naturais, 65; regulamentos governamentais, 65;

Autoempreendedor, programa (França), 204

B

Babbage, Charles, 193

Baby boomers: gerações X e Z se juntando no mercado de trabalho aos, 14; preferência pela simplicidade pelos, 110

Banco Mundial, Corporação Financeira Internacional, 34

Barra, Mary, 118–119

Base da pirâmide, consumidores da, 59, 60, 90, 143–144

Base de consumidores diversificados: cada vez mais, 128; de marginalizados para maioria, 135–139; empresas ocidentais

não concebidas para atender às necessidades da, 139–140. *Ver também* Consumidores marginalizados

Basu, Radha, 207

Bay Area Financial Capability Innovators Development, Laboratório, 213

Beach, David, 206

Beacon Community, programa, 180

Beijing Aerospace, 57

Beleza Natural (Brasil), 132

Benioff, Marc, 41–43

Bernoff, Josh, 160

Bernstein, Leonard, 176

Berwick, Donald, 196–197

Best Buy, 96, 97–98, 188

Better Under Pressure (Menkes), 39

Bharti Airtel (Índia), 20, 58, 76

Bhatt, O. P., 31, 32, 33

Big Bazaar, 22–23, 154, 158

Bijapurkar, Rama, 131

BillFloat, 197

Biodesign, programa (Stanford-Índia), 211, 215

Biyani, Kishore, 22–23, 151–152, 154, 158

Blink (Gladwell), 159

Bloomberg Businessweek, 74–75

Bloomberg, Michael, 211

Blue Cross e Blue Shield, 145–146

Boeing, 10, 145

Bombas de infusão (hospitais de Bangladesh), 206

Booz & Company, 8, 52, 168

Borders.com, 38

Brabeck-Letmathe, Peter, 37

Brasil: Beleza Natural, salões de beleza no, 132; como a escassez é a mãe da invenção no, 54–56; estrutura policêntrica fortalecendo mercados no, 44; fabricantes de medicamentos genéricos do, 65; grande número de consumidores no, 56; *Ver também* nações BRICs (Brasil, Rússia, Índia, China)

Bresenham, Terri, 178

Bross, Matt, 161

Brown, Tim, 161

Bruck, Armin, 115, 116

Buckley, George, 10, 49, 52

Burton, Denise, 167

Buscar oportunidades na adversidade, 19–20, 177–178. *Ver também* Adversidade

BusinessWeek, 114, 123

C

Cameron, David, 203

"Campos de Treinamento para Desenvolvimento de Empatia", 163– 164

Capital "não patrimonial", 175

"Capitalismo criativo", 129

Capitalizando a adversidade: aproveite o poder das redes para enfrentar as grandes ameaças de mercado, 46–47; como a 3M abordou com sucesso, 48–52; construa capital psicológico para aumentar a resiliência, 43–45; enfrente os grandes desafios com uma mentalidade de crescimento, 45–46; perceba que condições extremas representam solo fértil para inovações, 41–43; reconheça que o copo está sempre meio cheio, 39–41; *Ver também* Adversidade

CARD MRI (Filipinas), 59

Carmichael, Philip, 87

Cascade, ferramenta (New York Times Company), 99

"Cauda gorda" (predominante), consumidores, 139, 140

Celsol (México), 33–34

100 Líderes Globais de Amanhã, 35

Center for Financial Services Innovation (CFSI), 140, 141, 146, 184, 213

Center for Information Technology Leadership, 146

Centers of Passion (frog), 23

Centre for India & Global Business, 17

Centro de Controle e Prevenção de Doenças, 209

Centros de Serviços Medicare e Medicaid, 196

CEO. *Ver* Alta administração

Ceres, 37

Charles Schwab Bank, 213

Chen, Jane, 62, 64, 78, 206, 206

Chengalpattu Government Medical College (Índia), 103–104

Chhatpar, Ravi, 155–156

China: como a escassez é mãe da invenção na, 54–56; economia em rápido crescimento da, 17; estrutura policêntrica fortalecendo subsidiárias das multinacionais na, 44; grande número de consumidores na, 56; pessoas com diabete na, 79; setor consumidor em rápido envelhecimento na, 135; *Ver também* Nações BRICs (Brasil, Rússia, Índia, China)

Chipchase, Jan, 155–156

Christensen, Clayton, 91

Chrysler, 9

Church & Dwight, 150

Cisco, 80, 145–146

Clientes: ajudando-os a obter mais valor por um custo menor, 60–64; atendendo o setor marginalizado dos, 21–22, 125–150; buscando relacionamentos autênticos, 160; cada vez mais frugais, 65; como a

242 *A inovação do improviso*

P&D está desconectada do mundo real, 161; envolvendo em uma conversa de coração para coração, 165–166; executivos de marketing emocionalmente desconectados dos, 162; inovação nos serviços para atender melhor, 108–109; pedindo simplicidade, 109; projetar produtos simples em torno das necessidades dos, 114; risco de deixar a agenda de inovação ser ditada por clientes inflexíveis, 94; *Ver também* Consumidores

Clínica Mayo, 75

Clinton, Hillary, 212

Code for America, 213

Compaixão voltada para si próprio, 169

Complacência, 88–90

Complexidade: movimento da simplicidade como reação contra a, 110; principais componentes, 12–16

Complexidade, fatores: diversidade da força de trabalho, 13–14; escassez de recursos, 12–13; globalização vertiginosa, 15–16; interconectividade, 14; velocidade de mudança, 14–15;

Comstock, Beth, 181

Concorrência: empresas de baixo custo dos mercados emergentes aumentando a, 65–66; startups ocidentais, 66

ConsumerReports.org, 120

Consumidores: abordagem antropológica da Nokia para atender às necessidades dos, 105–107; base da pirâmide, 59, 60, 90, 143–144; "cauda gorda" (predominante), 139, 140; criando outras marcas para baixa renda e alta renda, 71; dando chance aos excluídos, 21–22, 125–150; envolvendo os ecologicamente

conscientes, 73; grande base nos BRICs, 56; hierarquia de necessidades de Maslow e, 130–132; hispânicos, 14, 136–137; obtendo mais valor por menos custo, 60–64; população mais velha de, 135–136; *Ver também* Clientes

Consumidores marginalizados: base da pirâmide, 59, 60, 90, 143–144; como a Procter & Gamble atende aos, 149–150; como aumentar os lucros com a inclusão de, 143–149; crescente concorrência enfrentada pelas empresas ocidentais pelos, 140–142; inclusão pela General Electric dos, 180; permitindo a inclusão financeira de, 197–198; por que as empresas ocidentais ignoram os, 139–140; transição para a maioria, 135–139; *Ver também* Base de consumidores diversificados; Dê chance aos excluídos, princípio

Continuum, 164

Cook, Tim, 170

Cor Brasil (Brasil), 132

Corporação Financeira Internacional (Banco Mundial), 34

Coulson, Stuart, 206

Cox, Christopher, 122

Cuervo, Soleio, 98

Cuidados médicos. *Ver* Saúde, fornecimento de cuidados

Cultura de trabalho com inclusão social, 144–145

D

Daily Duo, aspirador de pó (Philips), 114

Danone (França), 43–45

Das, Kanak, 19, 32–33

DataWind (sediada no Reino Unido), 108

Davis, Miles, 176

DDX (Digital Direct X-ray), 57

Dê chance aos excluídos, princípio: abordagem do YES BANK da, 125–127; como a Procter & Gamble aborda, 149–150; como princípio jugaad, 21–22; como um imperativo moral que faz sentido nos negócios, 127–128; estratégias de criação de valor em conjunto para, 128–135; lucros crescentes com a, 143–149; permitindo a inclusão financeira, 197–198; sucesso da General Electric com, 180; *Ver também* Consumidores marginalizados

Deshpande Foundation, 202–203

Deshpande, Gururaj "Desh", 203

Design centrado no usuário, 114, 164

Design for America (DFA), 208–210

Design: adotando o centrado no cliente, 114, 164; adotando os princípios de design com inclusão social, 147–149; "centrado no usuário" da Apple, 114; fazendo engenheiros e projetistas industriais trabalharem em conjunto, 117–118; filosofia de projeto universal, 117; inteiramente novas, 107–108, 114–117; paixão de Steve Jobs pelo, 170; prática de "simplificar", 107; produtos simples em torno das necessidades dos clientes, 114; *Ver também* Produtos; P&D (Pesquisa & Desenvolvimento)

Designing Our Tomorrow (DOT) [University of Cambridge], 208

Dharma (obrigações pessoais), 158

Diabete, controle com base em SMS (Tulane University), 191

Diabetes Specialties Centre (Chennai, Índia), 79–80

Diaz, Illac, 106

"Dilema do inovador", 91

DimensionU, 196

Drucker, Peter, 171

DuPont, 95

Dweck, Carol, 45–46, 88

E

E Health Points (EHPs), 206–207

ECG (eletrocardiograma), aparelhos de, 72, 178–179, 180

Ecologicamente conscientes, consumidores, 72

Economia: apoiando inovadores jugaad das bases para revitalizar a economia local, 212–213; BRIC com rápido crescimento, 17; como as empresas podem lucrar com a onda do movimento jugaad, 212–215; condições em que a jugaad funciona melhor, 171–173; diversidade de muitos emergentes, 128; mudança drástica nos Estados Unidos, 137–138; "plutocracia" não sustentável nos Estados Unidos de hoje, 138; trazendo prosperidade por meio do movimento jugaad, 215–216;

Econova, TV LED (Philips), 114

Efeito Facebook (Kirkpatrick), 213

Einstein, Albert, 79, 109

Element (Starwood Group), 71

Eli Lilly, 145

Embrace, 62–64, 206

Empatia voltada para si próprio, 169

"empreendedorismo interno", 91–92

Empresas ocidentais: a prática de "simplificar" das, 107; barreiras ao pensamento flexível nas, 88–93; como elas podem aprender a seguir os próprios corações, 163–168; como elas podem lucrar com a onda

244 *A inovação do improviso*

do movimento jugaad, 212–215; crescente concorrência nos mercados centrais enfrentados pelas, 140– 142; grande adversidade enfrentada pelas contemporâneas, 35–39; por que as empresas ocidentais veem os grupos marginalizados como não lucrativos, 139–140; por que não seguem seus corações, 161–163; rejeição da revolução da baixa tecnologia pelas, 111–112; respostas aos fatores de austeridade pelas, 64– 74; *Ver também* Organizações

Endeavor, 97, 211

Energizer Holdings, 150

"Engajamento desprendido", 157–159

"Engenharia frugal", 71, 144, 186

Engenhosidade ianque, 5

Engineering Design Centre (University of Cambridge), 136

Entertainment Weekly, 120

Entrepreneurial Design for Extreme Affordability, Programa (Stanford University), 25, 62, 205–206, 214

Envelhecimento da população: do setor consumidor chinês, 135; setor consumidor cada vez maior em economias ocidentais devido ao, 135–136

Era da Escassez, 69

Ernst & Young, 17

Escassez de recursos: abordagem da PepsiCo para administrar a, 74–76; como a jugaad trabalha com, 172; como a simplicidade ajuda a resolver o problema da, 105; como barreira para a inovação, 12–13; como isto inspira a invenção, 54–56; contribuindo para a complexidade dos mercados emergentes, 30; diminuição dos recursos naturais e, 65; estratégias lidando com

ambientes de, 56–60; estratégias para obter mais valor da, 60–64; fatores de austeridade moldando as respostas das empresas ocidentais para a, 64–74; problema de acelerada, 37; *Ver também* Faça mais com menos, princípio; Negócios frugais, estratégias

Esquire, revista, 200

Estados Unidos, dívida pública, 12–13

Estados Unidos: apoio governamental às abordagens jugaad nos, 200–203; crescente população hispânica nos, 14, 136–137; mudança econômica drástica nos, 137–138; população envelhecendo nos, 136136; *Ver também* Obama, administração

Estados Unidos, indústria automobilística: fracassos da, 9, 37; simplificando a abordagem de P&D da General Motor, 118– 119. *Ver também* Indústria automobilística

Estados Unidos, Departamento de Estado, 212

Estratégia de parcerias: empresas com organizações sem fins lucrativos, 146; Fundo Social de Inovação para promover programas comunitários, 201–202; para criar produtos de baixo custo, 72– 74; parcerias com pensadores flexíveis, 95–96; parcerias público-privadas da General Electric (PPPs), 179; *Ver também* Redes

Estratégias de adaptação: atuando com rapidez e agilidade,86–88; experimentando para alcançar um objetivo, 85–86; improvisando em vez de planejando, 83–85; inovadora da Haier, 88; pensando o impensável, 82–83; sobrevivência por meio de, 81–88; *Ver também* Pensamento flexível

Etuk, Ntiedo, 196
EuroRSG, pesquisa, 159

F

Fabre, Fernando, 97
Fabricant, Robert, 166–167
"Faça você mesmo", geração do, 192–194, 200
Facebook: abordagem de simplicidade adotada pelo, 110; como a onda do movimento jugaad é facilitada pelo, 213–214; como as equipes trabalham juntas no, 98; como líder da revolução da baixa tecnologia, 120–123; conteúdo criado pelos usuários do, 11; crescimento explosivo do, 37, 120; equipes multifuncionais utilizadas no, 118; incentivando funcionários a confiar no instinto, 167; interface fácil do, 89, 120–123; pensamento flexível aplicado no, 87; previsões de sucesso da New York Times Company (NYTC) para o, 99; redes de informação por meio do, 15, 160; *Ver também* Mídia social
Fast Company, Mulheres Mais Influentes em Tecnologia, 194
Fazer mais com menos, princípio: abordagem da General Electric do, 178–179; ajudando os clientes a obter mais valor com, 60–64; como as empresas ocidentais estão aprendendo a, 64–74; abordagem da PepsiCo do, 74–76; abordagem de Gustavo Grobocopatel do, 20, 53– 54; *Ver também* Negócios frugais, estratégias; "Mais por menos", modelo de negócio; Escassez de recursos
FDG (fludesoxiglicose), fornecimento, 177–178

FDIC, 140
Fenômenos sociais nos negócios – Groundswell (Bernoff e Li), 160
Feudos organizacionais: descrição dos, 98; pensamento flexível para desmontar os, 98–99
"Fiesta Movement" da Ford, 214
Filosofia de projeto universal, 117
Florida Ice & Farm Co. (Costa Rica), 69–70, 143
Fonseca, Vivian, 191
Fora de série – Outliers (Gladwell), 10
Forbes, revista, 3
Força de trabalho diversificada: população crescente de, 13– 14; proporcionando uma cultura de trabalho com inclusão social para, 144–145. *Ver também* Funcionários
Ford, 10, 37, 213–214
Ford, Henry, 94
Foreign Policy, revista, 107
Forrester Research, 16, 160
Fortune, revista, 74
Fórum Econômico Mundial, 35
Fórum Econômico Mundial, Prêmio Empreendedor Social, 83
Fracasso: caminhando para o sucesso por meio do, 96–98; praticando o "engajamento desprendido" para superar o medo do, 157–159
Franklin, Benjamin, 6, 191
Franquia de conversão, modelo, 59–60
Fried, Limor "Ladyada", 192–195
frog: Centers of Passion, iniciativa da, 23; engajando a paixão dos funcionários, 167; sabedoria das multidões praticada pela, 189; serviços de consultoria especializada da, 164; trabalhando com inovadores de mercados emergentes, 155–156;

246   *A inovação do improviso*

Frugais, clientes, 65
Frugais, estilos de vida, 199, 200
Fry, Art, 10, 48
Funcionários não engajados, 91–92
Funcionários: buscando sentido em seu
trabalho, 159, 160; características
específicas das gerações Y e Z,
137; desengajados, 91–92; gestão
desatualizada de recursos humanos,
162–163; incentivando-os a
confiar em seu instinto, 167–168;
persuadindo-os a adotar a jugaad,
185–186; pesquisa Gallup sobre
engajamento dos, 92, 163; problema
de disponibilidade limitada de
qualificados, 105; programa 14%
para experimentação dos, 48,
94–95; proporcionando uma cultura
de trabalho com inclusão social
para, 144–145; tempo para fazer
experiências, 94– 95; *Ver também*
Força de trabalho diversificada
Fundo Monetário Internacional (FMI),
35
Fundo Nacional de Transferência
Eletrônica (NEFT), sistema [YES
BANK], 133
Fundo Social de Inovação, parceria,
201–202
Furacão Katrina, 191

G

Gallup, pesquisa sobre engajamento dos
funcionários, 92, 163
Gambiarra, forma brasileira de
jugaad, 5
Gandhi, Mahatma, 158
Gap, 166
Gates, Bill, 125, 129, 150
GE Healthcare India, 178
GE Healthcare, 134, 177
Geladeira de argila, inovação, 1–3

General Electric (GE): abordagem
Seis Sigma utilizada pela, 10,
181– 182; adoção das incubadoras
de baixo custo da Embrace pela,
64; integração bem-sucedida entre
o Seis Sigma e a jugaad pela,
176–182; princípio fazer mais com
menos utilizado pela, 178; programa
Healthymagination da, 146, 180;
General Motors (GM), 9, 21, 37,
105, 118–119, 183
Geng, Diane, 23, 154–155
Geração Y (do Milênio): buscando
sentido e paixão em seu trabalho,
159, 160, 183; características
específicas da força de trabalho da,
137
como a Ford está utilizando a mídia
social para se conectar com, 214;
diversidade da força de trabalho
devido à, 13–14; geração "faça
você mesmo" utilizando a jugaad,
192–195, 200; preferência pela
simplicidade, 110; recursos
escassos e base de consumidores
da, 13; reformulando indústrias
inteiras, 195–200; reinventando
produtos para, 89–90; Geração Z:
características específicas da força de
trabalho da, 137
diversidade da força de trabalho da,
14; preferência pela simplicidade
pela, 110; recursos escassos e base de
consumidores da, 13; reinventando
produtos para, 89–90;
Gestão de recursos humanos, 162–163
Ghosn, Carlos, 144, 186
Gilbert, Ryan, 197
Gladwell, Malcolm, 10, 159
Globalização vertiginosa, 15–16
Globalização: aproveitar a
engenhosidade para além das

fronteiras, 214–215; como a inovação é impactada por vertiginosa, 15–16

GlobalLogic, 89–90

Goldman Sachs, 17

Google Android, 108

Google Health, 97

Google Mail, 95

Google Maps, 95

Google PowerMeter, 97

Google: abordagem da simplicidade adotada no, 110, 119

equipes multifuncionais utilizadas no, 118; financiamento do Code for America pelo, 213; fracasso celebrado no, 97; incentivando funcionários a confiar no instinto, 167; metáfora do "canivete suíço fechado" para produtos do, 119; pensamento flexível aplicado no, 87; programa 15% do, 48, 94–95; rede flexível de equipes pequenas aplicada no, 93;

Governo britânico, iniciativas jugaad, 203–204

Governo do Reino Unido, iniciativas jugaad, 203–204

Governo francês, iniciativas, 204

Grobocopatel, Gustavo: analisando a abordagem mais com menos de, 20, 76; estratégia de "ativos básicos" utilizada por, 54, 58; modelo de negócio inovador de subcontratação utilizado por, 53–54

Grupo de Nutrição Global (GNG) [PepsiCo], 76

Gupta, Anil, 1, 33

H

Haier (China), 21, 37, 86-88, 93, 141

Hamel, Gary, 11, 37

Hande, Harish, 82-83

Hanke, John, 95

Hapinoy Community Stores (Filipinas), 59

Hapinoy, Programa (Filipinas), 59, 157, 159

Harford, Tim, 92–93

Harvard Business Review, blog jugaad, 24, 203

Health Cloud, 135

Healthpoint Services India, 206–207

Healthymagination, programa (GE), 146, 180

Hegel, John, 163

Hewlett-Packard (HP), 107

Hispânica, população: porcentagem da força de trabalho de, 14; setor consumidor crescente da, 136–137

Hocking, Clint, 200

Holmes, Oliver Wendell, 103

Hosking, Ian, 136, 207–208

Hospital Infantil de Atlanta, 197

Hospital infantil Lucile Packard (Stanford University), 64

HTC (China), 37, 66, 93, 141

Huawei, 66, 93, 161

"Humanizarmos a tecnologia", 111

I

iBankUP, portal (Plastyc), 198

IBM: infraestrutura de Ti da Airtel gerenciada pela, 58; pensadores flexíveis da, 96; mentalidade de crescimento da, 46; iniciativa Planeta Inteligente da, 94; sessão on-line de reflexão "ValuesJam" na, 94, 188–189

pesquisa com CEOs (2010) da, 12, 16;

Idade do Agora, 162

IDEO, 161, 164, 189

Immelt, Jeffrey, 53, 146, 176–177, 181

248 *A inovação do improviso*

Improvisação: aprendendo a usar, 93–98; bem-sucedida da Tata Motors, 84–85
como alternativa para abordagem estruturada, 23–24; para experimentar várias maneiras de atingir o objetivo, 85–86; utilização eficaz pelos inovadores jugaad, 83–84; Improvisação, habilidades de: crie tempo e espaço para os funcionários improvisarem, 94–95; disposição para o fracasso, 96–98
experimente vários modelos de negócios, 96; forme parcerias com pensadores flexíveis, 95–96; não deixe outros ditarem sua agenda de inovação, 94; quebre regras e altere valores quando necessário, 93–94; saia da zona de conforto, 95; *Inc.*, revista, 169
Inclusão financeira, serviços, 197–198
Índia: analisando o empreendedorismo popular na, 17–18; barreiras para começar um negócio na, 29–30; como a escassez é mãe da invenção na, 54–56; grande número de consumidores na, 56; inovação Mitticool na, 2–3; pessoas com diabete na, 79; prática jugaad ("conserto inovador") na, 3–5; *Ver também* Nações BRICs (Brasil, Rússia, Índia, China)
Indian Institute of Management (IIM) [Ahmedabad, Índia], 1, 33
Indian Institute of Technology (IIT), 211
Indian Space Research Organization (ISRO), 80, 86
"Indique: Big Ideas from Emerging India" (série de documentários da), 24

Indústria automobilística: concorrência de baixo custo da Índia e da China, 65–66; entrada da Renault em marcas de baixo custo, 143–144; fazendo mais com menos, 70–71; inovação frugal e flexível da Tata Motors na, 20–21, 71, 84, 141; kits Revolo da KPIT, 60–61; *Ver também* Estados Unidos, indústria automobilística
Indústria de jogos eletrônicos, 199-200
Indústria farmacêutica: concorrência de baixo custo à, 65; gastos de P&D da, 9; lutando para atender aos consumidores da base da pirâmide, 90
Infecção hospitalar (HAI), 209
Innovation X (Richardson), 38
Inovação: abordagem "maior é melhor" do Ocidente para a, 104; abordagem "simplifique" da, 21, 103–123; abordagem do Seis Sigma para a, 9–10, 20, 49, 92; buscando por uma nova abordagem para, 16–18; como a jugaad complementa a estruturada, 23–24; pensando no cliente, 169; pesquisa da IBM com CEOs (2010) sobre, 12, 16; serviço, 108–109; *Ver também* Jugaad ("conserto inovador"); Inovação estruturada
Inovação estruturada: jugaad como complemento da, 23–24, 174–175; misturando a jugaad com, 173–176; três grandes benefícios da, 174; processo oneroso e consumidor de recursos da, 8–9; falta de flexibilidade da, 9–10; natureza elitista e insular da, 10–12; *Ver também* Inovação
Inovação nos serviços, 108–109
Inovação pensando no cliente, 169
Intel, 37, 107

"Inteligência intuitiva", 159
Interconectividade: fator de complexidade da, 14; populações marginalizadas impactadas pela, 128 relevância da jugaad para a explosão da, 173; Intuição: como princípio de fundação da The Container Store, 167; "inteligência intuitiva", 159; por que as empresa evitam, 161–162; "varejo do bom senso" de Kishore Biyani, 151–152; *Ver também* Siga o seu coração, princípio
INXS Technologies (Índia), 153
Irmãos Wright, 7
Isaacson, Walter, 168
Isang Litrong Liwanag (Um Litro de Luz), 106
Ive, Jonathan, 169

J

Jackson, Phyllis, 150
Jain Irrigation Systems Ltd. (Índia), 156-157
Jain, Anil, 156-157
Jana, Reena, 123
Jeganathan, Sathya, 103–104
Jobs, Steve: capaz de se concentrar nas necessidades dos clientes, 114; famoso por dar ouvidos à sua intuição, 23, 164, 168–169; sobre seguir seu coração, 151. *Ver também* Apple
Johnson & Johnson, 147, 149, 180
Jua kali, como equivalente no Quênia para a jugaad, 5
Jugaad, agenda de adoção: aplicar a jugaad para formular estratégias sólidas, 188; não tentar implantar a jugaad de cima para baixo, 185; parabenizar seus atuais inovadores jugaad, 185; persuadir os funcionários céticos, 185– 186;

polinização cruzada e sinergia de ideias jugaad, 187–188; transformar as invenções jugaad em dinheiro, 186–187; utilizar ferramentas da Web 2.0 para aproveitar a criatividade de clientes e parceiros, 188–189
Jugaad ("conserto inovador"): aplicações internacionais da, 5; como complemento da inovação estruturada, 23–24; como o Ocidente perdeu sua, 8–12; como os CEOs podem conduzir a adoção da, 184–189; estratégias para começar com, 182–184; examinando o movimento crescente no Ocidente, 24–25; história da jugaad ocidental, 5–8; implementando os seis princípios da, 18–23; improvisando soluções engenhosas por meio da, 3–5; Mitticools como, 2–3; treinando futuros inovadores na, 205–210; *zizhu chuangxin*, como forma chinesa da, 156. *Ver também* Inovação
Jugaad, comunidade: *campus* recrutando novos membros da, 214; governos ocidentais formando parcerias com, 200–205; surgimento de uma global, 210–212; treinando futuros inovadores jugaad da, 205–210; Jugaad, estratégias de integração: entendendo quando a jugaad funciona melhor, 171–173; misturando a jugaad com inovação estruturada, 173–176; Jugaad, movimento: como as empresas podem lucrar com, 212–215; como os inovadores da geração Y estão reformulando indústrias inteiras, 195–200; economia da engenhosidade como parte da, 191–192; governos ocidentais

250 *A inovação do improviso*

aderindo à, 200–205; rápido crescimento e apoio institucional da, 190; trazendo um mundo mais próspero por meio do, 215–216; Jugaad, princípios: busque oportunidades na adversidade, 19– 20, 27–52, 177–178; Dê chance aos excluídos, 21–22, 125–150, 180; estratégias para começas a utilizar a, 182–184; faça mais com menos, 20, 53–78, 178–179; seja flexível, 20–21, 79–101, 179; siga o seu coração, 22–23, 151–170, 181; Simplifique, 21, 103–123, 179–180; *Ver também* Alta administração

Jugaad, treinamento: abordagem do Design for America (DFA) para, 208–210; curso Entrepreneurial Design for Extreme Affordability da Stanford University, 25, 62, 205–206, 214; Laboratórios de Inovação Frugal da Santa Clara University, 206–207; programa de design com inclusão social da University of Cambridge, 207–208; Junco, Enrique Gómez: adaptabilidade de, 33–34; como a adversidade foi transformada por, 19; inovação pela transformação, 35

K

Kaipa, Prasad, 31–32, 88–89, 158
Kant, Ravi, 84–85
Kapoor, Rana, 125–127, 128
Kauffman, Fundação, 204
Kellogg, 41
Kennedy, John F., 188
Khan Academy, 195–196
Khan, Mehmood, 75–76
Kickstarter.com, 205

KidZania, 131
Kinect (Microsoft), 193
Kirkpatrick, David, 213
Kit de Avaliação de Crédito (CAT) [YES BANK], 126
Kodak, 91
Kohl's, 71
KPIs (indicadores-chave de desempenho), 69–70
KPIT Cummins Infosystems (Índia), 60–61
Kshatriya, Tejas, 61

L

Laboratórios de Inovação Frugal (Santa Clara University), 206–207
Lada (carro de baixo custo), 70
ladyada.net, 194
Lafley, A. G., 73–74
Lam, Sara, 23, 154–155
Lâmpada de garrafa solar (SLB), 106
Lapenna, Lily, 192
Leberecht, Tim, 175
Levy, Rob, 140, 141–142
Li, Charlene, 160
Liang, Linus, 62, 206
Líderes: assegurar o envolvimento para conduzir mudanças, 146; como os CEOs podem conduzir a adoção da jugaad, 184– 189; mentalidade de crescimento de líderes inovadores, 45– 46;
LinkedIn, 14
Liu, Jiren, 22, 135, 187
Logan car (Renault), 71
Lógica binária, 90
Longfellow, Henry Wadsworth, 27
Lorenzo, Doreen, 90
Los Grobo (Argentina), 20, 54, 76
Löscher, Peter, 115
Lovelace, Lady Ada, 193, 194
Lovemarks (Roberts), 156

Lululemon Athletica, 166
LUNAR, 164
Luthans, Fred, 43

M

M-PESA, serviço, 57
MAC 400 (ECG portátil) [GE], 178, 180, 181
MAC i, 72
MacArthur Research Network on Transitions to Adulthood, 13
"MacGyver" (seriado), 5, 192
Maeda, John, 67, 111
"Mais por mais", modelo de negócio, 66
"Mais por menos", modelo de negócio, 69–74. *Ver também* Faça mais com menos, princípio
Malina, Yuri, 209
ManpowerGroup, pesquisa, 54–56
Máquina Analítica, 193
Marcas de baixo custo, 71
Marcas: para consumidores ecologicamente conscientes, 73; para produtos de baixo custo, 71
Marino, Mario, 202
MarketSimplified, plataforma (INXS Technologies), 153
Marzano, Stefano, 113
Maslow, Abraham, 130–132
Maslow, hierarquia de necessidades de, 130
MasterCard, 41, 142
Matemática, educação de baixo custo, 195–196
Mayer, Marissa, 119
McCartney, Liz, 191
McCormick, Cyrus, 5–6, 7, 191
McCormick, máquina ceifadeira, 6
McDonald, Robert, 11, 98–99, 150
McNerney, Jim, 49, 49
Mendiola Sánchez, Ramón, 69–70, 143
Menkes, Justin, 39

Mentalidade de crescimento, 45–46
Mercados: abordando os grupos marginalizados como mercados completamente novos, 129–130; adoção das melhores práticas dos emergentes, 147; criando outras marcas para aumentar a cobertura dos, 71; diversidade dos mercados globais, 128; empresas ocidentais enfrentando crescente concorrência nos mercados centrais, 140–142; escassez de recursos como barreira para os emergentes, 30; estrutura policêntrica das empresas multinacionais fortalecendo unidades nos BRICS, 44; startups nos mercados marginalizados, 142; utilizando poder das redes para cobrir a distribuição nos, 46–47, 58–60;
Merrimack Valley (Massachusetts), 202
Merrimack Valley Sandbox, 202–203
Microempréstimos de instituições de microfinanças (MFIs), 125– 126, 130
Microsoft, 107, 125, 168, 193, 213
MicroVentures (Filipinas), 59
Mídia social: como o movimento jugaad é facilitado pela, 213– 214; inovação pelo otimismo realista sobre a, 40–41; preocupação com o crescimento da, 40. *Ver também* Facebook; Twitter
Milênios. *Ver* Geração Y (do Milênio)
MintyMP3, 194
MIT, 107, 203
Mittal, Sunil, 20, 58, 76
Mitticool, inovação de geladeira, 2–3
Modelos de negócios: aproveitando o poder das redes como parte nos, 46–47, 58– 60; assegurar o envolvimento da alta administração para conduzir mudanças sistêmicas

no, 146; ativos básicos, 54, 58; como a mentalidade de crescimento da IBM mudou seus, 46; "dilema do inovador" dos que não conseguiram se adaptar, 91; experimento com vários, 96; franquia de conversão, 59–60; inovador da salesforce.com, 41–43; "mais por mais", 37; "mais por menos", 69–74;

Mohan, V., 79–80, 82, 86, 91

Monty, Scott, 214

Mortalidade infantil: aquecedor infantil portátil da Embrace para reduzir a, 62–64, 206; incubadora minimalista da Dra. Jeganathan para reduzir a, 103–104; Monitor Fetal da Siemens para reduzir a, 117; Text4baby, serviço gratuito ajudando a reduzir a, 147

Motorola, 10, 93

Movimento de hardware em fonte aberta (OSHW), 193

Muçulmana, população, 137

Mudança: assegurando o envolvimento da alta administração para conduzir mudanças sistêmicas, 146; como a inovação impactou a velocidade da, 14–15;

Müller, Thomas, 30

Murphy, Lei de, 84

Murty, Naganand, 62, 206

MyBnk (Reino Unido), 192

N

Nações BRICs (Brasil, Rússia, Índia, China): condições econômicas extremas presentes nas, 171–173; examinando motivadores de inovação nas, 17; grande base de consumidores nas, 56; nova abordagem para inovação surgindo nas, 16–18. *Ver também* Brasil; China; Índia

Naha, Abhi, 22, 129–130

Nano (automóvel de baixo custo) [Tata Motors], 71, 84, 141

Narayana Hrudayalaya (Índia), 158

National Innovation Foundation, 33

Negócios frugais, estratégias: abordagem da General Electric para fazer mais com menos, 178–179; abordagem da PepsiCo para fazer mais com menos, 74–76; aproveitar redes existentes para distribuição, 58–60; da Renault, 143–144; encontrando fartura na escassez por meio de, 69–74; permanecer com "ativos básicos", 58; reutilizar e recombinar, 57; *Ver também* Fazer mais com menos, princípio; Escassez de recursos

Nestlé, 37

Netscape, 142

Neusoft (China), 22, 135, 187

New Economy Initiative para o Sudeste de Michigan (NEI), 204– 205

New York Times Company (NYTC), 21, 99–100

Next Idea, competição (cidade de Nova York), 211–212

Nike, 166

Nokia: antropólogos empregados pela, 105–107; empresas chinesas concorrendo com sucesso contra, 37, 66, 93; telefone celular 1100 vendido pela, 73, 107, 164;

Nooyi, Indra, 74–75, 76, 77, 76, 78

Nordstrom, 166

Nueclear Healthcare (Índia), 178

Nuovo, Frank, 130–131

NYC Next Idea, competição, 211–212

O

O cérebro do futuro (Pink), 159

O futuro da administração (Hamel), 37

Obama, administração: forçar padrões federais rigorosos de economia no consumo de combustível, 35; várias iniciativas para estimular inovações conduzidas pela comunidade, 201– 202. *Ver também* Estados Unidos

Obama, Barack, 25, 201

Ocidente: analisando a onda de movimento jugaad no, 24–25; como fatores complexos impactam a inovação no, 12–16; como os princípios jugaad podem beneficiar o, 18–23; a jugaad como solução para as realidades econômicas enfrentadas pelo, 215–216; restaurando a prosperidade por meio da jugaad ao, 215–216; praticantes históricos da jugaad no, 5–8; como a jugaad foi perdida no, 8–12; Operation Hope, 139

Optima Energía (México), 19, 34–35

Oracle, 41, 43, 110

Organização Mundial da Saúde, 147

Organização policêntrica, 44

Organização: agenda do CEO conduzindo a adoção da jugaad pela, 184–189; criando "centros de paixão" por toda a sua, 166– 167; estratégias para simplificar sua, 112–120; integrando a jugaad em sua, 171–189; startups, 66, 142, 205; *Ver também* Organizações não governamentais (ONGs); Empresas ocidentais

Organizações não governamentais (ONGs): empresas formando parcerias com, 146; Merrimack Valley Sandbox da Deshpande Foundation, 202–203; New Economy Initiative para o sudeste de Michigan (NEI), 204–205;

Operation Hope, 139; relevância das práticas jugaad para as, 189; responsabilidade social empresarial (RSE) das, 143; Rural China Education Foundation (RCEF), 23, 155; Sightsavers, 133; SMS móvel utilizado durante os esforços de socorro pelas, 109; Venture for America (VFA), 204–205; Venture Philanthropy Partners (VPP), 202. *Ver também* Organizações

"Otimismo realista", 39–41

Out of Poverty (Polak), 205

OXO, 117

P

P&D (Pesquisa & Desenvolvimento): abordagem de inovação estruturada para, 8–12; concebendo soluções acessíveis por meio de, 72; construindo parcerias para, 73–74; corte de orçamentos em, 110, 111; desafiada a fazer mais com menos, 70–71; desconectada dos clientes do mundo real, 161; empresas ocidentais reduzindo investimentos em, 110; estratégia SMART da Siemens utilizada para, 115–117; gasto das farmacêuticas, 9; gasto do setor automobilístico, 9; gastos relativamente baixos da Apple em, 168; pensamento flexível sabotado por processos de P&D rígidos e demorados, 92–93; recompensa a astúcia em vez de valor para o cliente, 112; reduzindo progressivamente, 66– 68; revolução da baixa tecnologia da, 104–105; *Ver também* Design; Produtos; Tecnologia

Paixão: de Steve Jobs, 169–170; engajando funcionários, 167; formando redes, 159; Geração Y (do

Milênio), busca por sentido e, 159, 160, 183; *Ver também* Siga o seu coração, princípio

Palensky, Fred J., 187

Palmisano, Sam, 46, 94

Pandit, Ravi, 61, 78

Panicker, Rahul, 62, 206

Parcerias público-privadas (PPPs), 179

Parivarthan, programa de treinamento (SBI), 32

Passage (jogo eletrônico), 200

Patel, Kal, 97

Patell, James, 205–206

Pattanaik, Devdutt, 158

PayNearMe, 142

PCM, bolsa (Embrace), 63

Pensamento flexível, barreiras: aversão ao risco como, 91

complacência como, 88–90; funcionários não engajados como, 91–92; lógica binária como, 90; P&D rígida e demorada, 92–93; Pensamento flexível: abordagem da New York Times Company (NYTC) para o, 99–100; aprendendo a improvisar e ter, 93–98; barreiras para as empresas ocidentais, 88–93; clínica de telemedicina móvel do Dr. V. Mohan como, 79–80; como a abordagem jugaad aumenta, 175; desmontando os feudos organizacionais, 98–99; princípio jugaad do, 19–20; sobrevivência pela adaptação e, 81–88; sucesso da General Electric com, 179; *Ver também* Estratégias de adaptação

PepsiCo: abordagem "faça mais com menos" da, 74–76; Global Value Innovation Center (Índia) criado pela, 76; reinventando seu modelo de negócio, 20

PepsiCo Frito-Lay, 76

PepsiCo India, 76

Peyret, Patrice, 198

Pfizer, 47

Philips Design, 113

Philips, 21, 57, 113–114, 183

PiggyMojo, 198

Pink, Daniel, 14, 159

"Plantio direto", técnica de plantio de arroz, 76

Plastyc, 197–198

Polak, Paul, 205

Porcini, Mauro, 49–52

Post-it®, 10, 48

Prabhu, Jaideep, 17

Prajapati, Mansukh, 1–4, 24

Prasad, Venkatash, 214

Procter & Gamble (P&G): consumidores marginalizados atendidos pela, 149–150; ferramenta Vocalpoint utilizada pela, 40–41; ferramentas de mídia social adotadas pela, 40; mecanismo Connect & Develop na, 98–99; mudando para atender aos clientes marginalizados, 22; o CEO e a abordagem sobre inovação da, 11; parcerias de P&D pela, 73–74; programa Beacon Community com parceria da, 180; Tremor software de serviços da, 41; YourEncore.com lançado com parceiros da, 145; Produtos: como a simplicidade aumenta a atração universal dos, 105; construindo parcerias para criar produtos de baixo custo, 73–74; criando outras marcas de baixo custo de, 71; ecologicamente conscientes, 73; estratégia SMART da Siemens utilizada para criar produtos simples, 115–117, 183; faça simples e não simplista, 119–120; filosofia de projeto universal para aumentar a capacidade de utilização das, 117; inteiramente novos, 107–108, 114–117; prática de "simplificar" das empresas ocidentais na concepção de, 107; projete soluções acessíveis, 72; reinventando para usuários das gerações Y e Z, 89– 90; simplifique arquiteturas e reutilize plataformas, 118–119; sistemas de incentivos para venda de produtos a preço acessível, 71–72; *Ver também* Design; P&D (pesquisa & desenvolvimento)

Profissionais de marketing: desconectados de seus clientes, 162; inovando radicalmente em vez de seguir o tradicional, 164

Projeto inteiramente novo: benefícios do, 107–108; simplifique sua organização instituindo o, 114–117

Public Policy, 13

R

Radjou, Navi, 16–17

Ramakrishna Nagar (Índia), 1

Ramon Magsaysay, Prêmio, 83

Rangan, Venkat, 153, 154

Read, Ian, 47

Redes: aproveitando a engenhosidade para além das fronteiras, 214–215; benefícios do Programa Hapinoy, 59–60, 157, 159; Colgate-Palmolive®, uso das, 59; construindo parcerias para produtos de baixo custo, 73–74; Design for America (DFA), 208–210; distribuição no mercado por meio das, 46–47, 58–60; formando "redes de paixão", 159; MicroVentures, uso das, 59; *Ver também* Estratégia de parcerias

Regulamentos do governo: como barreira para os negócios na Índia, 29–30; como problema crescente nas economias ocidentais, 65

Reich, Robert, 138

Renault-Nissan, 70–71, 143–144, 148, 186

Resilience Advocacy Project (cidade de Nova York), 191

Resiliência: construir capital psicológico para aumentar a, 43–45; como a adversidade alimenta a, 29–31

Responsabilidade social da empresa (RSE), 90, 139, 143

Reuters Market Light (RML), 134

Revolo, kits (KPIT), 60–61

Revolução da baixa tecnologia: benefícios práticos da, 105; como o Facebook está liderando a, 120–123; exemplos globais bem-sucedidos, 105–109; fatores conduzindo a, 110; impacto na P&D (Pesquisa & Desenvolvimento) da, 104–105; porque as empresas ocidentais rejeitam a, 111–112; *Ver também* Simplifique, princípio

Revolução da computação social, 37

Revolução Industrial: engenhosidade ianque conduzindo a, 5; inovação da ceifeira mecânica de McCormick's durante, 6; praticantes históricos da jugaad durante, 5–8;

Rhode Island School of Design, 67, 111

Riboud, Franck, 43–45

Richardson, Adam, 38

Richie, Brooke, 191

Risco: aversão das empresas ocidentais ao, 91; disposição para fracassar e assumir, 96–98

Roberts, Kevin, 156, 162, 165

Rohrer, Jason, 199–200

256 *A inovação do improviso*

Roosevelt, Theodore, 64
Rosenburg, Zach, 191
Ross, Alec, 212
Rottenberg, Linda, 211
Rural China Education Foundation
(RCEF), 23, 155

S

Saatchi & Saatchi, 156, 165
Sabedoria das multidões, 189
Safaricom (Quênia), 57
Salar, Jean-Philippe, 186
salesforce.com, 41–43
Samant, Shashank, 89
Santa Clara, University, 148, 206–207
SAP, 41, 110
Saúde, fornecimento de cuidados:
abordagem dos Centros de Serviços
Medicare e Medicaid para a,
196–197; aquecedores infantis
portáteis da Embrace, 62–64, 206;
bombas de infusão com peças
recicláveis, 206; clínicas médicas E
Health Points (EHPs), 206–207;
incubadora minimalista da Dra.
Jeganathan, 103–104; Monitor
Fetal da Siemens, 117; programa
Stanford-India Biodesign para
desenvolvimento a preços acessíveis
de, 211; programas de telemedicina
para, 145–146; SMS para controle de
diabete, 191; solução de telemedicina
para pacientes com diabete do Dr. V.
Mohan, 79–80; Text4baby, serviço
gratuito para, 147
Schmidt, Eric, 92, 93
Schultz, Howard, 165
Schweitzer, Louis, 70–71
Scripps Health, 180
Sears, 41
Seis Sigma: como processo de inovação
estruturada, 9–10, 20; cultura

organizacional do, 92; integração
bem-sucedida na General Electric
entre a jugaad e, 176–182; utilizada e
revertida pela 3M, 49, 52
Seja flexível, princípio. *Ver* Pensamento
flexível
Set Big Things in Motion (Hagel,
Brown, e Davison), 163
Shah, Sonal, 202
Shetty, Devi, 158
Sibal, Kapil, 107
SICP (White House Office of Social
Innovation and Civic Participation),
25, 201–202, 213
Siebel, 41, 43
Siemens AG: descrição e expansão da,
115; estratégia de produto SMART
da, 21, 115–117, 183
Monitor Fetal desenvolvido pela, 117;
Siga o coração, princípio: abordagem
do "engajamento desprendido"
para o, 158; arte de agir com base
no que parece correto, 154–157;
como as empresas ocidentais podem
começar a aplicar, 163–168; como
as práticas de negócios da era
industrial negligenciam o, 161–163;
como princípio jugaad, 22–23;
lógica racional *versus* benefícios do,
159–160; por que os inovadores
jugaad são motivados a usar,
152–154; prática da Apple do,
168–170; sucesso de Kishore Biyani
no, 151–152; *Ver também* Intuição;
Paixão
Sightsavers, 133
Silva, Rohan, 203
Simplicidade voluntária, movimento,
110
Simplicidade, estratégias: adote a
filosofia de projeto universal para
aumentar a capacidade de utilização,

117; faça os engenheiros e os projetistas industriais trabalharem em conjunto, 117–118; faça simples e não simplista, 119–120; projete ofertas simples inteiramente novas, 114–117; projete produtos simples em torno das necessidades dos clientes, 114; redesenhe a organização inteira em torno da simplicidade, 112–114; simplifique arquiteturas de produtos e reutilize plataformas, 118–119; *Ver também* Simplifique, princípio

Simplificando estilo de vida, 110

"Simplificar", prática de, 107

Simplifique, princípio: abordagem da General Electric de, 179–180; benefícios práticos de, 105; como a abordagem do Facebook é de, 120–123; como princípio jugaad, 21; como reação contra a complexidade, 110; crescente evidência da necessidade de, 111–112; exemplo da arte de, 105–109; exemplo da incubadora minimalista da Dra. Jeganathan, 103–104; *Ver também* Revolução da baixa tecnologia; Simplicidade, estratégias

Singham, Roy, 144–145

Sivakumar, Mr., 32

Slingbox, tecnologia da Sling Media, 96

Smith, Adam, 153

SMS móvel, 109

SMS: controle de diabete utilizando, 191; Reuters Market Light (RML), 134; tecnologia móvel utilizada durante esforços de socorro, 109; Text4baby (Johnson & Johnson), 147; VidaNET, serviço gratuito de, 147

Social Edge da Fundação Skoll, 210

Software as a Service (SaaS), 41–43

Solar Electric Light Company (SELCO) [Índia], 82–83, 109

Sonho americano, 138

Spencer Stuart, 39

Spice, 93

St. Bernard Project (Nova Orleans), 191

Stanford, University: Hospital infantil Lucile Packard da, 64; programa Biodesign em parceria com instituições indianas da, 211, 215; programa Entrepreneurial Design for Extreme Affordability, 25, 62, 205–206, 214;

Starbucks, 165–166

Startups: atendendo a consumidores marginalizados, 142; concorrência das ocidentais, 66; Kickstarter.com capacita pequenos empreendedores a levantar fundos, 205;

Starwood Group, 71

State Bank of India (SBI), 31, 32

Sun Products, 149–150

Suzlon Energy (Índia), 28

Système D, como equivalente francês da jugaad, 5

T

Tanti, Tulsi: como ele transformou a adversidade em sucesso, 27–29; Suzlon Energy, criada por, 28

Tata Group, inovação flexível praticada no, 20–21, 84

Tata Motors: automóvel Nano (baixo custo) da, 71, 84, 141; improvisação pela, 84–85, 141; novas estratégias para lidar com a adversidade utilizadas pela, 21

Tata, Ratan, 20–21, 24, 84, 186

258   *A inovação do improviso*

Tecnologia: "humanizarmos a tecnologia", 111; intensificando soluções personalizadas com, 134–135. *Ver também* P&D (Pesquisa & Desenvolvimento) utilizada para diminuir o custo da inclusão social, 145–146;

Telemedicina, programas, 79–80, 145–146

Teoria dos Sentimentos Morais (Smith), 153

Teresa, Madre, 158

Texas Instruments, 37

Text4baby (Johnson & Johnson), 147

The Affluence Collaborative, pesquisa, 192

The Container Store, 167

"The Limping Middle Class" (Reich), 138

The Power of Pull: How Small Moves, Smartly Made, Can

The Sandbox (Merrimack Valley Sandbox), 202–203

Thomson Reuters (Índia), 134

ThoughtWorks, 144–145

Tindell, Kip, 167

Topol, Eric J., 180

Transformando a adversidade, 31–35

Tremor, software de serviços (Procter & Gamble), 41

3M: analisando o processo de inovação na, 19–20; inovação Post-it® da, 10, 47; programa 15% da, 48–49; Seis Sigma utilizado e depois revertido pela, 49, 52, 187; transformando a adversidade em oportunidade, 48–52

Tulane University, 191

Twitter, 15, 37, 40, 160, 213. *Ver também* Mídia social

U

Ubisoft, 200

UnitedHealth Group, 145–146

UnitedHealthcare, 180

University of Cambridge, 1, 17, 136, 148, 208

University of Massachusetts em Lowell, 202

University of Nebraska-Lincoln, 43

UPside prepaid Visa cards, 198

Ushahidi (Quênia), 21, 109

Ushahidi, Plataforma, 21

V

Valor. *Ver* Valores centrais; Valor para o cliente

Valor para o cliente: abordagem de inclusão dos marginalizados para criar em conjunto, 128–135; como a simplicidade acrescenta, 105; estratégia do "valor pelo dinheiro" da Haier, 87; fornecido aos clientes por um custo menor, 60–64; P&D que recompensa a astúcia em vez de, 112

Valores centrais: da IBM, 94; improvisação quebrando as regras e mudando, 93–94

Van Leeuwen, 71

"Varejo do bom senso", 152

Vats, Tanmaya, 76

Velocidade de mudança, 14–15

Venture for America (VFA), 204–205

Venture Philanthropy Partners (VPP), 202

VidaNET (México), 147

Visa (cartões pré-pagos), 197–198

Visa, 142

Vocalpoint (Procter & Gamble), 40–41

Vodafone (Reino Unido), 57

Vscan, aparelho de ultrassom (GE), 179–180, 181

Índice

W

Wall Street Journal, 200
Walmart Express Centers, 141–142
Walmart, Inc., 141, 149, 184
Walmart, Money Centers, 141
Wang, Vera, 71
Warby Parker, 66
Washington Post, 109
Welch, Jack, 49, 159, 176
Wharton Infosys Business
  Transformation, 35
Whirlpool, 37, 86, 87
White House Office of Social
  Innovation and Civic Participation
  (SICP), 25, 201–202, 213
White Mountain, projeto na tribo
  Apache (leste do Arizona), 206
WikiLeaks, 15
Wilson, Woodrow, 190

Winning in the Indian Market
  (Bijapurkar), 131
Wired, revista, 194

Y

YES BANK, 125-127, 130, 133
YES MONEY, serviço, 133
YourEncore.com, 145
youthCONNECT, iniciativa, 202

Z

Zhang, Ruimin, 21, 86–87
Zhongxing Medical (China), 57
Zica (Heloísa Helena Assis), 131–132
Zimbalist, Michael, 99, 100
Zizhu chuangxin (inovação), 5, 156
Zone V, 22, 129–130, 133
Zuckerberg, Mark, 98
Zynga, 199

Acreditamos que sua resposta nos ajuda a aperfeiçoar continuamente nosso trabalho para atendê-lo(la) melhor e aos outros leitores.
Por favor, preencha o formulário abaixo e envie pelos correios ou acesse www.elsevier.com.br/cartaoresposta. Agradecemos sua colaboração.

Seu nome: _____

Sexo: ☐ Feminino ☐ Masculino   CPF: _____

Endereço: _____

E-mail: _____

Curso ou Profissão: _____

Ano/Período em que estuda: _____

Livro adquirido e autor: _____

Como conheceu o livro?

☐ Mala direta   ☐ E-mail da Campus/Elsevier
☐ Recomendação de amigo   ☐ Anúncio (onde?) _____
☐ Recomendação de professor
☐ Site (qual?) _____   ☐ Resenha em jornal, revista ou blog
☐ Evento (qual?) _____   ☐ Outros (quais?) _____

Onde costuma comprar livros?

☐ Internet. Quais sites? _____
☐ Livrarias ☐ Feiras e eventos ☐ Mala direta

☐ Quero receber informações e ofertas especiais sobre livros da Campus/Elsevier e Parceiros.

Siga-nos no twitter @CampusElsevier

Cartão Resposta
05120048-7/2003-DR/RJ
Elsevier Editora Ltda
·····CORREIOS·····

ELSEVIER

SAC | 0800 026 53 40
ELSEVIER | sac@elsevier.com.br

CARTÃO RESPOSTA
Não é necessário selar

O SELO SERÁ PAGO POR
Elsevier Editora Ltda

20299-999 - Rio de Janeiro - RJ

Qual(is) o(s) conteúdo(s) de seu interesse?

Concursos
☐ Administração Pública e Orçamento ☐ Arquivologia ☐ Atualidades ☐ Ciências Exatas ☐ Contabilidade ☐ Direito e Legislação
☐ Economia ☐ Educação Física ☐ Engenharia ☐ Física ☐ Gestão de Pessoas ☐ Informática ☐ Língua Portuguesa
☐ Línguas Estrangeiras ☐ Saúde ☐ Sistema Financeiro e Bancário ☐ Técnicas de Estudo e Motivação ☐ Todas as Áreas
☐ Outros (quais?) _____

Educação & Referência
☐ Comportamento ☐ Desenvolvimento Sustentável ☐ Dicionários e Enciclopédias ☐ Divulgação Científica ☐ Educação Familiar
☐ Finanças Pessoais ☐ Idiomas ☐ Interesse Geral ☐ Motivação ☐ Qualidade de Vida ☐ Sociedade e Política

Jurídicos
☐ Direito e Processo do Trabalho/Previdenciário ☐ Direito Processual Civil ☐ Direito e Processo Penal ☐ Direito Administrativo ☐ Direito Constitucional
☐ Direito Civil ☐ Direito Empresarial ☐ Direito Econômico e Concorrencial ☐ Direito do Consumidor ☐ Linguagem Jurídica/Argumentação/Monografia
☐ Direito Ambiental ☐ Filosofia e Teoria do Direito/Ética ☐ Direito Internacional ☐ História e Introdução ao Direito ☐ Sociologia Jurídica
☐ Todas as Áreas

Media Technology
☐ Animação e Computação Gráfica ☐ Áudio ☐ Filme e Vídeo ☐ Fotografia ☐ Jogos ☐ Multimídia e Web

Negócios
☐ Administração/Gestão Empresarial ☐ Biografias ☐ Carreira e Liderança Empresariais ☐ E-business
☐ Estratégia ☐ Light Business ☐ Marketing/Vendas ☐ RH/Gestão de Pessoas ☐ Tecnologia

Universitários
☐ Administração ☐ Ciências Políticas ☐ Computação ☐ Comunicação ☐ Economia ☐ Engenharia
☐ Estatística ☐ Finanças ☐ Física ☐ História ☐ Psicologia ☐ Relações Internacionais ☐ Turismo

Áreas da Saúde ☐

Outras áreas (quais?): _____

Tem algum comentário sobre este livro que deseja compartilhar conosco?

_____

Impressão e acabamento
Imprensa da Fé